『安邦武将』系列

WEI ZHEN-TIANXIA
GUOZIYI

威震天下 郭子仪

姜正成 / 编著

郑州大学出版社

郑州

图书在版编目（CIP）数据

威震天下——郭子仪 / 姜正成编著 . —郑州：郑州
大学出版社，2018.1
（安邦武将）
ISBN 978-7-5645-4245-0

Ⅰ.①威… Ⅱ.①姜… Ⅲ.①郭子仪（697-781）
–传记 Ⅳ.① K825.2

中国版本图书馆 CIP 数据核字（2017）第 078752 号

郑州大学出版社出版发行
郑州市大学路 40 号　　　　　　　邮政编码：450052
出版人：张功员　　　　　　　　　发行部电话：0371-66658405
全国新华书店经销
虎彩印艺股份有限公司印制
开本：710 mm×1 000 mm　1/16
印张：14.25
字数：191 千字
版次：2018 年 1 月第 1 版　　　　印次：2018 年 1 月第 1 次印刷

书号：ISBN 978-7-5645-4245-0　定价：43.80 元
本书如有印装质量问题，请向本社调换

前 言

　　在中国历史的长河中，有着无数的英雄人物，他们是神勇的武将，在国家和百姓遭受外族入侵和蹂躏，或者是国内发生叛乱的时候，他们总是敢于挺身而出，不计个人荣辱得失，不畏流血牺牲，以对国家和百姓的高度忠诚来誓死保家卫国。随着时间的推移和岁月的冲洗，那些无足轻重的人都已经被人们所遗忘，但是那些为中华民族的事业以及历史的进程做出过巨大贡献的人，不论何时都会被后世所敬仰，也都会流芳千古。而被称为唐朝中兴之将的郭子仪，无疑正是这群星璀璨的神勇武将中的一颗奇葩，他的光辉业绩以及他一生所展现出来的高尚品德和崇高的精神将会永远为后世所铭记和瞻仰！

　　天下大势，分久必合，合久必分。历史总是在不断发展，而在这个发展的过程中，往往充满了血腥，伴随着战争，在封建时代更是如此。在中国的封建王朝中，唐朝占有举足轻重的地位。自从唐高祖李渊建立唐朝以来，中华大地逐渐改变了过去四分五裂的状态，而走向统一。边疆的蕃族部落也纷纷归附，呈现出了一派繁荣的景象。虽然在后来的发展过程中，有过衰败，但是到了唐玄宗李隆基时期，国势又开始走向强大繁荣，开创了历史上的开元盛世。郭子仪正是出生并生活在这样的一个时代背景下。

　　由于是中年得子，郭子仪的父母非常疼爱他，在他小的时候就开

前言
001

始让他接受很好的教育，学文习武。郭子仪的祖辈世代都有为官的人，并且家族里还有尚武之风，到了他的父亲郭敬之这一代，仍然如此。在这样的一个环境中，郭子仪无忧无虑地成长着。人们常说，英雄出少年，这用在郭子仪身上再合适不过了。郭子仪十五岁的时候，就已经是文武双全，闻名乡里了。后来，他又离开父母前去投军，并且拜师学艺。几年之后，也就是他成年的时候，这一年适逢每年的武举考试，他也报名参加了。后来，他果然不负众望，一举夺得武状元，从此便走上了仕途，成为一名禁卫军。然而，他的志向并不在此，当他看到国家的边防非常混乱，而又没有引起朝廷的足够重视的时候，他感觉这样一定会有危机，于是，他便开始了军旅戍边的生涯。刚到边疆，他初试锋芒，便表现出了杰出的军事才能，而后逐步受到重用。由于当时奸佞当道，朝廷日益腐败，国势逐渐倾颓，边关节度使的势力也来越大，朝廷已经无力控制，终于导致了安史之乱的爆发。

安史之乱爆发后，唐玄宗李隆基忙于奔逃，朝政顿时瘫痪，全国也很快陷入一片混乱当中。在国家生死存亡的关头，胸怀文韬武略的郭子仪临危受命，力挽狂澜。在随后的几年里，郭子仪一路南征北战，上保国家，下安百姓，在唐军处于劣势的时候，运筹帷幄，使得形势开始好转。在平息叛军的过程中，失败反复，道路曲折，但是郭子仪一直是忠心可鉴，一心保卫大唐，恢复唐室。他不计个人得失，不顾个人安危，虽屡次遭谗，仍不改忠心。终于，经过将近八年的时间，终于平息了叛乱。然而，战乱并没有结束，在安史之乱平定后，唐朝又陷入了内忧外患的危险境地。这个时候，虽然郭子仪已经是白发苍苍，但是只要朝廷需要，他义无返顾再披戎装，保家卫国，并再次立下赫赫战功。由于他的卓越功勋，他被封为汾阳郡王。到了晚年，由于身体原因，他交出了兵权，担任宰相，并加号为"尚父"，备受尊崇，荣耀之至。公元 781 年，郭子仪病逝，年八十五岁。郭子仪去世后，谥号"忠武"，享受皇祀。郭子仪一生不仅表现出了武将的风采，更加展示出了定国安邦的才能，他的不朽功绩和他的崇高精神必将流芳百世。

　　本书按时间顺序，以郭子仪的成长历程和唐朝的形势变化以及他保卫大唐的过程为基础，结合了很多郭子仪在生活或者在军队中的典型事迹，客观生动地讲述了神勇武将、大唐中兴大将郭子仪的光辉传奇的一生。不仅如此，本书还借助了民间的传说，丰富了郭子仪的事迹，增强了可读性和趣味性。相信本书的出版将会给喜爱历史和英雄人物的读者以满足，并且能够让你在品读的过程中增强自己的爱国情怀，而这也正是我们编写《威震天下——郭子仪》一书的初衷！同时也衷心希望本书能够成为陪伴你的朋友！

第一章 老蚌生珠 青年才俊夺武魁

郭子仪出生于公元 697 年，华州郑县（今陕西渭南华州区）人，祖籍山西汾阳。由于战乱，郭子仪的祖辈便迁至华州郑县，并且在这里安家生息，逐渐成为郑县的一大望族。而郭子仪就是出生在这样的一个官宦世家，从小受到良好的教育，未到成年便已经文武双全，闻名乡里。后来，只身远游，拜师学艺，终有所成。在弱冠之年，参加武举，并且勇夺武魁，从此步入仕途。

第二章 立志戍边 文韬武略渐得显

郭子仪在中了武举之后，就被选为王府的宿卫长，后又成为皇宫的宿卫。然而，满怀一腔报国热情和立志建功立业的郭子仪并不甘心就这样了此一生。在他出仕后不久，偶然的一次机会他遇到了一位姑娘，一见钟情。后来，在那位姑娘抛绣球招亲的过程中，他用计赢得绣球，终成美好姻缘。当他看到国家边防混乱的现状之后，他更加坚定了戍边的决心。于是他便投军，从此走上了军旅生涯，并且在军队中初露锋芒，展现才干。

第三章 安史之乱 临危受命退叛军

唐玄宗李隆基即位后，励精图治，整饬朝纲，休养生息，使得唐朝进入了又一个鼎盛时期。国家强盛富庶，百姓安居乐业，呈现出一派繁荣景象。然而，到了唐玄宗晚期，他便开始贪图安逸，在得到杨贵妃之后，更是过着骄奢淫逸的帝王生活。在李林甫和杨国忠当朝期间，朝政腐败，地方割据日甚，国势迅速倾颓，时刻酝酿着一场危机。终于，公元755年爆发了安史之乱。在这个关系着大唐命运的危急时刻，戍边宿将郭子仪临危受命，誓死捍卫大唐江山。

第四章 再造大唐 赤胆忠心保社稷

安史之乱爆发后，战事迅速扩展到全国，安禄山的叛军来势凶猛，而唐军毫无准备，在开始的时候，唐军屡遭惨败，毫无还手之力，而此时的唐玄宗也逃往蜀地避难。就在这个时候，朝廷内部又发生了永王叛乱，使得唐朝廷陷入更加危急的局势当中。郭子仪认真分析了全国的形势，以及敌我形势，最后做出了力挽狂澜的举措，取得了一系列胜利，并且逐步将局势扭转。然而，由于肃宗的错误决策，又使唐军陷入了困境当中。

第五章 屡遭谗言 不计荣辱终平叛

国内战事不断，而在朝廷中则是宦官弄权，奸佞当道，这些奸佞之臣害怕郭子仪因战功而获得爵位，威胁到他们的利益，于是屡进谗言，诋毁郭子仪，使得他屡失兵权，并且有功之臣也失去了兵权。随后，很多已经收复的城池又再次落入叛军手中。然而，即使如此，郭子仪仍然时刻关注战事的变化，并且进言献策。在局势再度恶化的时候，朝廷再次起用郭子仪。郭子仪不计个人的荣辱得失，全力平叛，终于经过将近八年的战争之后，终于平息战乱。

第六章 明哲保身 出世入世汾阳王

郭子仪在戍守边疆以及后来的平定安史之乱的过程中，屡立战功，为捍卫大唐江山立下汗马功劳。当朝皇帝为了彰显其功劳，便对他加官封爵，赐封汾阳郡王。郭子仪不仅在战场上能够运筹帷幄，决胜千里，而且也深谙为官之道。虽然他对大唐王朝有再造之功，但是他从来不居功自傲，而是更加谦虚谨慎，胸怀坦荡。他不愧是治国之贤才。也正是因为如此，才使得汾阳王府能够在混乱年代经久不衰。

第七章 身系天下 鞠躬尽瘁镇边疆

在平定内乱之后，唐朝内部争斗并没有停息下来，而是一波未平一波又起。经历了战乱的朝廷已经无力驻守边疆，导致了边防空虚，而此时的吐蕃伺机而起，多次侵略唐朝边境并且向南入侵；以及后来的边将叛乱，回纥起兵，这些都使得唐王朝显得岌岌可危。已经是年逾古稀的郭子仪依然奉命保家卫国，他不顾个人安危，深入敌境，多次退敌，终使得朝廷化险为夷。终于公元781年病逝，年八十五岁。德宗感念其功，谥号"忠武"。

第一章

老蚌生珠 青年才俊夺武魁

郭子仪出生于公元697年，华州郑县（今陕西渭南华州区）人，祖籍山西汾阳。由于战乱，郭子仪的祖辈便迁至华州郑县，并且在这里安家生息，逐渐成为郑县的一大望族。而郭子仪就是出生在这样的一个官宦世家，从小受到良好的教育，未到成年便已经文武双全，闻名乡里。后来，只身远游，拜师学艺，终有所成。在弱冠之年，参加武举，并且勇夺武魁，从此步入仕途。

老蚌生珠，郑县望族

公元 697 年中秋节这一天，在华州郑县，伴随着一阵哭声，一个男婴降生了，他就是郭子仪。关于郭子仪的降生以及名字的由来，还有一段很离奇的故事。

这个男婴的父亲名叫郭敬之，妻子周氏。夫妇二人，快到四十岁的时候才生下这个孩子，这种情形正像人们说的"老蚌生珠"。据说在郭子仪出生的那一天，月黑风高，天星寥语。在郑县郭家忽地传出一阵洪亮的婴儿哭啼声。然而，这哭啼声自响起后，就没有再停下来，一直持续了八十天。这些异常的表现让这对中年得子的夫妇感到非常的惊讶，更多的还是担心。因为婴儿降生哭是很正常的，但是一连接着哭确实让人感到担忧。

母亲周氏整天抱紧婴儿，心疼得泪流满面，连声说："老爷啊！孩子再哭下去，便好人也哭坏了，快想个办法救救他啊！"看到孩子这样，郭敬之也是无计可施，他急得在屋里来回走着，心里非常的烦躁，说："办法？你以为我没想办法，你也知道，郎中请来了十位，银两花了大笔，但均束手无策，昨日那位最有名气的老郎中，更摇头叹道，怪！怪！……最后连药方也不肯开，诊金也不肯要就走了，这叫人有什么办法啊！"然而，就在他们说话间，从外面却忽地传入一阵歌声："两镜交光处，一火飞红心，清凉落影时，彼此是知音……"说也玄妙，这

"知音"二字传入时，这个婴儿的哭声忽地一顿，似已领悟"知音"二字的奥妙，虽然稍一顿又哭啼不止，但这细微的一刹那异象，却被非常心细的郭夫人周氏注意到了。

周氏忙说："老爷啊！快到外面看看，是谁在唱那'知音'歌啊！"郭敬之有些迷惑地说："那只是疯人唱疯歌罢了，看他干什么？"看到丈夫这样不耐烦，周氏生气地说："你不见娃儿的哭声停了一会儿么？他似乎听懂那人唱的歌意啊！这孩子好像听到这个的时候就不哭了，说不定就是这歌声的作用。"郭敬之无奈，只好走出屋外，在月黑暗影之下，但见一位僧人，也不知他年纪多大，更不知他疯疯癫癫唱的是什么？郭敬之感到非常奇怪，于是就问道："师父，你刚才唱的可是'知音'歌？"僧人歌声一顿，目中精光乍闪，但稍纵即逝，和颜慈目地微笑说："噢？施主怎知老衲唱的是'知音'歌呢？"

郭敬之苦笑说："我怎会知道？只是我的夫人被小儿哭昏了头，催我出来问一问师父罢了。我的夫人说，师父的'知音'歌，曾令小儿的哭声停了停，小儿似乎听懂师父的歌意呢，当真奇哉怪哉，为什么会如此呢？"

僧人笑着说："老衲领悟令郎的哭声，令郎听懂老衲的歌声，因而'彼此是知音'，如此而已。"郭敬之见僧人饶有深意，不由惊喜道："师父好像能够预知小儿的情状，还请师父出手相救。"僧人欣然说："老衲与令郎有缘，因此千里相会，怎会坐视不理？施主且领老衲进内看看，然后再细说。"郭敬之此时已急得六神无主，见僧人有解救之意，哪会说不好，他此时只怕连一根救命稻草也要死死抓住，当下连声说："师父请！师父请！"

僧人微微一笑，也不发话，跟随郭敬之便走进屋内来了。周氏此时正抱着怀中的婴儿，在大厅中团团转，眼中的泪水不停地涌出，瞧她的样子，若要她以生命换回婴儿的平安，只怕她也千万个愿意。她一见走进来的僧人，连想也不想，便连声请求说："师父啊师父，他似乎听得懂你的歌声呢，求师父快施妙法救小儿啊！"

僧人走前两步，目中精光灼灼，凝神向周氏怀中婴儿看去，只见这婴儿虽然哭声不止，但并无半点泪水，长相英武不凡，浓眉高鼻，口边棱角分明。僧人心中一动，不由暗暗地思量：我不惜奔走万里，欲寻一拯世救民的英杰之才，辗转十载，不料竟于今夜欣逢，可惜其祖脉受煞，他已被煞气侵体，惶恐不已，才痛哭不止。吾若不以大法相助，只怕这一代英杰之才，便非要在痛哭声中夭折不可了。

随后僧人又问郭氏夫妇这个婴儿已经哭了多少天了，这段时间是他们最难熬的时间，所以郭敬之记得非常清楚，于是，他连想都没想，就脱口说："师父！该是第八十五天了。"僧人又微笑着说："不错，恰好是第八十五天，令郎自降世即哭啼不止，此乃其受祖脉煞气侵害之象也，他哭了八十五天，亦即预示他日后的八十五年岁月，均不得安宁，须历无数磨劫。但他自祖脉移葬此地，即与莲花龙脉汇聚，再与祖宗元气感应，已脱胎换骨，可保八十五年的福寿绵延，绝不会中途夭折，虽危而安，虽难而不折。且日后此子必光宗耀祖，乃为国为民的中流砥柱之才，郭施主有此福儿，亦可告慰令祖九泉之下矣！"

说完，僧人便念起经来，说也奇怪，听到僧人的诵经声，周氏怀中的婴儿果然不哭了。

郭敬之一见，不由又喜又奇，忙向他拜谢相救之恩，又殷殷相求："师父啊，小儿有此福缘，皆师父所赐，望师父一并成全，给小儿起个名字吧！"看到郭敬之这样诚恳，僧人也不好推辞，观察了一会这个孩子便说："此子相貌俊逸，仪表不凡，且更可替你郭氏一脉光大门楣，名留万世，那便取其义叫'子仪'吧！"随后，郭子仪这个名字便在郭府叫开了，而这个婴儿从此也就健康成长起来。

这些故事虽然只是人们后来对郭子仪身世的想象和神化，但是也表现出了人们对他的敬仰之情。在中国历史中，类似于这样的传说并不少见。不管怎样，郭子仪的出生给郭府增添了许多希望和乐趣。

在中国，古人看重门第。南北朝时期，高门士族把持朝政，标榜郡望之风数代不衰。门阀政治下所演成的社会风尚，直至唐代仍然非常盛行。人们谈及家族世系，总要缅怀先祖以显荣耀。

说到这郑县郭氏，我们还要从头说起。据记载，郭姓出自姬周天潢，世代为太原著姓。秦朝末年，太原人郭亭追随汉王刘邦，征战立功。西汉王朝建立后，郭亭于高祖六年 (前201) 受封为阿陵顷侯。郭亭的曾孙郭广意，在汉武帝时任光禄大夫，是皇帝身边负责顾问应对的侍从官员。郭广意之子郭孟儒官至左冯翊，任职期间，其家始从太原迁来关中，最后定居于郑县，世代传衍不绝。但是，自西汉后期迄于北魏末年的600余年间，郑县郭氏的谱牒中断失传。尤其是西晋末年天下大乱，继之以南北分裂，灾祸频仍，国无宁岁，皇家贵族浮沉无常，黎民百姓命若朝露。郭氏一族或因乱离颠沛，或因遭遇祸难，致使家谱损毁失续，后世无从考知。

北魏末年，郭子仪的七世祖名郭文智，任职为中山郡 (今河北定州) 太守。郭子仪的六世祖郭徽，在西魏大统末年任同州 (今陕西大荔) 司马，后官至洵州 (今陕西旬阳) 刺史，封爵安城县公。郭徽任同州司马，是司州刺史的部下。而刺史杨忠就是隋文帝杨坚的父亲，郭徽与杨坚有非常好的交情。后来，杨坚取代北周建立隋朝后，郭徽官拜太仆卿 (九卿之一，职掌舆马及国家畜牧事务)，数年后去世。郭徽的长子名荣，字长荣。郭荣年少时随父在同州，与杨坚亲狎，为龙潜之旧。入隋之后，郭荣官至通州刺史、右侯卫大将军，封爵蒲城郡公，死后追赠兵部尚书，谥号曰"恭"。

郭徽的次子名弘道，即郭子仪五世祖。他在隋朝历任通事舍人、沧州 (河北盐山) 长史、尚食奉御等职。郭弘道性情宽厚，外愚而内敏。他在隋炀帝朝中担任奉御职务时，李渊 (即唐高祖) 为殿中少监，二人关系友善，常相往来，情谊深厚。郭弘道善相面之术，有一日对李渊说："李公天中伏犀，下相接于骨。此非人臣之相，愿深切自爱。"李渊听后，取过郭弘道的银盆，置于地上说："如果你的话日后能够应验，今天当一发中的。"言罢引弓而射，应弦中盆。郭弘道说："我希望今日之言应验后，您能赐给我一只金盆。"李渊内心非常喜悦。

及至隋末天下大乱，群雄并起，李渊父子乘机起兵于太原，进占关中，建立唐朝，而郭弘道却身在东都洛阳。李渊称帝后，不断派人打听郭弘道下落。武德三年 (620) 三月，郭弘道自洛阳西来投奔。李渊闻讯后，立即派出使者于途中迎接慰劳。使者寻郭弘道入宫晋见李渊，郭弘道热泪盈眶说："臣识龙颜，在天下之先。但今日才得拜见阙庭，落在了众人之后。这是臣的罪过啊。"李渊大喜，拉住郭弘道的手引入内殿，君臣二人回忆往昔旧事，一直谈到深夜。

郭子仪画像

李渊非常感念于郭弘道当年的吉言，于是，对他大加赏赐，拜为同州刺史。虽然郭弘道受到了李渊的重用，但是，他到任不久就因为想回到李渊身边而无心处理政务。于是，他就向李渊上表，李渊看到奏表后，就又征召他入朝担任卫尉卿 (从三品，掌仪仗兵器与帐幕供设)，封爵昔国公。像他的父兄一样，郭弘道也是以龙潜之旧的身份交情，得到皇帝的亲近和优待，每次参见奏事，李渊都特别下令让他登殿。郭弘道的长子郭广敬，

仕唐官至左卫将军 (从三品) 兼太子左卫率、策勋上柱国 (视正二品)，承袭父爵郜国公。太宗贞观二十一年 (647) 十一月，郭广敬奉命出使漠北，征召突厥车鼻可汗入朝。高宗麟德元年 (664)，宰相上官仪因见恶于武后而被诛杀。郭广敬因为与上官仪交情甚好，于是也被牵连，贬为隰州 (今山西隰县) 刺史。郭弘道的次子名履球，即郭子仪的高祖，在隋朝担任金予 (今陕西安康) 司仓参军。郭子仪的曾祖郭昶，为唐朝凉州 (甘肃武威) 司法参军。祖父郭通，任职为美原县 (今陕西富平东北) 主簿。郭通天性聪慧。博览群书，识见精明，可惜的是步入仕途不久，就英年早逝了。

自北魏末年至李唐王朝建立，郑县郭氏世代簪缨，传至郭敬之这一代，育有九子。真可谓人丁兴旺，家族繁盛。郭敬之生于唐高宗乾封二年 (667)。他身材魁伟，声若洪钟，目光如电，两腮虬须，仪表英武而举止优雅，望之有若神仙。郭敬之为人亲善，才兼文武，自步入仕途，先后任涪州 (今四川涪陵) 录事参军、瓜州 (今甘肃瓜州) 司仓、雍北府果毅都尉加游击将军、申王 (玄宗次兄李成义) 府典军、金谷府折冲都尉兼左卫长史、原州 (今宁夏固原) 别驾、左威卫左郎将兼监牧南使、渭州 (今甘肃陇西) 和吉州 (今江西吉安) 刺史等职。唐玄宗开元末年，宰相之一的牛仙客以郭敬之居官清正，上奏授其绥州 (今陕西绥德) 刺史，加官至中大夫 (文散官，从四品下阶)，策勋上柱国 (勋官十二转，视正二品)。天宝三载 (744) 正月十日，时任寿州 (今安徽寿县) 刺史的郭敬之病逝于京城常乐坊家中，享年七十八岁。郭敬之晚年位至正四品地方长官州刺史，已跻身于"穿红着紫"的高官行列。当郭子仪出生之时，其父官位尚低。但是，从郭氏的家族史来看，有记载的，郭子仪的先人们在每一时期都有出仕者，而且也不乏高官。

郭子仪的母亲周氏，河内 (今河南沁阳) 人，在郭子仪年幼的时候，就去世了。少年郭子仪，学武习射，秉承父教家风。在早年的时候，郭子仪刻苦好学，又有父亲指导，经过多年的勤学苦练，长大以后，不仅骑射技高，枪法精湛，而且还学会了不少兵法谋略。

郭子仪出生的这一年，国家处在一个内忧外患的境况之中。当时正是武则天晚年和中宗继位后的韦皇后乱政时期，宫廷争权斗争异常激烈，政局动荡不定，皇帝走马灯似地更换，大臣们也是朝不保夕。而且由于国内政局不稳，边疆形势也很不安宁。唐和契丹正在河北进行大规模的交战，居住在今辽宁西部的契丹族，因不堪唐朝官吏的虐待，在其首领李尽忠、孙万荣的率领下，于武则天万岁通天元年 (696) 起兵反唐，杀唐营州都督赵文翙，攻占营州， (今辽宁朝阳)。李尽忠自称无上可汗，以孙万荣为大将，趁唐朝内部斗争不断，四处抢城掠地，以致百姓处在水深火热当中。为了扭转这样的局势，晚年的武则天被迫四次派大军出击，但是有两次几乎是全军覆灭，将军张玄遇、麻仁节被俘，清边道总管王孝杰战死。朝廷内部陷入一片恐慌和混乱之中，契丹乘胜长驱直入，攻陷河北很多州县。在这个关系着生死存亡的危急关头，武则天镇静部署军队，她调动全国兵力来抵抗，并且联合突厥，形成夹击之势，经过一年多的战斗，终于将契丹叛兵打败。然而，这次的战争给全国百姓带来了无穷的灾难和痛苦，同时也给武周政权以沉重的打击。

唐朝自建朝以来，边疆地区就一直处在动乱当中。早在唐朝初年的时候，位于唐朝北部的突厥，唐初曾多次进犯中原，甚至进至长安附近。唐太宗李世民励精图治，将突厥击灭，北部边境在接下来将近三十年的时间里，相对较为平静。唐高宗调露元年 (679)，突厥阿史德温傅、奉职二部同时起兵反唐，经过两年的战争，被唐军打败。但是，突厥部并没有就此罢休，后来默啜做了突厥可汗，势力发展很快，经常率兵南下掠夺内地，成为武则天时期的一大边患。为抵御突厥的不断侵扰，唐中宗景龙二年 (708)，朔方道总管张仁愿在黄河河套以北设置一千八百个烽火台，从这以后，突厥才不敢贸然南侵，唐朝的北部边疆才保持了一段时间的安宁。

老蚌生珠　青年才俊夺武魁

而在唐朝的另一边，也就是大唐西南部的吐蕃，在唐朝早期，和唐朝的关系开始是非常密切的。贞观十五年 (641)，唐太宗派人护送文成公主入藏，同吐蕃首领松赞干布和亲。文成公主入藏的时候，还把蔬菜种子、手工制品、医药、书籍等带到吐蕃，加深了汉、藏两族的关系。但到高宗与武则天时期，吐蕃打败了吐谷浑，占领了青海，又攻占安西 (今属新疆)，这种局势严重威胁着唐朝的安定。于是，唐朝先后派薛仁贵、李敬玄率兵征讨，但都失败了，至此，吐蕃和唐朝的关系一度恶化。在这种不利的形势下，唐朝廷不得不撤走安西都护府的疏勒、碎叶、龟兹、于阗四镇驻军，以图再次收复失地，抗击吐蕃。到了长寿元年 (692)，武威军总管王孝杰率军打败吐蕃，收复了安西四镇。后来武则天接受郭元振的建议，对吐蕃采取缓兵离间的策略，不久，吐蕃内讧，无暇再次侵犯唐朝边境，在这段时间里，西南边境也有了一个暂时的安宁。唐中宗时期，以金城公主嫁给吐蕃尺带珠丹赞赞普，唐蕃共立会盟碑，表示以修永世之好。尽管唐朝做出了这样的让步，并立下了这样的盟约，随着时间的推移和局势的变化，这种盟约逐渐失去了它的作用。在后来的时间里，吐蕃和唐朝之间的战争也从没停止过。

此时的唐朝处在一个内忧外患的困境之中，而郭子仪在这样的环境中不断地成长着。在他成长的过程中，他亲眼看到了人民的苦难，并且慢慢地认识到，国家不安定，军队不强大，人民就过不上安居乐业的日子。这些经历对他后来的人生选择，有着深刻的影响。

唐玄宗李隆基当皇帝的时候，郭子仪刚刚十六岁。当时的李隆基是经历宫廷内部的血腥政变中夺到政权的，所以，他深知当时朝政的积弊。在他夺得政权，登上帝位之后，就下定决心要励精图治。他任用有能力的姚崇、宋璟等人做宰相，并且接受他们提出的裁减冗官、废除苛捐杂税，广开言路、选拔人才等建议，政治上也比较安定，社会经济稳步发展，国力也逐步强大，经过几年的努力，唐朝进入了全盛时期，史称"开元盛世"。当时的大诗人杜甫在《忆昔》一诗中描写那时的繁荣景象说："忆昔开元全盛日，小邑犹藏万家室。稻米流脂粟米白，公私仓廪俱丰实。九州道路无豺虎，远行不劳吉日出。齐纨鲁缟车班班，男耕女桑不栖失。"

这些虽然有夸大赞誉之词，但是也是当时的一个局部写照。在同一时期的史学家杜佑在《通典》中记载，在玄宗时期，由于生产的发展，至天宝八载 (749)，国家官仓的存粮，已达九千六百万石。这是一个十分惊人的数字。按当时全国的人口计算，每人就有一石多。《通典》卷七还记载了当时越来越便宜的物价。由于农业的发展和国家的繁荣，全国户民也快速增加，据《通典》卷七记载，唐初全国是二百多万户，神龙元年 (705)，增至六百一十多万户，到天宝十四载 (755)，已增加到八百九十多万户。公私粮仓充溢，物价便宜，人丁兴旺，天下殷富，确实达到了开国以来从未有过的高峰。

随着时间的推移，唐朝国势的不断强大，郭子仪也很快长大了。虽然此时的郭子仪生活在这样的一个优越的家庭中，但是他从没有贪图安逸，不求上进。他秉承郭氏家风，注重书香与修武兼备。从小到大，郭子仪接受父母的培育熏陶，塾师的启蒙教育，史书上赞誉郭子仪自幼秉承父教家风，孝敬师长，友爱兄弟，宽厚仁善，重情尚义，为乡里所称道。郑县郭氏不愧是名门望族。

拜师习武，终有所成

　　时间过得很快，郭子仪也很快长大成人了。成年后的郭子仪不仅高大魁梧，身长六尺有余 (1.80 米以上)，而且容貌秀伟，非常像他的父亲。其实，在郭氏先祖中，也不缺乏孔武有力的将军。郭子仪的父亲在当时可谓是文武双全，很有声望。

　　郭子仪的父亲与他的祖父一样，一生为地方官，辗转多个地方，虽然自谓文武双全，但是一直没有受到朝廷重用。当年，郭敬之从华州郑县出仕之后，先是在剑南道的信州当录事，参军，后来到吉州、寿州、绥州等地当刺史。几年后，郭敬之调到河东道的宪州当刺史。在这么多年的奔波之中，郭敬之虽然好结交有志之士，并且为人正直，但是一生郁郁不得志，每当独自一人的时候，看到自己已经到了中年还是没有建功立业，没有大的建树，常常慨叹时运不济，命途多舛。然而，让他感到非常欣慰的是，在他四十多岁的时候终于得子，这给他带来了希望。在当时来说，这算是老来得子了，于是，他就将自己的希望都寄托在儿子的身上，希望儿子能够实现他没有实现的愿望。在接下来的时间里，他非常注重对儿子的培养。郭子仪稍大一点的时候，郭敬之就给他聘请老师教儿子学习经史百家，经济之道，而且他还聘请教头教儿子练习武功。由于郭敬之的严格要求，郭子仪又刻苦练习，所以在郭子仪十四五岁时，就已经练就了一身好武艺，在当时的宪州可以说是声名远播，深受当地人喜爱。

郭子仪小小年纪就已经有了这样的成就，郭敬之感到非常的欣慰。但是，也因为众人对年轻的郭子仪的赞赏，使得他开始有一些得意忘形了。虽然他酷爱习武，但是那都是一家之长。经历了一些挫折之后，他才明白人上有人，天外有天。于是，他又开始勤学苦练。后来，经过一些前辈的指点，郭子仪的武功大有长进，终学有所成。

在冬天的一个早上，郭子仪像往常那样在自家的花园里练习武功。这时，郭敬之走了进来，身后有个公差背着一个面黄肌瘦、不省人事的少林僧人。原来今天早上，郭刺史带着公差微服到外面查案，看见这个少林僧人昏倒在街上。他马上叫公差把少林僧人背回去进行急救。随后，仆人端上了一碗热气腾腾的姜汤，马上给他灌服。盖着被子躺了一会儿，少林僧人就醒了过来。看到此人醒了过来，郭敬之便问他是哪里人，此人说他是嵩山少林寺的和尚，昨天他云游到宪州，不料路上淋雨得了风寒感冒，饥寒交迫，便昏倒在路上。少林僧人非常感谢郭敬之救命之恩。由于他的身体尚未完全康复，所以郭敬之便叫他在郭府多逗留几天，等到痊愈了再走。

接下来的几天，天气挺好，没有下雪。郭子仪像往常一样，每天坚持早起练习武功。俗话说，练武不练功，到老一场空。此时的郭子仪也深知这个道理。所以，他每天起来练武，都先练练基本功，然后再来练套路和招式。只见他先举了半个时辰的石锁和石担，然后打了几路拳，最后练习了兵器。这几天早上少林僧人也起来的很早，但是由于风寒未愈，所以他既不打坐，也不念经，更不练武功。只是爬上一棵大树，直挺挺地来个"金鸡独立"站在树杈上，静静地看郭子仪练习武功。开头这两天，少林僧人只是斜着眼看不吭声。到了第三天，少林僧人看了以后，便连连摇头，叹息说："可惜了，可惜了……"

听到这话，郭子仪感到非常惊讶和疑惑，于是，他边擦着脸上的汗水边道："师父，您也会武术吗？"

少林僧人笑了笑说："贫僧略懂一二。"

老蚌生珠　青年才俊夺武魁

郭子仪听完这话，心中有些不屑地说："这么说，师父是行家？"

"不敢当，但可以看出功夫好坏。"

"您看我练得怎么样？"

少林僧人摇摇头说："不怎么样。"

郭子仪拱了拱手，傲慢地说："照师父这样说，如何才算好呢？不妨请师父赐教几招。"少林僧人"嗖"地纵身跳了下来，扬扬头，冷笑说："你的功夫都是花拳绣腿，银样镴枪头，上不了阵的。"年轻气盛的郭子仪听完少林僧人的话，心中不禁燃起了怒火。因为在他眼里，这一带还没有人赢过他，少林僧人的话让他感到自己受到了轻视。郭子仪心想："我九岁就拜师学武，现在打遍宪州无敌手，你居然说我的武功上不了阵。"郭子仪虽然是这样想，但是讲话还是很客气，说："师父，既然晚辈学的每一套功夫都是花拳绣腿，那么我很想见识一下师父的真功夫。"说罢便向少林僧人拱了拱手，郭子仪有些按捺不住了。

"你真的想领教领教真功夫？"

"当然。"

"好，"少林僧人对郭子仪说："贫僧在这里合掌作'金鸡独立'，你随便拿什么样的兵器都可以，只要能打到我便算你赢。"郭子仪心里想这僧人那么瘦小，用兵器打伤他可不得了，便说："我用手掌来打你。"

少林僧人说："不，你一定要用兵器。"

"好，我就用这把宝剑吧。"郭子仪心想："用剑打他，点到即止便算了。"说时迟，那时快，郭子仪"嗖"地拔出了宝剑便来了个指上打下的架势。只见少林僧人闭目合掌，剑风到时，他像猫一样弓身跳到了一边。郭子仪看到少林僧人很轻巧地就避过他的攻击，心中不禁想：这僧人的身手不错，反应挺快。看来我要使出真功夫了，要让他见识见识我的厉害，看他还敢不敢轻视我。

于是，郭子仪抽剑连上几步直刺少林僧人的胸前。少林僧人闭目合掌念念有词，连连向后退步。这时，郭子仪吸了一口气，来了个"鹞子翻身"跳到了少林僧人的身后，紧接着来了个"白鹤亮翅"，剑锋直取少林僧人的颈部。谁知少林僧人也顺着剑风来了一个"鹞子翻身"，伸出右掌来个"独劈华山"，使得郭子仪右手掌虎口大震，宝剑"叮当"的一声掉在地上。这一招失利，让郭子仪感到非常惊讶，他没有想到这少林僧人竟有如此快的速度。但是，血气方刚的他并不服输，只是拱了拱手说："师父果真身手敏捷，出手不凡，但是，刚才只是师父的防守，现在我还想领教师父的进攻本领。"

"不服输是吗？好，我用这个扫帚打你，而且我先告诉你要打你哪里，只要你能躲得开我的扫帚，便算你赢。"听到少林僧人这样说，郭子仪很高兴地点了点头。

这时，少林僧人已捡起了扫帚立了个架势，说："公子，现在我要打你的前胸。"而郭子仪也马上抱拳做好了守势。郭子仪刚准备好，那少林僧人便开始用扫帚对着郭子仪的右胸扫了过来。

看见这样的招式，郭子仪感觉这对他来说就是轻车熟路，于是，他一偏身便伸出了右掌想把那扫帚格住。但是，让他没有想到的是，正当他用右掌来格住扫帚的时候，那少林僧人突然把扫帚一收，霎时间，那扫帚柄已戳了过来，其重如千钧。郭子仪根本无法抵挡得住，任其直戳自己的右胸。少林僧人笑了笑，说："如果是真家伙的话，你就没命了。这回你服了吗？"

面对这样的失败，郭子仪很恼火。他从来没有败得这么惨，而且还是败在一个瘦弱的僧人手里，他心中非常不甘。于是，他忍着疼痛，不服气地说："好，再来。这次不会再让你得手了！"

"好，这回我要打你的下三路，砍你的左脚踝骨。"说完，少林僧人把扫帚舞得如飞蓬。郭子仪定了定神，然后扎起了马步。少林僧人的扫帚一会儿指向他的头颅，一会儿指向他的胸部。郭子仪跳、腾、

老蚌生珠 青年才俊夺武魁

挪连连防住下三路。正当这个时候，那少林僧人又改变了他的套路，只见少林僧人手中的扫帚似大刀般直劈郭子仪的左脚。好个郭子仪，他马上"噔"的一声，来了个"旱地拔葱"。说时迟，那时快，少林僧人的扫帚柄朝上一转，郭子仪感到左脚踝骨挨了沉重的一击，重重地跌倒在地上。接连的失败，让郭子仪深受打击，虽然他心中还是很生气，但是他很快认识到，强中自有强中手，是自己太过于自信和自大了。这一次，他没有与这位少林僧人接着交手，而是忍着疼痛，马上爬起来在少林僧人面前跪下，大声说："晚辈无知，请师父原谅，收晚辈为徒。"听完这些话，再看看郭子仪的表情，少林僧人哈哈大笑，问他："你真的服输了？真的要拜贫僧为师？"郭子仪跪在地上叩头不起，看到郭子仪这样真诚，少林僧人便收下了这个徒弟。

在后来的这段时间里，郭子仪收敛了自己的狂妄和自大，而是专心听师父的教导，并且更加刻苦勤奋地练武了。经过少林僧人的指点，郭子仪的功夫大有长进，尤其是少林僧人教了他方天画戟七十二路打法，使他对方天画戟的使用达到了炉火纯青的地步。由于少林僧人感念郭敬之的救命之恩，又看到郭子仪这样好学，少林僧人就全力将自己的武功传授给了郭子仪。这一教不要紧，很快三年就过去了。三年之后，少林僧人看到郭子仪已经将自己所授的武功练的得心应手，心中非常高兴。此时，他有一种如释重负的感觉，脸上露出满意的笑容。一天，少林僧人对郭子仪说："你现在的武功已经达到了炉火纯青的境界，但是一定要保持谦虚，不要恃强用武，并且要学会吸取众家所长，勤加练习。现在我的任务已经完成了，我也要回少林寺了。"郭子仪听完师父的话，心中非常不舍，但又无法再将师父留下来，于是，就依依不舍地给师父磕了三个头，以感谢师父的教导。随后，师徒道别。

当时，长安是唐朝的国都，是全国政治、经济、文化中心，又是一个开放性的国际大都会。长安城呈长方形，城围达七十多华里。皇帝、皇室亲王及其家属居住的宫城，在长安城的北面。宫城的南面是中央官署所在地皇城。皇城的南面是市民居住的外廓城。外廓城占地相当广阔，划分成十分整齐的一百〇八个坊，分布着寄院、府第和居民住宅。郭子仪家所在的常乐里，就在城东春䜋门附近，紧靠东市。虽然，此时的郭子仪，生活在这国富民强的"开元盛世"，这时他们全家已搬到长安常乐里。身居在这样繁华的都市，父亲官居州刺史，但他没有贪恋京城安逸舒适的生活，而且经过这三年来的苦练，郭子仪感到自己的武艺也学得差不多了，于是就想寻找报效祖国，建功立业的机会。

古语说，父母在，不远游。尽管郭夫人反对，但是郭敬之还是同意儿子出去。因为这不仅仅是他对郭子仪的期望，同时他也想让郭子仪替他完成自己没有实现的愿望。于是，他对郭子仪说："子仪，我的一个老朋友薛讷现在并州任长史，那里是抗击契丹等外族来犯的前线，你何不到那里去寻找报国的机会?"郭子仪接受了父亲的意见。于是郭敬之便给薛讷写了一封信，叫郭子仪带上，让他到并州去了。

告别父母，只身远游

郭子仪在少林寺高僧的指点下，武艺有了非常大的进步。而此时的郭子仪也有了自己的想法，那就是远行投军，建功立业，实现自己的远大抱负。师父走后，郭子仪的这种愿望就更加强烈。这年正月刚过初十，年轻的郭子仪便闹着要远行，说是好去看看并州的元宵节。

其实，他的父亲早就看出来他的心思。

宪州地处吕梁山区，三面环山，周围是连绵起伏的黄土峰峦，到处是沟沟壑壑。此时虽然是新春时节，可是山上还是堆积着残雪，让人感受到春天气息的是，山上那些光光秃秃的树干上染上了嫩绿的新芽，和煦的阳光晒得人暖洋洋的，不时有几个燕子出现在摇曳的青树枝上。

唐开元二年（714）正月初十早上，在河东宪州郭敬之的刺史府第里，春节的气氛依然还在，此时外面路上的积雪还没有化尽。就在这个时候，刺史府的大门打开了，从里面走出了一堆人，看那阵势像是有人要出远门。果然，很快在这群人的最前面有一位年轻人牵着一匹名叫九花虬的黑底白花的高头大马，此时的他显得威武有神，但也有些依依不舍。在他的旁边走着一对年过半百的夫妇，后面跟着几个丫鬟和仆人。这最前面的年轻人正是郭府的少公子郭子仪。这个时候，他年方十八，身高七尺二，相貌堂堂，气宇轩昂。只见他两道浓黑的倒八字眉下长着一双炯炯有神的丹凤眼，一双玲珑若雕的悬胆鼻镶嵌在棱角分明的厚嘴唇上面，使他显出和蔼可亲的性格，一说话便露出两排白玉般的牙齿。郭子仪头戴一顶白缎子斗笠，身穿团花石青底箭袖衫，外披黑底碎花大氅。站在郭子仪右边的是他的父亲郭敬之，现任宪州刺史。虽然已经显得有些年衰，但是远看依然是雄风犹在。站在郭子仪左边的老妇人是他的母亲郭夫人，她身材略显富态，虽穿着朴素，但却有大家闺秀的气质。郭夫人挽着儿子的左手，脸上挂着泪花，口里在不停地和儿子说着话，像是有很多的嘱咐。儿行千里母担忧，这话说得一点不假，更何况这是他们唯一的儿子。

很快，仆人簇拥着主人，将这家的少公子郭子仪送到了门口。出了府第大门，郭敬之便拉住了妻子的手对儿子说："孩子，我们不送了，愿你一路顺风。到了并州别忘了捎个信儿回来。"其实，郭敬之这样做完全是为了不让夫人因为看到儿子走远而过度伤心，他明白儿子很有志气，如果过多的说那些话会让他感到放心不下，所以在送行的时候，他总是显得很平静。郭子仪踏上了马蹬，回身向父母拱了拱手，说："爹爹，娘亲，请多保重，孩儿走了。"这时，虽然周氏是很有涵养，但是一想到儿子将要远离她，还是忍不住哭了出来。她知道孩子这一走，不知什么时候才能回来，而且前途未卜。随着一阵马蹄声，郭子仪和九花虬便消失在远处的街道上。郭子仪要去的地方正是三百多里外的山西并州，当时是唐朝的陪都，人们叫它为北京（不是现在的北京）。开元十一年（723）后改名为太原。很快，郭子仪便扬鞭赶着他那匹九花虬，穿过了清晨冷寂的街市。不一会就驰上了官道往东南绝尘而去。

郭子仪一路奔驰，走了一段时间，由于此时正是春寒料峭，天气还是非常的冷，赶了一段路，马也非常的疲乏，嘴里不断地喘着粗气。于是，郭子仪就下马走了一会。他一边赶着骏马，一边在想着自己即将要谒见的那个名震边关的薛老将军，不知他长得什么样子。走着走着，大约过了两三个时辰，经这一路颠簸，再加上天气寒冷，体力消耗得非常快，郭子仪感到肚子有些饥饿了，而且这马也应该食些草料了。但是，抬眼一看，并没有看到村庄酒肆，于是他牵着马又坚持走了一段，终于他看见前面有一个小镇，他便策马飞快地跑了过去。郭子仪进了集镇在一座二层的小酒楼门前停了下来。他把马缰绳系好在门前的柳树上，便进去上了楼，找了个好座位坐了下来。这时，店小二马上走过来给他倒茶水，郭子仪随便点了几样菜吃了起来。

这时从外面涌进了一群人，走在前面的那人年纪十八九，长得精瘦，面如黄纸，头戴幞头，内穿橙红色箭袖短衫，外披淡黄团花棉袍，看这个人是蛮精明的，旁人都叫他张大哥。这个张大哥不断地招呼客人，叫他们到楼上就座。这群人足足坐了七八桌。郭子仪一边吃饭，一边张眼看看这个张大哥对人们说什么。郭子仪招手把店小二叫了过来，问他这个张大哥干什么摆酒。那店小二长叹了一声，便说了出来。原来，这个地方叫王家庄，大半村民都姓王。村里有个大户叫王贵，他有个独生子叫王奇，还有一个养子叫张信，比王奇大一岁。这个王

老蚌生珠　青年才俊夺武魁

奇平素娇生惯养，不喜欢读书，只好拳脚。王奇喜欢结交朋友，更喜欢练武之人。他一听说那个人会武功，便把人家请到家养起来，大鱼大肉地给他们吃。这样一来，很多只懂得一点三脚猫功夫的人往往也去凑一份。也是这王家有钱有势，所以王贵并没有在乎这些。而这些人看到这王奇非常好骗，于是便纷纷前来。那养子张信也喜欢练武，但是他只结交两三个有真功夫的人，经常在一起练练拳脚，打打刀枪。

王贵王员外因为年已老迈，身体不好，在一次外出的时候偶感风寒。一般人得了这病，吃几副草药就能够痊愈，但是王员外的病一直未见好，而且还有加重的迹象。此时还是正月，天气很冷。有一天，王贵王员外的病又突然加重了，这次他感觉到自己时日不多了。于是，便寻思着要交代后事了。他把张信和王奇叫到了身边，说："我死后，由养子张信管理家业。奇儿，凡事要听你哥的话，不管办什么事情，都要与你哥商量。"王奇听后很是气不过，但为了让老父亲安心离去，他便不做争论。张信料理完后事，便按照遗嘱，成了王家的当家人。他为人精明，很会管理家业，上上下下的人都很听他的话。王奇开头还能遵父嘱，听张信的话，时间长了，他便忘记了老父的教导。他又开始以武会友了，经常把那些所谓的武林中人请来，给他们好吃好喝，这样一来，没过多久便花去了不少银两。看到义弟这样挥霍，不务正业，张信心中感到非常担心和着急。于是，有一天他便找到义弟，劝他说："兄弟，你不能这样乱花钱了，否则，爹爹那点血汗钱，不用几年便会被你花完。那时我们如何对得起死去的爹爹？"听到张信的这些话，王奇不仅没有领情，反而怒火中烧。他完全不顾及王员外临终前的嘱咐，恶狠狠地指着张信的鼻子说："我花的是我爹的钱，用不着你这个外姓的来管！"张信听后也很气愤，便说："好，我不是你王家的人，不想再管你！明天，我叫王家的族长、老前辈等来评评理，如果他们认为你做得对，我就把这个家产全部移交给你。"第二天，也就是这一天，张信便请了这一群王家的老前辈到酒楼来论理。

郭子仪正在听店小二讲这两兄弟的事情，忽然听到外面"咚"的一声巨响，接着便听到了外面乱哄哄的声音。这时，一个伙计从外面跑上了楼，气喘吁吁地说："张大哥不好了！你那个傻兄弟带了一帮人来闹事，还把村头那两个大石碌摆在了酒楼门口，搞得外面的客人进不来，里面的出不去。"张信听罢便走到窗口往楼下看，果然是王奇正带着一伙人站在门口想闹事。郭子仪也走到窗前往下看，只见有两个巨大的石碌挡在门前，一个黑黑胖胖的后生正指着上面骂个不停，他就是王奇。王奇捶胸顿足地骂了一通后，便挽起袖子朝两个手掌吐了两口唾沫，然后两只手紧紧握住一个大石碌铁心的一头，"嗨"地吼了一声，便把这个大石碌的一头提了起来，"轰"的一声又将大石碌这头放了下来。王奇朝楼上大声地说："你们听着：谁再敢对老子说三道四，老子就把他像这个石碌一样拎起来！"楼上那些王姓前辈个个吓得发抖如筛糠，都不敢再吭声了。张信也是会一些拳脚的人，看到这样的阵势，他并没有害怕，而是非常的生气，因为王奇连这些王氏家族里的长辈们都不放在眼里。眼前的这些郭子仪早已看得真真切切。但是此时，张信却有些为难了，虽然他也会一些拳脚，但是也不好和义弟动手。正在他感到左右为难之际，郭子仪说了一句："兄台莫愁，待我去看看。"说完郭子仪便纵身从窗口跳了下来。"好身手！"楼下的人称赞道。

　　看到楼上有人下来打抱不平，王奇瞪了两眼问郭子仪："你是谁？干吗管老子的事？"郭子仪不出声，他把双手掌平放在胸前，然后气运丹田，侧身抬起右脚用力往右边那石碌蹬了一脚。只听到"轰"的一声，那石碌滚出了一丈多远。郭子仪又跳到左边的石碌上，双脚一蹬便像杂技戏班蹬大皮球那样，"隆隆"地滚到了街上。"哗！"周围的人都喝彩起来，王奇惊得目瞪口呆，很久都说不出话来。过了一会儿，王奇说："这位大哥，你确实神力无比，小子不及，但不知你的身手如何，特向你请教一二。"郭子仪缓了一口气，说："好，不才有请。随便你用任何兵器，我只是空手与你较量。若在三回合之内夺不下你

老蚌生珠　青年才俊夺武魁

的兵器，不才便向你下跪。""好，男子汉讲话算数。来，把我的家伙拿来。"这时，王奇的一个徒弟递过来一把明晃晃的钢刀。

郭子仪平静地说："让你先出招。""好，那么你就看刀吧!"王奇话到刀也到，"嗖"的一声使了个"晴天霹雳"，大刀直往郭子仪的头上劈去。郭子仪不待钢刀劈下，马上闪身，右脚向前迈上了一步，然后来了个抬头望月，他的左掌架在头上，右手在下方平摆着掌，眼睛看着王奇。只见王奇将刀一收，转身用刀劈向郭子仪的左肩。"好!"郭子仪迅速飞起右腿，来了个"左翻天印"，只听到"当"的一声，王奇的钢刀掉到了地上。王奇恼羞成怒捡起钢刀，来了个"白蛇吐信"，接着用扫堂腿进攻。郭子仪腾起双腿，然后来了个"倒踢紫金冠"，"当"的一声，王奇手中的钢刀又掉到地上了。张信看见王奇打不过郭子仪，便急忙上前作揖，说："这位大哥，兄弟无礼，万望大哥海涵。"郭子仪尚未回话，那王奇已跪倒在地上，向郭子仪磕头："我服输，我服输，恳求师父收我为徒。"郭子仪伸出双手拉起了王奇，说："你要拜我为师，我的年纪跟你差不多，这不行!"

"不，我反正跟定你了。我不再跟张大哥争家产了，一心服侍你。"张信见义弟跪拜师父，于是也向郭子仪作揖，并说："大哥，我也想拜你为师。"看到这种场景，郭子仪显得有些意外："哈哈，我叫什么名字你们都不知道，就要拜我为师，这岂不好笑。"

"那么便请教师父大名。"张信恭恭敬敬地说。郭子仪便将自己的名字讲了出来，并说："既然两位那么诚心，我便想与你们结拜金兰。""好!"张信、王奇异口同声地说。兄弟两人将郭子仪请上了楼。张信叫人点上了香火，三人一起跪了下来，手拿香火齐声说："我们三人结拜为兄弟，不求同年同月同日生，但求同年同月同日死;从今后有福同享，有难共当。"大家对起生辰八字，郭子仪比张信大一岁，因此郭子仪便是老大，张信是老二，王奇是老三。这三兄弟便请王家在座的长辈一起痛饮一番。

在酒桌上，张信问郭子仪："大哥，你今天想到哪里?"郭子仪对他们说了想去并州投军的事情。听完，张信和王奇也想跟他一起去投军。郭子仪说："你们都走了，这里的家业怎么办？"张信说："这好办，我只需叫管家来管理就行了，我们尽管在外面闯荡。"当晚，郭子仪便在王家庄住了下来。第二天早上，郭子仪兄弟三人便告别了王家庄的亲朋好友奔赴并州。张信骑的是黄骠马，他头戴红色的平巾帻，着红色的箭袖衣，远看起来像一团烈火。王奇骑的是乌骓马，头戴黑色巾帻，身穿黑色箭袖衫，像一股黑色的旋风。一路上兄弟三人有说有笑，终于在天黑前赶到了并州。郭子仪他们策马进入了并州的西城。这个并州城确实是热闹非凡，一片繁华景象。由于还是在春节期间，再过几天就是元宵节，所以街市上到处张灯结彩，车水马龙。郭子仪三人进入了并州城，在一家名叫悦来的客栈住了下来。店小二带他们把马牵进了马厩，然后将他们领上了二楼的一间三人住的客房。郭子仪他们吃了晚饭，洗了脚，不想出去，倒头便睡着了。

　　由于这一路上奔波劳累，再加上这热水泡了脚，三人睡得非常舒服，郭子仪这几日以来的劳累也消散了不少。等到第二天，郭子仪他们起来时，已经是日上三竿了。郭子仪洗漱完毕又吃了早饭，正盘算着今天该做些什么。这个时候，他拿出了父亲写给并州薛老将军的亲笔信，将它揣在了怀里。此时的郭子仪刚来并州，没有急着到并州长史府去投书，谋个差事，而是想在城里玩几天，熟悉一下周围的环境，游游名胜古迹，了解风俗民情，然后再去谒见薛老将军。这天中午，他们三人先去了西城里的大明城、新城，然后又游览了中城里的仓城，在过到河东游览了东城。第三天，郭子仪又带张信、王奇游览并州的名胜古迹。他们先是游逛了晋祠，然后又登上了天龙山，进去观赏了天龙山有名的石窟。第四天，也就是元宵节这天，一大早，郭子仪兄弟三人又上街游玩。只见这边一大队的人在玩社火，郭子仪三人便走了上去观看。这队人敲响了并州锣鼓，有些人用铙、钹等乐器配乐，奏起了"福如东海长流水"的乐曲。曲子一会儿似金戈铁马，一会儿如莺歌燕舞，真是精彩。这边正看得入神，那边又响起了锣鼓声，那

老蚌生珠　青年才俊夺武魁

跑旱船、踩高跷的又过来了！他们边走边看，不觉已经到了中午的时候了，此时，由于三人一路玩耍，也都感觉到饥饿了。王奇身高体胖，体力消耗得更快；不等郭子仪和张信开口，王奇便直接说："大哥，这路上只顾玩耍，着实很累，我早已经是饥肠辘辘了，不如我们先找个地方填填肚子吧。"听到三弟的这个提议，郭子仪这个时候也感觉有些饥饿了，于是便说："好吧。"随后，三人便来到了路边一家酒楼，在二楼拣了个临街可往下看表演的座位坐了下来。由于郭子仪是习武出身，所以对周围的事物常常是一目了然。他们刚坐下，郭子仪一眼就注意到旁边已经有五个人在那里喝得正欢，而且听他们的讲话和穿着，可以看出是从北边过来的胡人。他们也没有管那么多，每人点了几样菜，要了两瓶汾酒喝了起来。他们正喝到高兴之处的时候，又有两个人上了楼，也拣了个临街的座位坐了下来。这两个人一老一少。老者看起来六十多岁，身材高大，腰杆子挺直，宽肩膀，看样子是个习武之人；他面如满月，黝黑脸皮，三绺银须，头戴幞头，目光如炬，身穿灰色长棉袍，他的一举手一投足，都露出一种威严感。那年轻者大约十七八岁，头戴青色的巾帻，他有一张方脸庞，宽前额，一双小小的眼睛很锐利，鼻子像一把剑似的突出在薄嘴唇上；他也是宽肩膀，短脖子，身穿天蓝色开襟长棉袍，内着蓝色箭袖衫，腰悬一把宝剑。他们要了两三样菜，几个馒头，一壶酒，便吃喝了起来。

正在郭子仪观察他们的时候，一边的这五个胡人便开始大声吵闹了。只见他们大碗喝酒，大口吃肉，毫无顾忌。而且他们还轮流伸出毛茸茸的手来猜拳划令，输的便喝酒。这些人喝的好不热闹。正当这时，一个年约二十的胡人吼叫道："史思明，这次你跑不了，给老子干了这一碗！"。说这话的是一个身着羊皮胡服，脚穿长筒靴，有着一副圆圆的胖乎乎的白脸，有一个朝天鼻，两边腮帮上的络腮胡一直长到鼻孔下，两片薄薄的嘴唇一笑便露出牙床肉，他身材矮胖，肚子浑圆。坐在这胡人旁边那个叫史思明的站了起来，说："安禄山，老子跑什么，不就是这么一碗酒嘛，能难得住我史思明！"他说罢便接过这碗酒"咕咚咕咚"地一口气喝完。郭子仪细看此人穿着狗皮胡服，脚蹬破皮靴，也是二十左右的年纪，面容消瘦，黄色的头发稀稀疏疏，深眼睛歪鼻子，瘦高个子，水蛇腰，他站起来后老爱耸肩驼背。史思明完了酒，把碗"啪"的一声摔到了地上。看样子史思明有些醉了，他向店小二招了招手，说："伙……伙计，你过……过来！"店小二急忙走了过来。

这个时候，史思明已经站不稳了，而且话说得也不利索了，只听他说："你们这瓶汾酒掺……掺了水！"听到这些话，店小二并没有感到惊慌，而是非常的镇静，因为在这家酒肆里，这样的情况并不少见，而对这个店小二来说，处理这样的事情更是轻车熟路了。于是，店小二说："客官，我们的酒没有掺水。"但是，这个胡人非常的蛮横，而这店小二也不敢上前评理。这个胡人听到店小二不买他的面子，就开始露出他的流氓习气，嘴里狠狠地说："你给我住口！快去换一瓶来。"店小二只好把这半瓶汾酒拿回去，再换一瓶来。然而，正当这店小二认为事情已经平息了的时候，忽听"嘭"的一声，那个叫安禄山的胖子拍了一下桌子，然后大声嚷嚷："店小二，你们炒的这碟牛肉黄瓜怎么会有两个蟑螂？"

"客官，你可冤枉了我们，端菜来时我看得清清楚楚的，根本没有蟑螂。"不由分说，安禄山把那碟黄瓜炒牛肉摔到了地上，并大声骂："你这是什么破店，老子想吃喝个痛快都不能尽兴，今天不给你们钱了！"一听这话，店小二很快就明白了，原来这群人是想吃白食，然而，面对这样的一群人，店小二也是没有办法，于是，店小二哀求说："客官这可使不得呀，我们这是小本买卖，要是都像客官这样，我们这个酒肆恐怕早就关张了。"但是，这五个胡人根本不管这么多，吃饱喝足之后，为首的安禄山便一挥手，蛮横地说："走！"其他四个人便都站起来拍拍屁股想走人。

这个时候，只见在一旁的年轻人忍不住了，他大喊了一声："慢着。"听到这一声大喝，安禄山一伙也被震住了，他们受到这一惊吓，

老蚌生珠　青年才俊夺武魁

忽然酒醒了许多。这个年轻人走了过去，说："这几位大哥，你们就不要为难店小二了，把那酒菜钱给了他吧。"听到这话，安禄山借着酒劲显得有些愤怒了。于是，安禄山边说边推开那年轻人的手。那年轻人又伸手拦住这几个胡人，说："站住！我亲眼看见你从口袋里掏出蟑螂，放在碟里，然后诬陷人家！"

"胡说八道，安守忠，帮我教训教训这个爱管闲事的臭小子！"说时迟那时快，只见五个胡人中长得最高大的那个叫安守忠的年轻人应声跳了出来，他顺手就朝拦路的年轻人胸膛打了个直冲拳。"王训注意，有人打你。"那老者叫了一声。但是王训并没有躲闪，而是倏地伸出左手托住安守忠打来的右拳，马上来了个下蹲，继而用右手肘将安守忠顶出了三尺多远。史思明见状便扑上前，挥起右拳向王训的太阳穴打去，王训非常镇静，他用左手掌又是一挑，迅速伸出右手掌做虎爪状，朝史思明来了个"黑虎掏心"。

这个时候，和年轻人一起的那位老者看到这种场景，也大喝一声说："住手。"但是这伙胡人根本就不怕，安禄山说："你这老儿不叫便罢，你一叫，老子便连你也揍！"说罢，他"咚"的一声把那酒桌掀翻，那些饭菜和碗碟都跌了一地。安禄山举起拳头直奔那老者。老者马上站起来，把长棉袍的衣摆往腰带里一折，便抛出个"野马上槽"的招式，将安禄山的拳头格住。其余那三个胡人也一起冲了上来，帮忙打这一老一少。郭子仪在旁边实在看不过眼了，他便离开座位凌空跳起，来了个"横刺金砖"，迅速出右掌向安禄山的面门打去。安禄山出手一格，顿时向后退了几步。安禄山吃了一惊。看到大哥出手了，坐在桌旁的张信和王奇也冲了上来。真是好一阵厮杀。大约打了十几回合，安禄山看见打不过了，便叫了一声："兄弟们快跑！"说罢，他便夺路跳出了窗外，其他那四个人也纷纷跳了下去，一溜烟便消失在街道尽头。

经过这一番打斗，楼上到处是碗碟的碎片，桌椅东歪西倒，酒菜撒了一地，真是一片狼藉。店老板看着这场景，不觉捶胸顿足哭了起来，店小二更是吓得不敢说话。这个时候，那老者走过来安慰他，并从衣袖里拿出十几两银子，给他作为补偿费。店老板这才破涕为笑，对老者千恩万谢。老者走过来向郭子仪兄弟三人拱拱手说："感谢三位壮士鼎力相助。"郭子仪也向那老者拱了拱手说："路见不平拔刀相助，这也是应该的。老伯何必客气呢！"说罢，他们便各自离开了酒楼。第二天早上，郭子仪兄弟三人才起了床，吃了早餐后又到街上溜达。他们走到一个街口，看见有许多人围在告示牌前看公告。只听见一个从人群里挤出来大声嚷着："招兵了，招兵了！"郭子仪三人听了，也挤进去看招兵榜。看完后，郭子仪很兴奋，便与张信、王奇商量："两位贤弟，这是一个报效祖国的好机会，为兄想报名投军。不知你们的意下如何？"

这兄弟二人对郭子仪是非常的信任和佩服，于是都表示愿意跟着大哥投军。经过商量后，郭子仪并没有直接拿出书信，而是来到了并州府报名投军。招兵的右果毅都尉看见他们骑着马匹来的，便问他们会不会马上功夫，叫他们出来量几招。郭子仪选了一把最重的方天画戟，张信选了一把钢枪，王奇说他自己带有兵器来，说罢便从背后拔出两把钢刀。三人各自骑上了马，在校场上舞了起来。右果毅都尉赞不绝口，便将他们三人编进了越骑团。真是冤家路窄，当他们刚进入军营的时候，又看见了安禄山等五个胡人。此时的安禄山骑在一匹黄骠马上，手持两柄独脚铜人，得意扬扬地对郭子仪说："老兄，咱们又见面了。"面对这样的无耻之徒，郭子仪并没有畏惧，而是轻轻地说："是的，我们又见面了。你小心点，别再让我抓到你们违犯军纪的事情，不然有你的好看！"听完这话，安禄山显得更加猖狂，奸笑着说："哈哈，老子不怕你！"其他四个胡人也跟着笑了起来。尽管郭子仪以前没有出过远门，但对军营生活还是有所了解。紧接着，郭子仪兄弟三人在军营里接受训练，他们每天都非常认真的操练着，以待有朝一日能够有所作为。转眼间，郭子仪兄弟三人到军营已经快三个月了。一天，演完操以后，管他们这个团的右果毅都尉对他们

老蚌生珠 青年才俊夺武魁

这两个团的士兵们说，并州府长史薛老将军下午到军营视察，顺便招收几十个人到州府牙兵团。大家都知道到牙兵团就是当亲兵，牙兵团担任保卫并州首长长史安全的责任，士兵们都以能加入这个牙兵团为荣。

到了下午，并州越骑两个团全体官兵全身披挂，列队在操场上，等候薛老将军的到来。只听见辕门外号角长鸣，然后擂鼓三通。"薛长史来了！"值周官喊了起来。全体官兵昂首挺胸，勒紧战马的缰绳，全军鸦雀无声。只见薛老将军身穿武官正三品紫色圆领官服，骑着银鬃马走了进来。他的旁边也骑马走着左监门卫将军杜宾客。杜宾客长着一个方脸盘，黑脸皮，锐利的小眼睛，熊腰虎背，不苟言笑。后面还跟着并州折冲都尉李思敬，以及右果毅都尉吴亮等。王奇低声地对郭子仪说："大哥，想不到那老者竟是薛老将军！"郭子仪点了点头，他还看见那个少年王训也一起骑着马排在亲兵的行列里。薛老将军等在检阅台上就座。这时，右果毅都尉吴亮开始点名，叫到名字的便出列捉对厮打。一次厮打完四对选手后，吴亮便点到安禄山等五个胡人上来了。这时，薛讷做了个手势，让这五个胡人上台来。安禄山、史思明等得意扬扬地走了上来。薛讷手捋长须笑着说："安老兄，我们又见面了。"

安禄山抬头一看，不禁吃了一惊。他急忙跪了下来，说："长史大人，想不到是您老人家。小子无知，冒犯了老将军的虎威，真是罪该万死！"史思明等四人也吓得浑身发抖，一齐跪了下来求饶。薛讷说："你们也太猖狂了，居然敢在老夫的地盘上吃白食！好在老夫已经替你们赔了钱，这就算了。但是，像你们这样的人是不适合在我的部队吃军粮的。吴亮，将他们逐出辕门！"随后，他们都被赶出了辕门，从这以后这五人对薛讷是恨之入骨，心想着有朝一日要报复这薛讷。安禄山五人觉得并州不是安身之地，于是当即就决定离开并州，转投契丹人。随后，他们五人去了幽州，在契丹的军队当起了骑兵。

这五个胡人走后，右果毅都尉吴亮就点了郭子仪兄弟三人上来，与另外三人捉对厮打。吴亮正想发出号令，薛讷却做了个手势叫停，并传令让郭子仪三人走上检阅台来。郭子仪三人向薛讷弯腰拱手，因甲胄在身不用跪下。

薛讷颔首笑着说："年轻人，我们又见面了。"郭子仪拱手说："老将军，晚辈班门弄斧了，恕我们无知冒犯了您老人家。"这薛老将军一听便知道郭子仪的意思，于是，谦虚地说："哪里，哪里，没有你们出手相助，老夫不知还能不能坐在这里。"薛讷便与周围各将谈起了元宵节酒肆内发生的事。"吴都尉，这三个年轻人的武艺，老夫都已经看过，很好！不用比试了，让他们直接进入牙兵队吧。"郭子仪三人急忙拱手谢过薛老将军。

尽管他们不用一一比试武功，但是薛讷还是想多了解这三人，于是，薛讷问他们："你们是从哪里来投军？"郭子仪回答说："我们是从宪州过来的。"薛讷一听是宪州过来的，再想到郭子仪的武功有这么好，而且也姓郭，于是便起了兴趣。薛讷沉吟了一下又问郭子仪："我有一老朋友叫郭敬之，就在宪州作刺史。不知你是否认识？"

郭子仪说："他正是家父。"薛讷又问："郭刺史可有书信要交与我？"

郭子仪说："家父是捎了一封信来给老将军，只是小人想凭真本事，一刀一枪取功名，所以没有给您老人家投书。"薛讷听完郭子仪的话，再看到郭敬之给他的书信，心中非常的高兴，说："果真是虎父无犬子啊，好样的，你将来一定是前途无量。来到了这里，以后就跟着我吧。"郭子仪看到薛老将军如此看重他，心中也是十分高兴，于是便满口答应。薛老将军在这里挑选好牙兵队的兵士后，就回到了并州长史府，而郭子仪自然也跟着回到了长史府，在薛讷的军队中快速地成长起来，并多次立下汗马功劳。

弱冠之年，勇夺武魁

郭子仪跟随薛讷回到并州长史府之后，就开始作为薛讷的牙兵，也就是专门负责保护薛讷安全的兵。后来，吐蕃和突厥经常发兵，侵扰内地。于是，朝廷下令薛讷前去退敌，接到战报后，薛讷积极部署。但是在后来的战斗中，薛讷率领的唐军中了吐蕃军和突厥军的埋伏，损失惨重。在郭子仪的竭力保护下，薛老将军一直安然无恙，并且在这几次战斗中，郭子仪都表现出了很好的军事才能，也赢得了薛讷的器重。随着战局的变化，朝廷又将薛讷调到凉州担任凉州镇军大总管。薛老将军便叫郭子仪三兄弟随他赴任，并提拔郭子仪为凉州大总管的牙兵队长。这个时候，郭子仪已经十九岁了。

十月的时候，朝廷向全国各地发下了诏书，准备在明年正月初十，在京师举行武举考试，以便为国家提拔军事人才。得到这个消息后，郭子仪三兄弟都想报名参加，但又怕目前正是用人之际，薛老将军不让他们去应试。谁知薛讷却主动找他们来谈话，他说："你们应该去报名参加武举考试，让你们的才干得到充分的施展。我老了，以后守边御敌还要靠你们啊。"薛讷还给他们写了推荐书——"举状"。为了能按时到京参加武举考试，郭子仪他们从十二月中旬就踏上了赴考的征途。郭子仪兄弟三人各骑着马从西城的金光门走了进去。他们都是第一次来长安。

说到这武举，还要从武则天时期开始说起。郭子仪出生时，正是李唐王朝历史上的特殊时期——皇太后武则天将国号改唐为周（史称"武周"）。公元690年春天，武则天降其子睿宗（李旦）为皇嗣，自加尊号"圣神皇帝"，改元"天授"，正式登上了皇帝宝座。女人登基称帝，君临万民，乃是破天荒的大事情。武则天称帝时期（690—704），遵循唐太宗（李世民）贞观年间的成规制度，国家政局基本稳定。朝野上下虽有反对势力，但未能形成大的政治风浪。武则天虽然代唐为周，但她与其子中宗、睿宗，其孙玄宗血脉相统，上未弃唐祀，下不绝唐嗣，终时又去周复唐，所以唐人不视"武周"为伪朝。

武则天即位以后，继续并发展了武德、贞观以来的科举选官制度。科举选官不重出身和财产，主要以学识和能力来选拔人才。它以国家典章的形式，将学识才能和社会地位结合起来，使得中下层"寒士"有希望通过考试竞争，求取功名利禄。在古代，科举考试"尚文"，以明经、进士二科为主干。考试分为杂文、帖经、策问三场，测验内容是诗赋文章、儒家经典和理政才干。这些显然是执卷吟哦的书生文士们施展手笔的领域。武则天对于科举制度的贡献，还在于创设了武举考试。武周长安二年（702）正月，朝廷初设武举，考试科目有骑射、长垛、步射、马枪、负重、翘关、材貌、言语等项，并且同时下令民间修习武事，在乡村设置木马或土马，让青少年男子练习骑射技艺。

武举考试由尚书省兵部主持，每年早春举行。其中"马枪"考枪法，在靶场四周矮墙上放置四个木人，头顶各戴一块三寸五分的方板。应考者使用八斤重的丈八长枪，驰马运枪，左右刺击方板，必须做到方板落地而木人不倒，刺中三板、四板为上等。"长垛"为远距离射箭，箭垛（靶）以木板制成，蒙以画有大小五个圆环的布帛，距离为一百零五步。应考者使用一石之弓，试射三十枝箭，成绩按射中环数分为四等。"步射"射草人，也是考箭法。另外还有"骑射"。"骑射"

老蚌生珠　青年才俊夺武魁

的靶场四周垒有矮墙，墙头上放置用动物皮缝制的两只小鹿，都是长五寸，高三寸。应考者使用七斗之弓，驰马而射，两发并中为上等。"翘关"（举重）是将长一丈七尺、直径三寸五分的大门闩，连举五次以上为中第。"负重"考试为负米五斛，行二十步，即为中第。"材貌"取身长六尺以上，仪容俊伟，神采焕然堪为统帅者为上等。"言语"考问言辞，以应答详明为中第。

在这所有的考试项目中，应考者只要有任意五项达到合格就算是及第，成绩优秀者可以直接授以官职。武举考试不仅是为了选拔军官，更是要选拔出将帅之才。所以，朝廷对武举非常重视，而来参加应试的人也是非常的多。在当时的武举制度下，前来参加科举考试者都是"白身"（没有官资），一旦科举及第，便具有了"出身"，就是取得了做官的资格。取得"出身"后，才能够参加吏部、兵部每年主持的铨选，担任文、武官职。铨选就是量材授官，吏部主持的称"文选"，兵部主持的称"武选"。兵部每年的武选，考察才能有五项内容：长垛、骑射、马枪、步射、应对，互有优长，即可取之。其内容与武举考试大致相同，主要有三项内容：一是武艺高强骁勇能战；二是应对详明富有才艺；三是躯干雄伟可为统帅。凡考选成绩优异者登而用之，量授官职。文、武官员的铨选，都要经过"三铨三注"审查，并由中书省起草"告身"——做官的凭信（任命状），最后由吏、兵二部正式授予候选人。告身上分别盖有"尚书吏部告身之印"与"尚书兵部告身之印"。凡接受告身者，要亲上殿廷面谢皇帝圣恩。皇帝通常有赏赐，并于朝堂赐宴，招待这些将任新职的官员们。

唐玄宗开元四年（716），郭子仪二十岁，正值弱冠之龄。此时的郭子仪经过多年的习武以及在军营中的磨炼，已经非常沉稳。

武举开考的前两天，也就是正月初八。这时候春节的气氛依然还在，而且由于在正月初十举行的武举考试与十五元宵节很近，所以这几天有成千成万的人，从各地赶来观看武举考试兼观赏花灯。这次的盛举吸引了很多的人，有达官贵人、夫人小姐、公子哥儿、中外客商、和尚道士以及平民百姓，也有不少前来参加武举考试的举子。由于这许多人的参与，使得本来就已经很繁华热闹的长安城更加显得拥挤。站在高处，放眼望去，长安城里的大街小巷都挤满了人，一派车水马龙的壮观景象。

由于此时的长安城内非常拥挤，而且还没有到武举考试的那一天，所以很多专门的通道也被人们占用。郭子仪他们进了金光门之后，就很难行进，而是慢慢地前进。一会，他们兄弟三人来到了西市。西市很热闹，里面的店铺非常多。到处都是商贩们的吆喝声和顾客的要价声。在这里，郭子仪还看见许多从回鹘、撒马尔罕等国来的驼队，叮叮当当地走在大街上；那些缠着大包头的波斯商人，以及戴着尖顶罩帽的商人，站在街边叫卖他们的货物……这一切都使郭子仪他们感到很好奇。在这里玩了半晌，天也渐渐地黑了下来，郭子仪兄弟三人便在附近找了一间客栈住了下来。安顿好行李后，他们已经是饥肠辘辘了，这时候他们才意识到一天下来还没有吃饭。于是，他们便来到了一间饭馆吃饭。

到了长安，人们都是先尝尝这里的羊肉泡馍，而此时的店小二也向他们推荐这羊肉泡馍。于是，他们就要了几份。不一会儿的工夫，店小二端出了几张白面烤饼，他说这便是馍，并叫他们用手把馍掰成碎片放进碗内，店小二再把这三碗碎馍拿进厨房。厨师便在碗里放进一定数量的羊熟肉和原汤，再配以葱末、盐等佐料，然后端出去给郭子仪三人吃。郭子仪是第一回吃这羊肉泡馍，他刚吃几口就赞不绝口说："味道不错，果然名不虚传啊！"张信也感觉这个味道非常好。这个时候的王奇只顾吃，由于他的饭量很大，所以王奇一连吃了两大碗，嘴里还念叨没吃好。郭子仪和张信看着三弟不禁哈哈大笑起来，付了饭钱就拉着王奇走了。

第二天，郭子仪兄弟三人吃罢早餐，便带着薛讷写的"举状"，骑着马缓步朝皇城走去。由于郭子仪他们是第一次来到这样的地方，所以显得有些缩手缩脚的。他们怯生生地走进了高大巍峨的朱雀门，只

老蚌生珠 青年才俊夺武魁

见沿途有许多像他们那样的举子，都是朝兵部衙门走去的。兵部衙门前围了许多报名的举子，郭子仪他们等了很长时间才报上了名，领了"浮票"（准考证）。报上了名，郭子仪兄弟三人的心就放心了很多，只待明天的考试了。报完名后，他们三人没有多做逗留，而是早早回到客栈，养精蓄锐，并且对第二天的武举考试做一些准备和商议。这一天他们非常兴奋，但是到了晚上，他们就显得非常平静。因为他们知道只有将精神养好才能发挥出自己的实力。到了晚上，他们很早就睡下了。这一夜，对他们来说，过得很快。

第二天早上，也就是正月初十这一天早上，和煦的阳光照耀着京城长安，有些凉意的风吹拂着行人的脸颊。郭子仪兄弟三人骑着高头大马，离开了客栈朝校场的方向奔驰。只见郭子仪头戴天蓝色幞头，身穿两当铠甲，内着石青团花缎扎袖箭服，左腰间悬着一把宝剑，右腰间挂着一个朱漆描金箭壶，里面插满了箭。肩上斜背着一把硬弓，手提方天画戟，身跨九花虬。张信也是穿着两当铠甲，内衬火红色扎袖箭服，头戴红色巾帻，手提点钢枪，骑着黄骠马。王奇则是一身黑箭服，黑幞头，身跨乌骓马，背插双刀。兄弟三人提辔并行，缓步进入校场。这时，许多像他们这样背弓挟箭的举子，都已经陆续来到了校场，校场周围黑压压地坐满了观看比武的人，场面非常的壮观。此时的郭子仪除了兴奋还有一些紧张，因为他从来没有面对过这么多人，并且还要自己站在台上。但是，看到这些场面，郭子仪便心里有些紧张，可是过了半个时辰，他又平静下来了。

突然，郭子仪他们看见有五个胡人，迎面朝他们走过来。郭子仪定睛一看，原来又是安禄山和史思明等人。真是冤家路窄。安禄山等人也身着戎装，肩背硬弓，腰挟利剑，骑着高头大马。为了不扰乱自己的心情，郭子仪控制自己尽量不和安禄山起冲突，而只是静静地站在一旁，静观变化。

随着炮响三声，四位主考大人身穿绯红官服走上了检阅台。"武举考试开始！"传令官在台上大声地喊着。考试的第一个科目就是平射。这个科目主要考举子的射箭技术和力量。平射又分长垛、骑射、步射、穿孔四项。监考官按照花名册宣读名字，每次参加考试的有十个人，分为数组。考试很快就轮到了郭子仪，只见他娴熟拉射弓箭，前三个科目过后，主考官便仔细统计，郭子仪名列榜首。随后的就是安禄山、哥舒翰、史思明、程千里、张信等人。前几个科目虽然郭子仪都是第一名，但是他和安禄山这些人的差距并不大。所以，对他们来说，在射箭这个大科目中，第四个小科目将会决定谁会胜出。第四个小科目是穿孔，这也是考射箭的技能，只是用的道具不同而已。"穿孔"是这样考试的：把铠甲挂在靶子上，然后让举子站在距离靶子一百〇五步远的地方，手持"一石"（约一百二十斤）弓，用重六钱的箭来射靶，谁射穿的铠甲多，谁就得分高。比赛开始后，其他人都在跃跃欲试，而郭子仪却席地而坐，合掌闭目，气运丹田。这时，许多举子都开始射靶了，有的射穿一层铠甲，有的射穿二层铠甲，大家都在等待着高手出现。

这次是安禄山在郭子仪之前比试射箭，只见安禄山和史思明得意扬扬地走上了靶场。他们两人各手持一石力弓，与其他那八个举子站在一条线上。安禄山和史思明要求在挂三层铠甲时才开始射箭。不久，这八个举子在射穿二层铠甲后，便纷纷落马了。到射三层铠甲时，只剩下安禄山和史思明了。监考官唱名后，安禄山便挺起他那个浑圆的身躯，像个活佛似的纹丝不动。只见他缓缓地举起了"一石"力弓，把六钱箭搭上了弦，把力弓拉成了满月。"嗖"的一声，六钱箭直飞向三层铠，牢牢地钉在离护心镜一寸的地方。他一连射出五支箭，箭箭都射穿三层铠甲。史思明也不甘示弱，他发出的五支箭也牢牢地钉在三层铠甲上。

"大哥，安禄山和史思明都射中三层铠甲了！"王奇激动地对郭子仪说。郭子仪仍然无动于衷，还是合掌盘坐在地上。休息了一会儿，安禄山和史思明又走进了靶场，准备射击四层铠甲。只见安禄山站在射靶线上弯弓搭箭，连射出了五支箭，都牢牢地钉在了四层铠甲上。

老蚌生珠　青年才俊夺武魁

史思明也射出了五支箭，却没有一支箭射中铠甲。当监考官叫出"安禄山射中五箭"时，场上欢声雷动，不断地鼓掌。后来，安禄山要求射五层铠甲，场上工作人员马上在靶子上挂上了五层铠甲。这时，全场鸦雀无声，围观的人都在用力地盯着安禄山，似乎是期待奇迹的发生。虽然安禄山在这次的一组中已经胜出，但是他想要挑战更高的水平，心中却也是没有底。只见他使出全身力气，脸涨得通红，嗖嗖的几声，安禄山一连射了五箭，但是这次一箭都没有射中，箭都掉在了地上。看到这样的情景，在场的人都显得有些失望。安禄山退出校场后，哥舒翰、程千里随着其他八个举子也开始进了靶场。这十个举子射到第三层铠甲时，只剩下哥舒翰和程千里两人。后来两人又各射五箭，都射中了四层铠甲。可是一等到射五层铠甲时，也和安禄山一样，无一中的。哥舒翰长叹一声，将这把一石力弓摔到了地上。程千里则笑了笑，说："看来这次科举考试也和上届一样，没有射穿五层铠甲的能人。"听到程千里这些叹息，哥舒翰也显得很沮丧，他摇摇头说："难，真难呀！你想那五十多年前的大将军薛仁贵，何等的英武，何等的有神力，才射穿五层铠甲。现在，朝廷久未用兵，练武之人恐怕是越来越少了，更别说是像薛仁贵这样的英雄人物。"别人都在大声欢呼叫好，而此时的郭子仪还是那样悠然自得，双手合掌，盘地而坐。安禄山、史思明等人看到没有人超过他，心中自然是非常高兴。

终于，这次轮到了郭子仪这一组。听到了名字，郭子仪突然一个"鲤鱼打挺"跃了起来。他双目炯炯有神，容光焕发，向张信、王奇使了使眼色，便手挟力弓，腰悬插满六钱箭的箭壶，从容自信地走上了靶场。经监考官的检查，张信、王奇等十九个举子用的是"一石"力弓，而郭子仪用的却是"一石一斗"力弓。监考官检查后很激动地说："我曾经监考过上千的举子，只有你使用这么大弓力的硬弓！"检查完毕后，考试开始了。张信等十八个举子从第一层铠甲射起，王奇要求从三张铠甲射起，而郭子仪则要求从四张铠甲射起。这时，全场观众为之震动，大家都站了起来，想看看这位拉一石一斗力弓，从挂四层铠甲射起的高手。这组举子在射完三层铠甲后，只剩下郭子仪兄弟三人。这个时候，场上欢声雷动，个个都把目光投向了郭子仪。兄弟三人都站到了射靶线上了，当气力运足，弓拉满后，兄弟三人同时射出了五支箭，只见王奇射出的五枝六钱箭都牢牢地钉在了四层铠甲上，而张信射出的五支箭都无力地跌落在四层铠甲前。监考官走近郭子仪射的靶子前，没有看见一支箭射牢在铠甲上，只见铠甲护心镜下有一个碗口大的洞，那五支箭都射穿这个位置，然后跌落在靶子后面。这让监考官感到非常吃惊。按照考试规则，这不算犯规。于是，郭子仪和王奇休息了一会儿，便开始射五层铠甲。监考官叫王奇先射。王奇在射靶线上运足了气力，然后挽起力弓向靶子射去。他连射五箭，没有一支箭能射穿这五层铠甲。王奇摇摇头，沮丧地走下靶场。郭子仪走过来拍拍三弟的肩膀，那意思是说没事。

随后，监考官大声地说：“郭子仪上场！”这时，全场观众又站了起来，一齐为郭子仪助威，四周呼声雷动。郭子仪淡定自信地迈步走进了靶场，开始的那些紧张的情绪早已消散了，此时的他只想着如何在这次考试中胜出。只见他站在射靶线上，像一尊浇铸的金刚一动不动，从容地用左手提起了硬弓，右手搭箭，把弓拉成满月，然后挺胸、屏气、凝神，气沉丹田。这时，全场观众和举子都静了下来，屏住了气，眼睛一动不动地盯住郭子仪。“嗖”的一声箭出弦而去。“砰”的一声，那箭已牢牢地钉在了铠甲的护心镜旁边。看到这种惊人的情境，全场为之震惊。郭子仪又连射出三枝六钱箭，都稳稳地钉在五层铠甲上。随后，郭子仪开始射第五支箭了，这次他没有犹豫，而是运足了力气，拉满了弓箭，稍稍停顿了一下，只见这支箭嗖的一声飞了出去。只听得“当”的一声震天响，只见那远处的护心镜被一箭击碎了！监考官惊呼起来。全场为之一震，接着便响起了震耳欲聋的欢呼声。张信和王奇跑过来紧紧地握住郭子仪的手，程千里、哥舒翰也走进靶场，情不自禁地竖起大拇指说：“好样的，好样的！真是薛仁贵再世。”郭子仪急忙拱手说：“承让，承让！”

老蚌生珠 青年才俊夺武魁

安禄山等五个胡人看到这个情景则像斗输了的公鸡似的，垂头丧气，一时间说不出话来。

这个科目考完之后，按照惯例，所有举子们休息一天，再进行下面的科目，也就是武举。所谓的"武举"是一个多项目内容的综合测试。它一共要考马枪、举重、对打等科目。经过一天的紧张角逐，一共决出了二十个进士，其中有郭子仪、张信、程千里、哥舒翰、安禄山以及史思明。第二天，这二十个进士又进行了真刀真枪的对打，最后决出了前四名：郭子仪、程千里、哥舒翰、安禄山。随着考试的进行，此时的安禄山一心想夺取武状元的桂冠，前几次都是因为郭子仪，使他们失了面子，于是他与史思明商量，想用一些阴谋诡计来使自己达到目的。当天晚上，安禄山在旅店里与史思明、安守忠等商量，如何用诡计来战胜对手哥舒翰。安守忠提出用钱来行贿哥舒翰，安禄山说："这个方法行不通，他老子当过安西都护使，家中怎么会缺钱！"这个时候，史思明眼睛一亮，便说："胖子，你用一包石灰撒哥舒翰的眼睛！"接着史思明肯定地对安禄山说："你与哥舒翰交手一两个回合后，便对他说暂停，有话要对他说，等哥舒翰靠近后，你就从怀里掏出那包石灰，朝他的眼睛撒出。"

听完史思明的方法，安禄山觉得这招既狠又实用，于是高兴地说："妙计，妙计！"正月十四日早上，武举第四轮考试开始了。监考官先点名叫郭子仪与程千里对打。两人上场后互相抱拳致意，便开始了厮打。大约打了五十多个回合，程千里看见久攻不下，便心里灵机一动，将大刀虚晃了一下，拍马伏身往后跑。郭子仪挺起方天画戟，策马就往前追赶。程千里眼看郭子仪即将赶了上来，便施展了回马拖刀法，将偃月刀倏地举起往后砍过去。郭子仪一点不紧张，他一低下身闪过了偃月刀的刀锋，然后伸出左手抓住刀杆，顺势一拉，就将程千里拉下了马，这次程千里输得心服口服。

很快，轮到安禄山与哥舒翰交锋了。只见安禄山头戴貂皮帽，身穿蓝色胡服，两手各提着一个独脚铜人，骑着黄骠马，威风凛凛。哥舒翰身材高大魁梧，头戴赤帻，露出黄黄的卷发，高鼻梁，深眼睛，黝黑的面孔，身着乌锤铠甲，手执丈八蛇矛，骑一匹火龙驹。这个时候，哥舒翰根本就没有把安禄山这个胖子放在眼里，只见他们一句话都没有说，哥舒翰便挺矛，向安禄山捅了过来，恨不得一下就将安禄山刺落马下。看到这样的攻势，安禄山吓了一跳，急忙用独脚铜人当住蛇矛，只听得"当"的一声，安禄山虎口大震，差一点跌下马，安禄山心中一惊。哥舒翰把蛇矛收回来再往前一撩，直取安禄山的面门。安禄山急忙把头往右闪，将独脚铜人砸了过去。双方你来我往，打了四十多个回合。这时，安禄山已气喘吁吁，只有招架之力，而无还手之功了。安禄山假装被打败了，策马跑到远处偏僻的地方。

哥舒翰也立即追上挺起矛便朝安禄山捅过来。安禄山勒转马头向上风的地方跑，哥舒翰一直在后面紧追不舍。安禄山看见他差不多追上来了，便偷偷从怀里取出石灰袋，朝哥舒翰的脸上撒去。哥舒翰立即用手捂住脸，伏在马上往回走。安禄山举起两个独脚铜人跟在后面紧追不放。周围的人不知道发生了什么事情，而哥舒翰又有口难言，只好放弃了比赛。安禄山就这样运用卑鄙的手段战胜了哥舒翰。

随着比赛的进行，逐渐有了一些结果。这个时候监考官宣布下午未时进行一二名的争夺，由郭子仪与安禄山较量，现在休息两个时辰。郭子仪也像昨天那样，等待利客隆的伙计给他们送午饭过来。不一会儿，伙计便把午饭送来了。伙计说："小的听说郭大官人要争夺状元，特意炒了几个好菜给你们吃。"说罢，那伙计便打开了饭箪，这时一股诱人的菜香便飘了出来，王奇闻到后嘴里直流口水。伙计一边把菜端出来，一边在介绍菜名："你们看，这是'金鸡报喜'，那是'酿金线发菜'，还有'枸杞炖银耳'……这些菜既好吃，其名字又有好兆头。"经伙计那么一说，郭子仪三人都乐起来了，便端起饭碗吃起来。经过一阵的狼吞虎咽，就像风卷残云般，把这几样美味佳肴吃得精光。可是过了一会儿，郭子仪便感到肚子不舒服了，只好去上厕所。不一会儿，张信和王奇也是一样，急着上厕所。不到一个时辰，郭子仪便去

老蚌生珠　青年才俊夺武魁

了四次厕所，搞得他周身发软，没有力气。

　　这两个时辰本来是让举子们休息的，但是对郭子仪他们而言，简直就是折磨。很快，两个时辰就过去了。只见这时监考官叫手下擂响了战鼓："咚咚……"安禄山龙精虎猛，提着两个独脚铜人，跳上了黄骠马，吹着口哨走进了赛场。郭子仪虽感到浑身无力，还是提起精神，手执方天画戟，跨上了九花虬。

　　此时的安禄山显然已经是胸有成竹的样子，上来不多说话就开始举起了右手中的独脚铜人，恶狠狠地朝郭子仪的头上砸去。郭子仪挺

起方天画戟将独脚铜人格住，只听到"当"的一身响，郭子仪感到虎口大震。两人一直打了十几个回合，安禄山咄咄逼人，越战越勇，而郭子仪则精神不振，左格右挡，步步后退，与上午判若两人，看到这里急得周围的观众为他捏一把汗。这时，郭子仪的肚子又疼痛起来，痛得他左手捂住肚子，右手持戟抵挡。张信和王奇在场外很焦急，一直大声地喊着，让他忍住疼痛，

安禄山画像

沉着应战。可是过了一会儿他们的肚子也开始痛起来了。坐在王奇他们旁边的史思明这四个胡人看见安禄山占了上风很高兴，他们手舞足蹈。看到这几个胡人小人得志的样子，张信这时便开始有些明白了原来是这几个人搞的鬼，使的阴招。他想起了那个伙计跟他们介绍这些菜时，脸色苍白，皮笑肉不笑，不像平时那样自然。"对，是这几个胡人收买了他，叫他在菜里放了泻药，搞得我们三人都拉肚子了！"张

信把他的怀疑告诉了王奇，听完之后，气得王奇就想冲过去跟他们拼命。张信拉住王奇叫他不要冲动，先沉住气，然后张信便往外面走，说到外面去给大哥买止泻丹。张信好不容易挤出了校场，在街上四处张望，寻找药店。他好不容易在一个小巷里找到了一间小药店，便赶紧掏出碎银买了两瓶止泻丹，就马上转身赶回校场。张信刚走出小巷，便有两个胡人将他拦住，他抬头一看是史思明和安守忠。安守忠嬉皮笑脸地说："张老兄，买到药没有？"

张信知道他们是想抢药，便把药放在怀中，说："药没有，命就有一条，有本事你就过来！"

不由分说，安守忠边说边捋起了手臂。史思明也冲了上来。安守忠挥起了右拳向张信的面门打了过去。张信连打两人，打了几个回合，心里想着要尽快把药送去给大哥，不宜恋战。他便心生一计，两手在地上抓起两把沙子朝这两个胡人撒去。"哎呀，你你……"两个胡人捂着眼睛直嚷。"这叫作以其人之道，还治其人之身。哈哈……"张信说罢便一溜烟跑进了校场。

"二哥，怎么到现在才来！大哥输了两局了，再输一局就完了！"王奇焦急地说。郭子仪正坐在一旁合掌运气。"大哥，真是对不起，我回来晚了！"张信不好意思地说。

郭子仪说："不晚，我现在做师父教的'乾坤正气法'可以止泻补气。你把止泻丹拿来给我吃吧。下一局我保证赢他！"张信知道，如果郭子仪赢了第三局的话，只要再连赢两局，便可以以三比二的比分胜出。他马上从怀里掏出止泻丹给郭子仪吃。

休息时间一过，战鼓又擂响了，监考官在叫郭子仪和安禄山的名字。

这个时候的安禄山并不知道郭子仪已经好了，还洋洋得意的，他骑着黄骠马，提着两个独脚铜人进了校场。郭子仪也尾随他后面上场。安禄山一个回身，就举起右手中的独脚铜人，向郭子仪的头上砸下去。郭子仪不慌不忙，把手中的画戟往后一收向安禄山的心窝戳过去。安

老蚌生珠　青年才俊夺武魁

禄山吓了一跳，赶忙用右手举起铜人格住。双方你来我往，打了十几个回合。郭子仪知道，现在自己的气力尚未恢复，所以对安禄山只能智取。他眼珠一转，想出了一个奇招。于是，郭子仪便向安禄山举起画戟专打安禄山的上盘，把画戟舞得似风车那样快。安禄山用两个铜人砸下来。郭子仪一闪身接连躲过两个铜人，然后右手从腰间拔出宝剑，以迅雷不及掩耳之势，朝安禄山的左肩打过去。安禄山来不及防备，"哎呀"地叫了一声，便跌下了马。郭子仪终于赢了这一局。安禄山沮丧地走出了校场。史思明等马上迎了上来，将他挽扶起来。

这时只见史思明从怀里掏出一袋石灰给安禄山。安禄山接过了袋子，看了看史思明会意地点了点头。郭子仪这边，张信和王奇将郭子仪扶下了马，王奇高兴地说："大哥，打得好！就是这样打他，让他出不得力气。"张信则说："大哥，下一局，你可要当心，安禄山这个人鬼点子多。他一定会使鬼点子来打败你。哥舒翰不就是中了他的诡计才输给他的吗？"郭子仪说："你们放心，为兄会小心防范他的。他的阴谋不会得逞的。"说罢，郭子仪又盘脚坐在地上，双手合掌，闭目练他的功法。

战鼓又擂响了，监考官叫郭子仪和安禄山进场。得知郭子仪的腹泻已经好了，并且还胜了他一局，安禄山这次怎么也笑不起来了，他脸色苍白，满面乌云；郭子仪则镇定自若，充满信心。双方在马上拱了拱手，便打了起来。

安禄山怒眼突睛，一上来便直取郭子仪的太阳穴。郭子仪则毫不慌张，很容易就躲过了安禄山的铜人，然后把手中的画戟一压，快如闪电般直刺安禄山的前心。安禄山吓得出了一身冷汗，他急忙侧过身躲过了画戟，两人打了十几个回合。郭子仪越打越有力，他举上打下，指西戳东，真真假假，将一把方天画戟使得是呼呼生风。安禄山气喘吁吁，只有招架之力而无还手之功，他知道靠实力是无法打赢郭子仪了。安禄山眼睛一转，便举起右手抓住独脚铜人虚晃了一下，便拍马夺路往上风处逃跑。郭子仪挺戟策马紧追不舍。安禄山伸出手偷偷从

威震天下

郭子仪

怀中取出了石灰袋子，然后伏在马背上，勒住马头慢慢地跑着。他竖起耳朵听着郭子仪的九花虬跑步的声音，听到马蹄声越来越近了，安禄山便倏地坐了起来，打开石灰袋子"嗖"的往后一扬，一股白色的粉末便朝郭子仪的脸上飞去。有了上次哥舒翰的不幸经历，这次郭子仪早已将安禄山的诡计看透了，于是他马上转过脸躲过了粉末，然后用戟柄向安禄山戳过去，安禄山便将两柄铜人挂在马背上，伸出双手紧紧地抓方天画戟的戟柄，想将郭子仪拉下马。这正中郭子仪的下怀，只见他一声吼，便将安禄山挑下了马。这时全场欢声雷动，经久不息。由于安禄山很胖，所以他跌在地上好久才爬起来，看那情景他已经不能再打第五局，只好认输了。这次的较量以郭子仪胜出结束，郭子仪成为这次武举的头名状元。

老蚌生珠 青年才俊夺武魁

第二章

立志戍边 文韬武略渐得显

郭子仪在中了武举之后，就被选为王府的宿卫长，后又成为皇宫的宿卫。然而，满怀一腔报国热情和立志建功立业的郭子仪并不甘心就这样了此一生。在他出仕后不久，偶然的一次机会遇到了一位姑娘，一见钟情。后来，在那位姑娘抛绣球招亲的过程中，他用计赢得绣球，终成美好姻缘。当他看到国家边防混乱的现状之后，他更加坚定了戍边的决心。于是他投军，从此便走上了军旅生涯，并且在军队中初露锋芒，展现才干。

英雄救美，喜得良缘

武举考试要分出胜负，才能确定名次。既然要分出胜负就会有输赢，就会有喜忧。正如一句诗所说的那样，几家欢乐几家愁。郭子仪中了头名，兄弟三人自是非常高兴，中举后，他们就回到客栈，一是庆祝，二是等待朝廷的封赐。而此时的安禄山落了第，心中自是很不痛快。被郭子仪打败后，安禄山和史思明灰溜溜地从兴庆宫回来。一路上两人既沮丧又痛恨，他们显然非常不甘心，并且时刻想着怎么报复郭子仪。回到客栈后，安守忠等人一齐上来问他们考得怎么样，安禄山垂头丧气，咬牙切齿地说："都是郭子仪那个小子坏了事，总有一天我会将他们都收拾了。"扔下这几句话，他就愤愤地回到内屋什么都不吃，倒头便睡，睡了六七个时辰还不起来。

到了晚上酉时，太阳下山了，该吃饭了。安守忠三人才从外面玩回来。安守忠看见安禄山和史思明还在睡觉，便跑过来掀开安禄山的被子说："二哥，起来吃饭吧，今天是元宵节，难得来一次长安看花灯，大家都来喝几杯吧，管他什么武举！我们五人单枪匹马闯天下，怕过谁呀！"接着他又掀开了史思明的被子："史大哥，我们又不是孬种，以后再跟姓郭这个小子干一场！"经过安守忠这一激，安禄山和史思明终于想通了，便一骨碌地爬了起来。

随后，安禄山等五个胡人骑着马来到了一间酒肆。他们点了几样菜，要了两坛烧酒便喝将起来。安禄山倒了第三碗酒，右手拿着一个油腻腻的鸡腿，他咕噜咕噜地喝完了这碗酒，便不停地啃着鸡腿，嘴里在嘟囔着："三十年河东，三……三十年河西，老……老子就不信斗不过你……你郭子仪！"这几个人像是野狼扑食，不到一个时辰的工夫，便把满桌子的酒菜吃得精光，杯盘狼藉，筷子纵横。将这满桌的酒肉都扫尽之后，他们有的不停地抹嘴唇，有的直打饱嗝，有的额头在不停地往下磕，这种情景甚是难看。他们一个个东倒西歪，嘴里还不停地嘟囔着，随后，稍微清醒的一个人付了酒钱，于是他们便摇摇晃晃地出了酒肆。

喝了这许多的酒，再加上他们心中非常不快，于是，安守忠说："二……二哥，咱们到朱……朱雀大街去看花灯吧。"安禄山一边点头，一边踉踉跄跄地走出了店门爬上了马。这五个胡人就这样东歪西倒地来到了朱雀大街。这时，皇帝与皇后尚未驾临太极宫前的五凤楼，但是三省六部的文武百官已经守候在那里。

只见五凤楼前一派熙熙攘攘的热闹景象，东西大街挂满了彩灯，照得亮如白昼。朱雀门前那盏大转灯，更是火树银花，光彩夺目。那用珍珠、宝石镶嵌起来的转灯圈，在不停地转动，上面有龙凤呈祥、狮子滚绣球、仙女散花、送子观音等栩栩如生，反复转动。下面观灯的人摩肩接踵，挤得水泄不通。除了朱雀门的灯群外，太极宫、兴庆宫、大明宫所有的宫灯都亮了起来。在明德门通向金雀门的十里朱雀大街也搭起了十几座彩楼。每座彩楼都有上百盏造型各异的花灯，吸引着百姓们驻足观看。由于街上观灯的人太多了，再加上这几个人喝了很多的酒，为了不让马踩到别人，这五个胡人只好下马步行。这个时候天已经快黑了，由于是元宵节，到了晚上人更多，他们也分不清方向了，于是就随着人流不知不觉地来到了永乐坊。这里的人比大街上的少一些，坊里家家户户的门前都挂有彩灯。这些彩灯虽然没有皇宫、官府的做得漂亮，但也独具特色。

突然一个银铃般的声音飘了过来。安禄山猛地清醒了一些，他转过脸一看，原来是一个十四五岁丫头打扮的小姑娘在说话。这时，一个女子在另一边说："彩云，快过来，这盏花灯更好看！"安禄山又转过这边来看，一个天仙般的美人儿就站在他的面前，安禄山一时愣住了，一句话也说不出来了。安禄山揉了揉眼睛，然后定睛一看，才发现那个姑娘年约十八，脸上红润有光泽，两道柳叶眉下黑而有神的双眸活泼地转动着，显得泼辣但不失气质。她高挽云鬟，身穿粉红色绫罗绣花窄袖衫，内衬天蓝色抹胸，下着一条天蓝色宽大团花描金长裙。这女子穿着典雅，意态自然，玉步轻盈，在月光下就像一朵出水芙蓉。安禄山打量了这位姑娘之后，心中非常兴奋。他从没有见过这样让他心动的姑娘，于是，看了一遍，他又揉了揉眼睛再看，在他确定没有看错后，心中更是高兴，这时，他像触电一般猛地清醒了，而刚才的那些酒气早已被春风吹到了九霄云外。于是，他走上前眼珠一动不动地看着这位姑娘。

原来这位姑娘名叫王韫玉，将门之后，她的高祖王长谐是唐朝开国功臣，官至左武卫大将军、秦州都督，死后陪葬唐高祖献陵。王韫玉的祖父王士会曾任陆浑令，父亲王守一任玄宗皇帝的亲哥宁王王府的府掾。王韫玉虽然是一个女子，却非常喜欢舞枪弄棒，并且还有一些拳脚功夫，尽管她年纪不大，但是她习武的时间可不短，颇有她高祖的遗风。只是到了她的父亲这辈，家中不再尚武，虽然她的父亲认为一个女孩子整天舞枪弄棒不成体统，但是这个女儿是他的心肝宝贝，他也没有办法，任由她去。今天是元宵节，爱舞弄枪棒的王韫玉又怎么可能错过这美景呢。然而父亲担心他这样一个女孩子晚上出去不安全，所以开始并不同意她出门。最后，在她的一再请求下，父亲还是答应了让她出去玩一会儿，看看花灯。于是她便带上随身丫鬟彩云出来观赏花灯。这时，王韫玉正停在一盏花灯前仔细地读着一首诗："'雁尽书难寄，愁多梦不成。愿随孤月影，流照伏波营。'这首诗写得真好，把思念戍守边疆丈夫的感情写得这样细腻真切。"

站在一旁的彩云似乎看出来了她的心思，便逗她说："小姐，你

立志戍边　文韬武略渐得显

老是说要找一个戍边卫国的夫婿，到那时你可就'愁多梦不成'了！"

"去，去……小孩儿家懂什么？"王韫玉假作生气的样子说。

"小姐，我知道了，你看中了今天游街那个新科状元郭——子——仪！"彩云又一语道破了王韫玉的心事。听到彩云的话，虽然她外表看似很有野性，但是还是有些害臊，她的脸倏地红了，好在是在晚上，有这许多的花灯映着彩云才看不见。王韫玉举手假装要打彩云："你这死妮子，本小姐要撕破你的臭嘴，看你还敢不敢乱讲……"

看到自己一直注意的姑娘正在嬉闹，此时的安禄山更是心猿意马了，他终于忍不住了，便牵马上前，嬉皮笑脸地说："小姐，我就是'伏波营'里的将军，我喜……喜欢你！"安守忠也醉醺醺地走上来说："我，我也是'伏波营'的，我是校尉，我的官比……比他还大，跟我吧，不要跟他……"

王韫玉看见这五个胡人浑身酒气，便知道他们居心不良，马上拉起彩云快步离开。安禄山追上去，伸手抓住王韫玉的手腕。这王韫玉也是刚烈之人，看到这几个无赖对她动手动脚，便竭力想摆脱。这时，旁边围上了许多人，但是看见这五个胡人身材高大，一身酒气，也不敢上去劝架。安守忠和史思明也围了上来，四眼直冒凶光，嘴巴直流口水。遇到这种情景，王韫玉心中一急，便用自己平时所学，用力将被抓的手腕一扭挣脱了出来，接着就朝安禄山的脸打了两个耳光。安禄山挨了两个嘴巴，不由恼羞成怒，便开始向王韫玉扑过来，王韫玉猛地一个转身躲过了安禄山的攻击。这边，安守忠也被彩云一个扫堂腿踢倒在地。

当众出丑，他们更是怒不可遏，安禄山挽起了衣袖，扎了个马步。说时迟，那时快，王韫玉凌空跃起朝安禄山的前胸踹去。然而，由于安禄山这几个人都是十分强壮的男人，而且这次还是以二敌五，所以，王韫玉明显处于劣势。只见三个大汉直打得她们气喘吁吁，香汗直流。突然，安禄山一把抓住了王韫玉踢过来的双腿，乘势便将其举了起来，想将她抛到街心。眼看这个姑娘就要受到伤害了，就在这个危急时刻，忽然，人丛中跳出一个大汉，大声吼着："住手！"这声音犹如晴空霹雳，让四下的人都震住了。只见他双手接住了被安禄山甩出来的王韫玉，把她放在了地上。安禄山定睛一看，原来是郭子仪。

安禄山咬牙切齿地骂道："又是你郭子仪坏我的好事！"说罢他扬起了拳头。郭子仪看到又是安禄山在这里闹事，还欺负一个姑娘，顿时气得脸色通红，不由分说，他就飞起了连环腿。此时的安禄山看到郭子仪打了过来，也毫不示弱，心中怒火上升，于是招呼其他四人也一起上。此时，和郭子仪一起的张信和王奇也挽起衣袖冲了上来。这时，两个姑娘却停了手，站在旁边看热闹。

"小姐，你看这个英雄真是郭子仪！"彩云大声地说。王韫玉定眼一看，果然是白天游街那个状元郎！她的脸上霎时红了起来。旁边围观的人也议论起来。有的说："这个新科状元真是仗义少侠！"有的说："郭子仪真的好身手！"王韫玉看得眼花缭乱，想不到白天在远处观看的白马王子，今晚竟出手帮忙！"这难道就是人们所说的缘分？"想到这里，她心中一阵窃喜。

安禄山看见打不过郭子仪兄弟三人了，便打了一声呼哨，五个胡人跳上马夺路逃跑。这时，安禄山趁彩云不防备，便轻舒猿臂顺手将她抱上了马背。

"感谢英雄相救！"王韫玉上前双手在襟前合拜，先向郭子仪道了个"万福"，然后致谢。

"别客气，别客气。"郭子仪连连摆手。王韫玉羞答答，眼睛偷偷地打量了一下郭子仪。只见他身材高大，白面红唇，剑眉凤目，英俊潇洒。王韫玉心中不禁起了爱慕之情。两人正在说话，突然郭子仪发现不见了彩云。这时的王韫玉也才回过神来，焦急地在周围喊着："糟了！彩云，彩云，你在哪里？"郭子仪非常了解安禄山这几个人，心想彩云一定是被他们掳走了。于是便对王韫玉说："小姐莫要着急，彩云怕是被那几个胡人掳走了。"王韫玉一听这话，便急得哭了起来，这彩云虽然是她的一个丫鬟，但是她们情同姐妹。看到如此漂亮的一位姑娘在哭泣，郭子仪有些不知所措，于是，便走上前安慰王韫玉说："王小姐，你别哭，我们兄弟三人帮你去寻找。哪怕是掘地三尺，也要帮你找到彩云。"王韫玉看到暂时也没有别的办法，就慢慢地平静了下来，等待另想办法。随后，郭子仪兄弟三人将王韫玉护送回到了王府。王韫玉的父母此时不见女儿回来，正在担惊受怕，看见有三个年轻人送她回来，真是喜出门外。郭子仪在王家坐了一会之后，便离开了。

随后，王韫玉回到了闺房，梳洗完后便坐在梳妆台旁。她紧锁眉头，手托香腮，在寻思如何寻找彩云的下落，以便将她救出来。这时，丫鬟春兰端来了一壶刚泡好的龙井茶。春兰看见小姐闷闷不乐，唉声叹气，便问："小姐，您回来后愁眉不展，是为什么事情不高兴？"王小姐不出声。春兰连问几个问题，她都直摇头。后来春兰的眼睛一亮："我明白了，是为了彩云的事。"

"嘘——小声点，别让老爷知道！"王韫玉只好将彩云被抢的事情说了出来。春兰说："小姐，您不用焦急。我有个哥哥是丐帮的小头目，每天都带着几个兄弟在长安城里讨饭。我叫他帮忙打听彩云的下落。"

"太好了，太好了！我可要感谢你啦！春兰，你把这几两碎银拿给你哥，告诉他一有消息，赶快过来告知。"春兰接过碎银答应明天一早就出去找她哥哥。第二天申时初，王韫玉正在闺房里看书，看着，看着，书里又浮现出郭子仪那年轻英俊的脸庞。这时，她便想起了自己被安禄山甩出去那一瞬间：那时，她飘了起来，风在耳边"嗖嗖"地响着，突然坠进了深谷，待她定住神时，才发现自己跌进了一个宽大厚实的男人的胸膛里，当时她没有什么感觉，现在想起来却感到脸上热辣辣的。她拿过铜镜来一照：哗，都红了起来！

不久，春兰气喘吁吁地跑到王韫玉的房间说，刚才她哥跑过来告诉她，那五个胡人已偷偷地来到了契丹人聚居的敦化坊，在一家契丹皮货商人开的名叫"如归"的客栈里住。有人看见他们有一匹马的背上驮有一个大口袋，不知装的是什么东西。王韫玉听了很高兴，说：

"那口袋里装的可能就是彩云。春兰,今天晚上天一擦黑,我便和你赶去敦化坊把彩云救出来。"晚上戌时初,月亮还没有出来,外面是漆黑一片。王韫玉和春兰穿起了黑色夜行服,从王府的后花园跳了出去。原来,春兰和彩云一样,也跟王韫玉学了一些武功,打起来也能凑个数。事不宜迟,两人商量好之后,就都悄悄地往东南方向走去,过了东市和延兴门,然后拐进了敦化坊。她们走了两百多步,看见了一间客栈,招牌上写着"如归"两个字。于是,她们都握着宝剑,靠着墙根来到了客栈的后院。王韫玉先爬上墙头,朝院子里投了两颗石子,听听里面没有动静,然后便跳了下来,过了一会儿春兰也跳了下来。王韫玉又溜进了客栈,春兰尾随而入。这个客栈跟长安城里的三流客店一样,破旧,黑暗,屋子里有一股说不出的味道,由于这间客栈住的大都是胡人,所以还有一股腥膻的、马尿的气味。随后,她们两人又来到了前厅,看见有个账房在打算盘。王韫玉便叫春兰走出外面搞出一些响声,把那账房引出去。她便跑过去看那块门板,看安禄山他们住哪个房间。

找到安禄山的房间之后,王韫玉用手指蘸了些口水,然后润破了窗棂的皮纸,只见那五个胡人正围坐在昏暗的蜡烛下弈双陆。安禄山与安守忠在对弈,史思明、田承嗣以及何千年围在旁边看。现在可能是安禄山处于下风,他正皱着眉头苦思下一步该动哪个子。王韫玉看了后一阵高兴,马上叫春兰一起下楼,又回到了前厅。她叫春兰守住账房门口,自己便推门进去。账房老者正在打算盘,突然一把寒嗖嗖的宝剑在他眼前一闪,吓得他的脸唰地白了起来。后来,从这个店家的口中得知,彩云在地窖中。为了避免这个人去报信,并且能够成功地救出彩云,王韫玉取出一块破布塞在账房老者的嘴里,再用绳子将他绑紧,然后放在床上用被子盖起来。王韫玉知道时间耽搁不得,等到那几个人分出胜负后就一定会来到地窖,到那时就麻烦了。于是,王韫玉和春兰立即行动,来到地窖找彩云。很快,她在一个角落里看见了一个蠕动着的麻袋,她走上前用宝剑将捆绑麻袋口的绳子割开,

立志戍边 文韬武略渐得显

然后又迅速打开绑住彩云双手的绳子，再掏出塞在彩云口中的破布。彩云披头散发一把抱住了王韫玉泣不成声。

这时，史思明一边哼着调子，一边摇头晃脑地走下楼。彩云刚放出来头重脚轻，突然看见史思明下来，她吓破了胆，一脚踢到一个破坛子，"当啷"地响了起来。史思明吓了一跳，看见有三个黑影在院子里晃动了几下，便消失了。史思明急忙跑下地窖去，他一看彩云不见了。于是，就急忙大喊："来人啦，来人啦……"安禄山一听见这喊声，马上就意识到出事了，肯定是抓回来的那个姑娘跑了。安禄山知道这个消息后，把双陆棋盘"哗啦"一声摔到了地上，拔刀便冲了下来。其他三人也跟在后面跑下楼。月亮还没有出来，街上漆黑漆黑的伸手看不见五指。王韫玉三人听到了安禄山他们追赶过来的脚步声，吓得急不择路，急匆匆地跑着。王韫玉手提宝剑走在后面，春兰拉着彩云往前跑个不停。她们三人跑进了一条死胡同，正不知从哪里走出去。突然前面跳出两个黑影大声说："哈哈，看你们还往哪里跑!"这两个人就是安禄山和安守忠。王韫玉和春兰二话不说把宝剑一扬，便冲了上去，彩云虽然赤手空拳，也扑上来帮忙。五个人打成一团，只见刀光剑影，人影跳动，打了十几个回合。这时，史思明、田承嗣、何千年也赶到，一齐上来帮忙厮打。三个姑娘毕竟斗不过五个大汉，直打得她们气喘吁吁，香汗直流。忽然，安禄山把手中的钢刀一扬，由于这胡同太窄，王韫玉只有用宝剑抵挡，可是安禄山的力气很大，只见王韫玉手中的宝剑"当啷"一声被安禄山打落在地，王韫玉吓得面如土色，就在这个时候，只见黑暗中一个大汉手持钢刀挡在王韫玉前面，厉声地说："安禄山，你太狠毒了!"

"郭子仪，又是你坏老子的好事。老子今天跟你拼了!"安禄山说罢把钢刀举起来，向郭子仪砍过去，郭子仪马上挥动宝剑迎了上来。其他四个胡人也一齐上来助阵。这个时候，两个大汉，一个使单刀，一个舞双刀，冲上来帮助郭子仪，这两人便是郭子仪的兄弟张信、王奇。郭子仪一边和安禄山他们打斗，一边高声地喊："王小姐，你带她们先走吧!"王韬玉浑身又增添了无穷的力量。她带着春兰和彩云夺路便跑。就这样,郭子仪英雄救美,一举赢得了王韬玉的芳心,在民间传为佳话。

开元七年 (719),23 岁的郭子仪终于与 15 岁的京兆女王韬玉结为夫妻。郭、王两家联姻,门当户对。一对新人,郎才女貌,生活甜蜜美满。

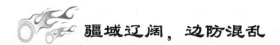
疆域辽阔,边防混乱

唐朝自唐太宗李世民以来,疆域不断扩大,到了盛唐时期,幅员纵横皆逾万里。唐朝之强盛繁荣,与周边地区诸蕃内附,疆域扩展,民族融合,紧密相关。在唐朝的历史上,被称为盛世时期的有开元和天宝年间。要想详细的了解唐朝的边防情况,那还要从唐朝初期开始讲起。

唐朝前期,幅员辽阔。中原地区是以汉族为主体的农耕经济区。边疆地区的众多民族,大多以游牧为业。由于这些差异的存在,各地实行的制度也有很大的差异。在唐朝期间,中原内地主要是州、县两级制。羁縻府州是为安置降附的游牧部族而设,从贞观四年 (630) 平定东突厥,到玄宗开元时的百余年间,唐朝先后设置过 856 个羁縻府州,内地正州有 311 个。内地正州,几乎都还是唐初高祖时期 (618—626) 所设置的,到了太宗李世民时期作过较大的并省整顿。到了玄宗年间，随着边疆和国内形势的复杂及变化，也曾对这些边疆羁縻府州进行过调整，以便更好地统治和管辖。

这些降附的部族主要有突厥、回纥、吐谷浑、奚、党项、契丹、高丽、羌、靺鞨、蛮、河西诸胡，以及安西四镇和西域诸国等。开元末年，边疆地区的羁縻府州，是内地府州的两倍半多，可见其区域广阔，道里辽远。羁縻府州制度，不改变降附部落的社会组织、生产方式和风俗习惯，由朝廷册命各部落酋长担任府州都督、刺史之职，并可世袭；其部众人口不呈报户部，以贡纳当地特产充作赋税；可以保留原部落之兵，享有很大的"民族自治权"。而唐朝用来管理羁縻府州的行政机构，就是边疆都护府。从太宗到武则天时期，唐朝先后设置了九个管理降附部落的都护府。到玄宗天宝年间，保留下来的有安东、安北、安西、安南、北庭、单于六大都护府。

安东都护府设于高宗总章元年 (668)，治所平壤 (今朝鲜平壤)。辖境西起今辽河流域，东至朝鲜中部，北到吉林东南部，南抵大海。统领高丽、靺鞨诸部。

安北都护府是总章二年 (669) 改瀚海都护府而设置，治所在今蒙古国杭爱山东端。统领漠北铁勒诸郡。辖境包括今蒙古国和俄国西伯利亚南部。武则天垂拱元年 (685) 以后，治所屡经迁移。天宝十四载 (755)，在黄河北岸的天德郡。安西都护府设于太宗贞观十四年 (640)，治所西州 (今新疆吐鲁番东高昌故城)，贞观二十二年 (648) 移至龟兹 (今新疆库车)。辖境最广时西至今咸海，东接阿尔泰山，北到巴尔喀什潮、额尔齐斯河上游，南抵昆仑山和阿尔金山。由于辖境内诸蕃部落和属国时有叛离，又受吐蕃、大食 (阿拉伯帝国) 不断侵犯，辖区范围伸缩不定，安史之乱后，葱岭以西为大食吞并，以东陷入吐蕃。

安南都护府是调露元年 (679) 改交州都督府而设置，治所交州 (今越南河内)，统领蛮、僚诸部。辖境北有今云南红河、文山两自治州，南到越南国的河静、广平省界，东及广西那坡、靖西、龙州、宁明、防城等县境。大都护府设大都护 (从二品) 一人，一般由亲王遥制；副大都护 (从三品) 一人，副都护 (正四品上阶) 二人。都护、副都护的职责是安抚诸族，抗击外敌，侦察奸邪，征讨叛离。

北庭都护府是长安二年 (702) 从安西都护府分出而设置，治所庭州 (今新疆吉木萨尔北破城子)。统领突骑施、突厥十姓、葛逻禄诸部。

单于都护府地处阴山之南，是高宗麟德元年 (664) 改云中都护府而设置。治所在云中故城 (今内蒙古和林格尔西北土城子)。统领漠南突厥诸部。武则天圣历元年 (698) 并入安北都护府。后因突厥部落增多，于开元八年 (720) 又恢复设置，统辖河套以东地区的突厥府州。在都护府统领下的羁縻府州，遵唐"正朔"和政令，治理本部，从而构成为大唐帝国整体的重要部分。

在边防的形势方面，唐朝初期，也就是在公元618年的时候，天下正处于四分五裂的状态，军阀混战，各自占领地盘以自据。后来，李渊父子西取陇蜀，北灭刘武周，东败王世充、窦建德，南平萧铣，至贞观二年 (628) 平定朔方梁师都，全国的统一乃告完成。到了这个时候，在唐朝的疆域上，东方及东南面向大海，都已经没有了可以抗衡的敌人。在南方及西南地区，虽然有很多的部落，但是他们力量弱小又互不统属，难与中原相敌。而此时，对于唐朝来说，最具威胁的敌手就是突厥，还有吐蕃、高丽、奚、契丹等。东突厥雄踞漠北，经常骚扰边民边城，其规模之大，次数之多都胜于秦汉时的匈奴。西突厥控制唐朝与西方交往通商的陆上通路。吐蕃强盛之后，威胁陇右、剑南二道，并向西北与唐争夺西域地区控制权。东北"两蕃" (奚、契丹) 叛服无常，边警频仍。后来，唐高祖李渊扫平割据，国家渐安。到了唐太宗李世民时期，励精图治，内明政治，外强军事，很快就使得唐朝恢复国力并且迅速强大起来。于是，在唐朝贞观四年 (630)，李世民命令唐军深入大漠，经过激烈的战斗，终于击灭东突厥，擒其颉利可汗。贞观二十年 (646)，又讨平薛延陀。此后数十年间，北方局势基本稳定。东北方面，唐军屡次征伐高丽，前后历时二十五年，才攻克平壤 (今朝鲜平壤)，设置安东都护府。贞观二十二年 (648)，奚、契丹

立志戍边 文韬武略渐得显

归附，设置松漠 (今内蒙古巴林右旗南)、饶乐 (今内蒙古宁城西) 二都督府。在西域地区，自贞观十三年 (639) 起，侯君集率兵灭高昌，郭孝恪、梁建方、苏定方连破西突厥，经营二十年，天山南北，葱岭东西，尽为唐土。西南青藏高原方面，贞观九年 (635)，李靖平定吐谷浑。第二年，文成公主远嫁吐蕃国王松赞干布，唐、蕃"和亲"，暂时相安。

后来，唐朝一直致力于向外扩张疆域，唐高宗中叶时达到极盛。但同时也陷入东西两面作战，疲于应付的守御局势。高宗后期和武则天称帝时期，边疆形势日趋紧张。吐蕃强盛于西南，一度攻取安西四镇，切断了"丝绸之路"。后突厥复兴于朔漠，默啜可汗拥兵四十万，不断侵犯边塞。东北"两蕃"举兵叛唐，深入河北，唐军进讨又连遭惨败。由于边警不解，战事连年，于是，在外敌可能入侵的军事要冲地区增置重兵，任命大将就近指挥应付，就成为军事局势日渐紧急之下的迫切需要。

唐初的边防部署，唐初在边缘地区设置都督府，负责镇防和屯田。遇到有大规模战事，设临时性行军大总管，统兵出征。唐朝睿宗以后，行军道确立为常设军镇，由节度使统领。

武德七年 (624)，改总管府为都督府，主管边防和屯田，不问民政。镇守边防的军队编制是继承前代的镇和戍，其长官称为镇将、戍主，皆有品秩。镇将和戍主属基层军官，负责守边和屯田任务，是唐初的正式边将。总计兵力大约六万人左右。以此分散屯戍之兵力，显然只能是"明烽燧，审斥候，立障塞，备不虞而已"。难以应付跨州连郡的大规模战事。另外，唐初已设置有比镇、戍建制更大的军、城、守捉。可考知设置年份者，贞观前只有几处，而高宗至玄宗时有三十七处。正好与高宗中叶以后，从东北到西北边疆地区战争频繁，为了加强国防力量，安定边防和居民生产与生活而大增边兵相符合。

边防地区这样的形势时刻威胁着唐朝的安定，于是，为了应对和防范跨州连郡的大规模边疆战争，从唐太宗贞观年间起，就按照作战地区和出征行军路线，临时任命统帅，称为行军大总管，并以此组织兵力强大的野战军，统一指挥前线的军事行动。唐太宗贞观八年(634)，吐谷浑入凉州，唐朝以李靖为西海道行军大总管，统帅侯君集、李道宗、李大亮、李道彦、高甑生等五总管兵马及突厥、契丹部落兵出击。但是，这样做明显是临时抱佛脚，而且后来的战事也证明，这样做会有更大的损失和伤亡。到了高宗和武则天执政时期，边疆的局势发生了重大的变化，长年以来边疆战争持续不断，朝廷的用兵非常频繁，时间一长，这些兵就由以前的雇佣兵转变为固定的兵士。高宗开耀元年 (681) 正月，突厥残部侵扰原 (今宁夏固原)、庚 (今甘肃庆阳) 等州，遣右卫将军李知十等人屯兵于泾 (今甘肃泾川)、庆二州，作为防备。到了睿宗 (李旦) 执政时，这种行军"道"开始确立为常设性的边防军区，行军大总管逐渐为军镇节度使所代替。从此至开元后期，唐朝在边疆地区陆续设置了九节度使和一经略使。

在唐朝初年，兵权归皇帝 (高祖) 直接掌握。出征作战多以太子李建成、秦王李世民、齐王李元吉为统帅。兵部尚书和中央十二卫及太子六卫，都无权自行征调府兵。遇有战事，奉敕征调的府兵可直接编入野战军，由朝廷另行任命将领统率出征。克捷之后，将归于朝，兵散于府。所以将帅无久握兵权之重。有效地防止了军将专兵和地方割据的情况发生，同时也极大地削弱了武将的兵权。

边防自古以来就是国家的大事，自唐朝开国以来，边防将领和临时性行军大总管，都是任用忠厚而有名望之臣，且任期较短。不用中央王公重臣遥领边帅之职，边帅也不能同时兼任数镇，功勋显著者，往往入朝担任宰相。而对于番族将领，即使富有才智谋略如阿史那社尔、契苾何力等名将，并不让其担任主帅，而都由中央汉族大臣作为统帅来节制他们。但是，开元年以后，唐玄宗李隆基好大喜功，怀有效法太宗，征服四夷的雄心。于是，在边帅的任命上发生了重大变化。一是有的边帅长任十余年也不调换，形成专兵之势。二是边帅一人兼统数镇，兵权过于集中。三是重用番族将领。史称李林甫担任宰相后，

立志戍边　文韬武略渐得显

贪权擅政，为了杜绝边帅入朝任相之路，看中番将不通文墨的缺陷，极力主张予以重用，他上奏玄宗说："文臣为将，不习战阵，怯于面对乱箭飞石，不如起用出身寒微的胡人。胡人自小骑马射猎，精悍善战，勇于立功，出身寒微则孤单无朋党。陛下只要推诚相待，以恩德笼络其心，他们肯定会为朝廷效命尽忠的。"此时的唐玄宗经历了盛世之后，已经变得昏聩无能，竟然采纳了李林甫这一奏议。于是，在这样的形势下，很多出身卑微的番将在战争中屡立战功，并且兵权也越来越大。到了，天宝六载 (747) 时，诸道节度使中安禄山 (康国人)、安思顺 (安国人)、高仙芝 (高丽人)、哥舒翰 (突厥人) 等人已经成为手握重兵的武将。四是重奖厚赏，赋予边帅更大的权威，助长了地方对中央的离心力。开元二十三年 (735)，幽州节度使张守珪大破奚、契丹，献捷于东都洛阳，玄宗"廷拜守珪为辅国大将军 (武散官正二品)、右羽林大将军 (正三品)、兼御史大夫 (从三品)"，并诏令在幽州为其立碑纪功。天宝九载 (750)，赐封安禄山为东平郡王 (从一品)。十二载 (753)，赐封哥舒翰为西平郡王。

同时，边防的最高将领的官职也发生了一些变化，唐玄宗年间设节度使 (边帅)，总揽辖区内的军旅事务，而且还有征讨诛杀的大权，但是节度使不过问地方行政事务。后来，随着边关局势的复杂多变，并且为了统筹解决军需供应，边帅皆兼支度、营田使为了更好地调度军队，搞好边防，唐玄宗接受众大臣的建议，设立了几个节度使，掌管全国的兵权。

河西道节度使，设置于景云二年 (711)，治所凉州 (甘肃武威)，阻断吐蕃与突厥的联系。统辖赤水、大斗、建康、宁寇、玉门、墨离、豆卢、新泉八军，张掖、交城、白亭三守捉，屯兵于凉、肃 (甘肃酒泉)、瓜 (甘肃安西)、沙 (甘肃敦煌)、会 (甘肃靖远) 五州境内，统兵七万三千人，战马一万九千四百匹。

陇右道节度使，设于开元二年 (714)，治所鄯州 (青海乐都)，抵御吐蕃。统辖临洮、河源、白水、安人、振威、威戎、漠门、宁塞、积石、镇西十军，绥和、合川、平夷三守捉，屯兵于鄯、廓（今青海化隆）、洮（今甘肃卓尼）、河（今甘肃临夏）四州境内，统兵七万五千人，战马一万六千匹。

范阳道节度使，设于开元二年（714），治所幽州（今北京西南），控制奚、契丹。统辖经略、武威、清夷、静塞、恒阳、北平、高阳、唐兴、横海等九军，屯兵于幽、蓟（今天津蓟县）、妫（今河北怀来）、檀（今北京密云）、易（今河北义县）、恒（今河北正定）、定（今河北定县）、漠（今河北任丘）、沧（今河北沧州）九州境内，统兵9.1万人，战马6500匹。

安西道节度使，开元六年（718）设，治所龟兹（今新疆库车），镇抚西域诸国。统辖龟兹、焉耆、于阗、疏勒四镇，有兵2.4万人，战马2700匹。

北庭道节度使，设于开元二年（714），治所庭州（今新疆吉木萨尔），防御突骑施、坚昆、斩啜等部落。统辖瀚海、天山、伊吾三军，屯兵于伊州（今新疆哈密）、西州（今新疆吐鲁番）境内，有兵两万人，战马五千匹。

平卢道节度使，设于开元七年（719），治所营州（今辽宁朝阳），镇抚室韦、棘鞨，防御契丹。统辖平卢军、卢龙军、榆关守捉、安东都护府，屯兵于营州、平州（今河北卢龙）境内。统兵三万七千五百人，战马五千五百匹。

剑南道节度使，设于开元七年（719），治所益州（今四川成都），西面抗御吐蕃，南面镇抚蛮、獠。统辖天宝、平戎、昆明、宁远、澄川、南江六军，屯兵于益、翼（今四川黑水东）、茂（今四川茂汶）、当（今四川黑水）、嶲（今四川西昌）、柘（今四川黑水南）、松（今四川松潘）、维（今四川理县）、恭（今四川梭磨河中游以南）、雅（今四川雅安）、黎（今四川汉源）、姚（今云南姚安）、悉（今四川黑水东南）等十三州境内，统兵3.09万人，战马2000匹。

岭南道五府经略使，设于开元二十一年（733)，治所广州城（今广东广州)，镇抚夷、獠、海南诸国。统辖经略、清海两军，桂 (今广西桂林)、容 (今广西玉林)、邕 (今广西南宁)、安南 (今越南河内) 四府，统兵一万五千四百人。边疆十道之外，还有长乐 (今福建福州) 经略使统兵一千五百人，东莱 (今山东掖县)、东牟 (今山东蓬莱) 二守捉各统兵一千人，以备海防。总计边防军队四十九万人，战马八万余匹。

从边防军镇和十道节度使的设置时间来看，这些都是伴随着边疆战事的逐渐扩大而一再增设，至唐玄宗时期做全面部署的。唐朝的西南到东北，外敌成半月形进逼态势。十道的地域分布和兵力配置，与所御之敌的强弱以及自然山川的攻守利害、进兵通路，密切相关。

设立节度使本是用来驻守边疆，保国利民，但是到了后期，唐玄宗李隆基贪求边功，优容边将，任其发展。到了开元二十年 (732)，以幽州节度使兼河北道采访处置使，增领卫、相、洺、贝等十六州及安东都护府。开元二十二年 (734)，以朔方节度使兼关内道采访处置使，增领泾、原等十二州。唐玄宗后期，边将甚至可在辖区内自行招募士兵。其家口愿随军者，给以田地房宅，遂使边将有把柄来挟持控制士兵。唐初以来朝廷为防军权旁落而刻意造成的"兵不识将，将不专兵"的局面不复存在，这样就导致了很多的将领开始培植自己的私人武装，唐玄宗的这些急功近利的举措为后来的诸蕃叛乱以及安史之乱埋下了祸根。

郭子仪立志戍边并且逐渐走上军旅生涯的时候，正是唐玄宗年间。天宝十载 (751) 怛罗斯 (今哈萨克斯坦国江布尔) 一战，安西节度使高仙芝所率唐军遭受惨败，唐朝西境退缩至药杀水（今锡尔河）中游一线。东北边疆于开元末 (741) 达到今外兴安岭。这些事实让郭子仪清醒地看到，虽然国家正处在繁荣时期，但是边防的危急时刻都存在。此时正为宿卫军的郭子仪，已经感觉到了这是一个机会，于是他有了新的想法和打算。

立志戍边，尽显其才

郭子仪武举及第后担任的左卫长上职务，从军政指挥系统上，属于宰相管辖的府兵十二卫系统。十二卫系统也称"南衙兵"。左、右两卫的任务，主要是担任宫内各殿及宫外四周警卫。后来，就被调到北部边防部队，镇守边陲。守边部队的生活是很艰苦的，特别是北部边境。多是沙漠，夏季炎热，冬季严寒，还要时刻警惕突厥的进犯。郭子仪在这种艰苦的条件下，因屡立战功，被逐步提升为单于都护府的副都护。据记载，郭子仪中了武状元之后被授为左卫长上，改河南府城皋府别将，又改同州兴德府右果教左金吾卫知队仗长上，又改汝州鲁阳府折冲知左御林军长上，又迁桂州都督府长史充当管经略副使，又改北庭副都护充四镇经略副使，又除左威卫中郎将转右司御率兼安西副都护，改右威卫将军阿朔方节度副使，改定远城使本军营田使，又加单于副大都护东受降城使左厢兵马使，又拜右金吾卫将军兼判单于副都护、又拜左武卫大将军兼安北副都护横塞军使本军营田使。

唐开元二年 (714) 八月，十万吐蕃大军从河西九曲之地出发，进攻临洮 (今甘肃岷县)，进至渭源 (今甘肃潀源)。唐玄宗命薛讷为陇右防御史，率兵迎击，十月大破吐蕃军于武街 (今甘肃临洮东)。从此以后，吐蕃虽然经常派遣使者向唐廷请和，但是并不是真正的求和，而更像是缓兵之计，每次求和之后，又会不断地有吐蕃兵侵扰边防地区。在后来很长的时间里，这些骚扰和潜在的危机一直没有得到彻底的消除。

突厥方面，自从张仁愿筑受降城后，突厥默啜可汗将其兵力从东线转移到西线，开元二年 (714)，遣兵围攻北庭都护府 (今新疆吉木萨尔北)，被唐军击败。开元四年 (716) 六月，默啜在北征九姓拔野古之后，在归途中被拔野古残部袭杀，随后，没过几年突厥势力复振。开元八年 (720) 九月，突厥又发兵骚扰甘 (治今甘肃张掖)、凉 (治今甘肃武威) 等州，并且打败了唐河西节度使杨敬述。开元九年 (721)，又大败唐军。开元末年，由于突厥内部出现了利益冲突，发生了内讧并且互相厮杀，最终导致了突厥的分散和衰落。突厥衰弱后，一些分散的部落开始归附唐朝，直到开元十八年（730）由于突厥势力又发展起来，一些初归附唐朝的蕃族部落又降服突厥。

在契丹方面，开元二年 (714)，契丹大败并州节度使薛讷。边防地区几乎是长年的战事。随后，唐玄宗又多次出兵征讨，直到开元二十二年 (734) 才将契丹军打败，改变了以往东线的不利的军事形势。但是，这些蕃族部落都不是真心归附，等到时机成熟，他们又开始公开与唐朝作对，侵扰边境。

武则天长安三年 (703)，原属西突厥的突骑施部攻占碎叶镇，成为天山以北最强大的部落。唐朝采取与其联合共同控制天山北路的策略，于开元七年 (719) 册立其可汗苏禄为"忠顺可汗"。此后直至开元二十一年 (732) 前后，双方关系虽然也有波折，但基本上保持和睦。突骑施汗国在这一时期，西抗大食 (阿拉伯帝国) 向东扩张，承担着捍卫唐朝西部边疆的重大任务。但是好景不长。由于北庭都护刘涣失察偏信，擅杀突骑施前来进行绢马互市交易的使者，导致了双方悲剧性的武装冲突。唐朝从河西 (今甘肃武威) 和内地调集大军，在北庭节度使盖嘉运和安西四镇节度使王斛斯指挥下，两路合势夹击，血战三年，击败了突骑施。开元二十五年 (737)，苏禄可汗死于内乱。至开元二十七年 (739)，盖嘉运挥师打破碎叶，兵锋直指怛罗斯 (今哈萨克斯坦国江布尔)。唐朝虽然取得了威震西陲的军事胜利，但却是自毁藩屏，与东扩的大食帝国直接为邻，造成了新的边疆危机。

　　唐朝边境很少有过安宁，这些都让唐玄宗感到不安。大约在开元十五年 (727)，郭子仪被调到西域任职，担任边州军政官员。安西和北庭两都护府控制天山南北两路，是唐朝西北边疆的门户。郭子仪在驻屯戍防和边疆战事中，锻炼指挥才能，积累统治经验，很快就成了一位边务练达的高级将领。在这之前，他还在南疆驻守边陲。郭子仪离开京城长安后，前先后任职的桂州、北庭、安西、朔方、单于府、丰州等府州，都属于唐朝的边疆地区。当时的桂州属岭南道，距京城三千余里，地处偏远，人口稀疏，荒陋落后，北方人无不视南下任职为畏途。由于岭南是俚、僚、蛮、汉等多民族杂居地区，唐初即实施郡县之制和羁縻之制并行的统治方式，设置都督府（都督府是唐初于"缘边及襟带之地"设置的军政机构，"掌所管都督诸州城隍、兵马、甲仗、食粮、镇戍等"，即统筹管理辖区内的镇防事务。其长官都督之下，有别驾、长史、司马为上佐，辅助管理各项军政事宜），筑城置军，作为镇抚控制的据点。州县长官则由当地的冯、宁、韦、黄、侬姓等豪强大族担任。其州县大多无城郭，而以豪族酋帅在岭洞险要之地修筑的坞堡宅第为治所。这些地方豪强都是聚族而居，拥有私兵，据险而守。各家豪族之间多以联姻方式互结盟援，又常为争夺地盘而恃强凌弱，相互攻击。虽名列李唐版图，其实是豪强大族的世袭领地。到了南疆之后，郭子仪担任都督府长史和经略副使，是边疆府州中职责重要的官员。经略使属于差遣性质的军政官员，负责安抚蛮、俚，平定叛乱，经略副使则协助其上司履行职责。唐朝前期，由于中央政府在岭南地区奉行"怀之以德"的统治原则，政治上对豪族大姓恩威并用；经济上兴修水利，推广中原的生产技术；文化上传播孔孟儒教，基本上保持着稳定的局势。虽然时有酋帅起事称乱，但均遭残酷镇压。郭子仪在南方任职届满后，于开元二十年 (732) 前后被调往西域地区。北庭和安西两都护府分处天山南北。北庭府距京城五千余里；安西府

更远在北庭府西南两千里。天山山脉高峻积雪，山南山北自然地理条件多有不同。山南的图伦碛 (塔克拉玛干大沙漠) 边缘的南北两条交通线上，分布着一块块依靠高山融雪滋润的绿洲，水草丰茂，从很早就生息着从事农耕的城邦居民。唐朝政府在这些绿洲上设置军镇，驻兵防守，就能控制住整个山南地区。

郭子仪在北庭和安西任职期间，正值西域形势激烈动荡时期。他要协助都护府长官抚辑诸蕃，征讨叛离，训练士卒，督理屯田，从而得以锻炼沙场指挥的军事才能，积累处理蕃务的经验，逐渐成为一名练达边务的高级军政官员。在开元二十五年 (736) 前后，唐军又在西域地区全面掌握了控制权。郭子仪奉调回到京畿北邻的关内道，担任朔方镇节度副使，他的官职也升至右威卫将军 (从三品)。

在西域的边防上，突厥一直是唐朝的心腹大患。自唐朝初年起，北方的强敌是雄居大漠南北的东突厥汗国。隋末丧乱，东突厥威服塞外，屡有凭陵中原的野心。唐高祖 (李渊) 在位九年，东突厥入寇就达七次，大肆抢掠男女人口、财帛和牲畜。武德九年 (626) 八月，唐太宗李世民新立，东突厥十万大军入关中，前锋直抵京城渭桥之畔。唐太宗被迫倾府库金帛，订立屈辱的城下之盟，东突厥才退兵北去。贞观三年 (629) 冬天，唐军十万兵马数路并进，深入大漠，以犁庭扫穴之势，击灭东突厥。唐太宗洗雪了城下之盟的耻辱，采纳大臣温彦博等人的奏议，将十余万突厥降众，安置于河套以南东自幽州 (今北京西南)，西至灵州的丰、胜、灵、夏、朔、代诸州境内，实行类似 "民族自治" 形式的羁縻统治。此后五十年，北边没有大的战事。唐高宗 (李治) 永淳元年 (682)，漠南突厥贵族叛唐复兴，史称 "后突厥"。至默啜可汗 (691—716) 时期，后突厥拥兵达四十万，复据大漠，频频南侵，与唐朝时战时和，北疆从未安宁。神龙元年 (705)，中宗 (李旦) 复辟。他在边疆政策上，缓解西线形势，加强北线防御，志在彻底解决后突厥南侵的威胁。景龙二年 (708)，朔方道行军大总管张仁愿乘后突厥西攻突骑施之机，夺取漠南之地，随即在黄河北岸以突厥人祭天的拂云祠为中心，营筑了可供大军集结的三座受降城，断绝后突厥南下之路，并在牛头朝那山（今内蒙古包头东北）以北设置烽堠一千八百余所，从而改变了唐朝长期以来阻河而守的被动形势。

为了保守阴山防线，唐王朝的军事部署是依托黄河，以朔方镇、丰州（今内蒙古五原西南）、胜州（今内蒙古十二连城）、单于都护府（今内蒙古和林格尔西北）及河东镇构成拱月形防线。朔方与河东两镇（节度使）互成掎角之势，共御突厥，捍卫北疆。朔方节度使设置于开元九年（721），统辖经略军、丰安军、定远军（城）、三受降城、安北和单于两都护府，屯兵于灵、丰、夏三州境内，管兵六万四千七百人，战马一万四千三百匹。河东节度使设置于开元十八年（730），治所太原府，统辖天兵、大同、横野、岢岚四军和云中守捉，屯兵于太原以北的忻（今山西忻州）、代（今山西代县）、岚（今山西岚县）三州境内，管兵五万五千人战马一万四千匹。太原西临黄河水，东依太行山，北控雁门关（今山西代县西北），南屏东、西两京，自古以来就是中原王朝的北边重镇，也是自长安通往燕、代之地的要道。河东节度使的辖区，大致为今山西省的中部和北部。

开元末年至天宝年间，牛仙客、王忠嗣、张齐丘、安思顺先后担任朔方节帅。当郭子仪奉调来到朔方镇时，担任节度使的是泾州鹑觚（今甘肃灵台）人牛仙客。此人起家之初为县衙小吏，后以累积军功升迁至河西（今甘肃武威）节度使。他为人诚信，居官清勤，在河西节度使任上，致力营田，节省开支，仓库充实，器械精利，考绩突出，得到唐玄宗嘉奖。郭子仪深蒙牛仙客的信任，于是成为单于、安北两都护府判理，经略阴山防线，并成为负责方面的戍边宿将。

唐玄宗开元二年（714），朔方军大总管郭元振因西受降城（今内蒙古五原西北乌加河北岸，狼山口南）与黄河西岸的丰安军（今宁夏中卫）之间，千余里地无军城，辽远空阔，烽堠杳渺，致使丰安军形势孤单，故特置此城，作为行军计集之所，招募兵士五千五百人驻扎镇守。其后，驻兵逐渐增至七千人，并有战马两千匹。信安郡王李祎担任朔方节度使时。又修筑了羊马城，幅员十四里。定远城当南北大道，西面不到百里便是贺兰山。此山南北长约五百里，东坡陡峻，实乃边城的天然屏障。贺兰山与黄河之间，土地平沃，有良田数千顷，可引水灌溉.又有池盐出产，尽收土地之利，足以赡给军储。而且，唐朝自开国以来，凡边疆驻兵戍守之地，有条件的，皆置屯田，耕种垦殖，充实兵粮马料，节省漕转费用。

开元二十四年 (736) 四月，深得玄宗欢心的李林甫升任中书令，他举荐牛仙客入朝担任工部尚书同中书门下三品，位列宰相，并遥领朔方节度使 (至开元二十八年十一月)。这样，郭子仪作为牛仙客的下

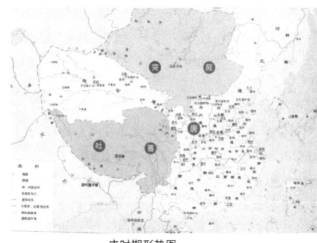
唐时期形势图

属，二人之间有了比较切近的关系。开元二十七年 (739) 四月，唐玄宗任命李林甫为吏部尚书兼中书令，牛仙客为兵部尚书兼门下侍中。二人总管文、武官员的任免升降大权。牛仙客上奏，改任郭子仪为定远城使兼本军营田使。早在太宗贞观初年，凡边州沃衍有屯田条件的，则设置营田使。

郭子仪到定远城主持驻防和营田事务，当然与其上司牛仙客不无关系。牛仙客得以入朝为相的重要原因之一，便是他在河西军镇任上的营田成绩。在他入朝为相遥兼朔方节帅期间，自然仍会重视这项驾轻就熟的军政事务。而此时的郭子仪，已是年过四十的中年将领，秉性持重，宽厚仁爱，体恤士卒，又有十余年的边塞经历，军务练达，

威震天下
郭子仪

是最为合适的人选。也是在这一年，郭子仪的父亲郭敬之由吉州（今江西吉安）刺史调任绥州（今陕西绥德）刺史。郭敬之当时已经73岁，已是古稀之人，过了致仕（退休）年龄。他由吉州调任绥州，并非升职，而是照顾年事已高，到离京城和故里较近处供职。

后来，回纥首领骨力裴罗联合其他部落起兵反抗，摆脱了突厥的控制，于公元744年自称可汗，建牙帐于乌德键山和嗢昆河之间。唐封裴罗为怀仁可汗。第二年，怀仁可汗攻灭突厥，尽有突厥故地，成了漠北的强国。天宝八载（749），朔方节度使张齐丘奏请在木剌山（今内蒙古五原县西北）新建横塞军，命郭子仪担任横塞军使。

朔方节度使是开元九年（721）设置的，统领单于都护府，夏、盐等六州，中、东、西三受降城，以后又增加了安北都护府，天宝八载（749）又增加横塞军。这时的节度使不仅统管军事，还兼管行政和财政。后来，也就是天宝九载（750），朔方节度使张齐丘因克扣军粮，激起广大士兵不满，他们殴打判官，并将张齐丘团团围住。后来郭子仪很快就将事件平息下来了。不久，朝廷下令调走了张齐丘，任命安恩顺接替朔方节度使。天宝十二载（753），安恩顺以木剌山地方偏僻，又不适合耕种，奏请废除横塞军，另在永清（今内蒙古乌拉特前旗东北）设置天德军。命郭子仪担任天德军使，并兼任九原郡太守。这时郭子仪不仅要主管一个郡的军事，还要兼管一个郡的行政事务。当对北部边境比较安定，但他并没有忘记随时都有可能发生战事。他一面认真操练兵马，加强防务，一面与接壤的回纥友好相处，进行边境互市，并取得回纥的信任，这为他后来与回纥打交道打下了基础。

郭子仪在安史之乱爆发前的四十年戎马生涯中，供职时间最长的是朔方镇。朔方镇与东邻的河东镇（今山西太原），在李唐王朝前期的国防部署中，担负着抵御突厥、回纥等北方游牧民族向南侵扰，拱卫关中和京城长安的重要任务。

都城的拱卫和防守，是历代王朝国防部署的核心所在。古代战争的基本形态是步、骑兵地面展开，以冷兵器相互搏杀。因此，为了有

立志戍边 文韬武略渐得显

效地保卫京城，必须依托自然地理形势，凭借山脉险隘与川原河谷，设关控要，构成多层防线，只有这样才能有强大的保证。唐朝都城长安 (今陕西西安) 以北的山川地理形势，依次为渭河、渭北平原、北山、陕北黄土高原、横山 (白于山)、鄂尔多斯草原、黄河、河套平原和土默川平原、阴山山脉。阴山以北，草原弥漫，辽阔坦荡，历来是游牧民族的活动区域。在自然地理上，阴山山脉对南北气流起着阻挡作用，其两侧的气候和雨量，差别明显，是农、牧区域之间的一条重要界限。

大沙漠和阴山以北，荒漠与草原相间，气候寒冷，适宜游牧。阴山之南的平原地区，农牧兼宜。中原王朝保守住阴山一线，就可在河套地区从事耕稼。而游牧民族一旦越过阴山，就可南下牧马，并进而渡过黄河，威胁关中。所以，在长安的正北方，西起贺兰山以北沙漠，东到太行山之间，唐朝国防的第一道控制线，就是阴山山脉及其南面的黄河天险。如果游牧民族得以冲破阴山防线，由河套平原向南进入鄂尔多斯草原，中原王朝可据以防守的第二道天然防线就是横山 (白于山)。整条山脉呈西高东低之势，最高峰是定边县内的魏梁，海拔1900余米。横山阻隔南北，地势高峻险要，作为阻遏北方游牧民族南侵的一道屏障，战国时期秦国以及隋朝曾先后利用横山修筑过长城。横山南面的交通枢纽和军事重镇是延州 (今陕西延安)。延州处于横山与西面的桥山 (子午岭) 和东面的梁山 (黄龙山) 相互构成的马蹄形中部。而这个马蹄形南端的开口处，就是关中平原的北部。以延州为起点，南下经鄜州 (今陕西富县)、坊州 (今陕西黄陵) 可至京城长安。北上则有几条利用自然河谷穿越横山的军事通道：西北行的一条通往盐州 (今陕西定边) 及贺兰山下，还有一条可通南北朝以来的军事重镇夏州 (今陕西靖边白城子)；东北行可通绥州 (今陕西绥德)、银州 (今陕西榆林东南)、麟州 (今陕西神木)、胜州 (今内蒙古准格尔旗东北十二连城)，以至阴山。横山之南的黄土高原，山梁高峻，崖涧深陡，很不利于骑兵行动。如果大队人马在狭窄的河谷中行进，前后相距过远，既不利于粮草运输，又易遭受伏击。况且，这些地区居民稀少，可供掳掠的钱粮财物有限。再者，横山既是天然屏障，自然便是中原王朝设置防御的重点。其北面的盐州、麟州等之间有通路相互联系，便于军事上的接应支援。因而游牧民族南侵，较多利用的是桥山 (子午岭) 以西的萧关道和马莲河谷道。

此时的单于都护府与白道岭之间，是黄河及其支流金河 (大黑河) 冲积而成的谷地白道川 (呼和浩特平原)。其地质皆为黑沙土壤，省功力而多收获，自秦汉以来，历代都在这里兴置屯田，金河在隋朝时已能通水运。在唐代北方东西万里的边疆线上，阴山之下的河套地区，不仅地位居中，而且地形平坦，水草丰美，宜于胡骑驰骋。阴山的南坡陡峭矗立，形如屏障。唐朝在阴山之下屯田积谷，在横山以北牧养马匹，可收军粮和战马就近供给之利。

开元二十八年 (740) 至二十九年 (741)，朔方军镇两易节帅。先是韦光乘代牛仙客，第二年又以王忠嗣代韦光乘。天宝三载 (744) 八月，王忠嗣出兵北伐后突厥，降其西杀所属部众千余帐。同年，王忠嗣再次出兵，击破后突厥左厢十一部。天宝四载 (745)，回纥击败后突厥，斩杀其白眉可汗，传首长安。后突厥汗国灭亡，回纥便取代了其在大漠南北的地位。

天宝三载 (744) 正月，郭子仪的父亲郭敬之去世。按照当时的丧服制度，父母亡故，亲子要服孝三年 (实为二十七个月)。在任官员必须离职成服，归家守丧 (丁忧)。丧期结束，才能重新任职。天宝五载 (746) 夏天，郭子仪丁忧结束，官拜右金吾卫将军兼判单于哥都护，又返回北疆，这年四月，王忠嗣主动辞去朔方节度使之职，由张齐丘接任。天宝八载 (749) 三月，张齐丘在中受降城 (今内蒙古包头西) 西北五百里外的木剌山 (今内蒙古五原西北，阴山南麓)，利用故可敦城址设置横塞军，将安北都护府治所由中受降城移置于此处。郭子仪升任左武卫大将军兼安北副都护、横塞军使本军营田使。横塞军城更远在西受降城之北，处于阴山防线的最前沿。天宝九载 (750) 八月，张齐丘发放军粮不公，引起士卒怨愤并群起殴打了他身边的判官。当时郭子仪也在场，急忙将张齐丘挡在自己身后，才使他免遭殴辱。风波平息后，张齐丘被降职调离，由河西节度使安思顺兼任朔方节帅。天宝十载 (751) 正月，唐玄宗任命宰相李林甫遥领安北副大都护和朔方节度使，以户部侍郎张畎担任节度留后，坐镇理事。

这一年二月，深受唐玄宗宠信和李林甫扶持的范阳 (今北京西南)、平卢 (今辽宁朝阳) 节度使安禄山，又兼任河东镇帅，顿时权势熏天，炙手可热。天宝十一载 (752) 三月。朔方镇辖区内发生了一场动乱，当时，范阳节度使安禄山调集了二十万大军，准备讨伐契丹。安禄山奏请调朔方节度副使阿布思率同罗骑兵一起出征。阿布思与安禄山素来不和，担心其借机陷害，便请节度留后张畎上奏朝廷，不与安禄山同行。但被张畎拒绝。阿布思进退两难，一怒之下，率领他的部众打破粮仓和军械库，大肆抢掠后叛逃漠北。这一来，安禄山进攻契丹的计划只好暂停。九月，阿布思率领部众南下侵扰，围攻永清栅 (受降城西)，被守将张元轨率军击败，又窜归漠北。朔方镇发生动乱，遥领节度使的李林甫脸上无光，遂于四月下旬自请解职，举荐河西节帅安思顺接任朔方节帅和安北副大都护。安思顺到朔方镇任职后，针对阿布思叛乱后的军事形势，对阴山防线做了一些调整。先是于当年奏调河西节度使李光弼担任单于府副大都护。李光弼原是王忠嗣属下爱将，刚毅善战，治军威肃。安思顺对其很器重。随后经过勘查权衡，李光弼决定将横塞军移置于大同川之西。

自高宗中叶以后，边疆驻扎的军队不断增加，更由于招募丁壮充任长驻边兵，军需供应成为国家财政的一大负担。开元以前，每年供给边兵的衣粮之费，不超过两百万贯，自天宝以后，边将奏请增兵，每年支用衣料达一千两百万匹，军粮一百九十万斛，公私劳累，百姓困苦。为了减轻供军转输之费，唐朝与前朝一样，凡边防镇守军、州，都设置屯田，种植禾豆稻麻，增加军储。凡天下诸军、州所置屯田，依照土地的水陆肥瘠，每年的收成丰俭，分为三等，总计有九百九十屯。在盛唐时期的边塞战争中，朔方镇方面的局势相对平静，与东北和陇右地区相比，那种狼烟烽火、胡骑凭陵的大规模边警，较为稀少。但是，戍边将士胸怀忠君报国的一腔热忱，都是同样值得称颂的。千里边陲，秦汉故关，大漠落日，长河饮马，苍凉而雄浑。冬春苦寒，朔风吹雪马回步，战士铁衣凝霜冰。穷秋萧索，胡笳哀怨雁南飞，征人思乡空回首。就是在这样的漫漫屯防生活中，郭子仪历经艰辛磨砺，养成了善用骑兵，长于野战的军事指挥才能，铸就了宽厚持重的大将风度。

天宝十二载（753）冬天，安思顺以地偏土瘠，苦寒难耕为由，上奏朝廷设置天德军。唐玄宗准其奏请，并改横塞军为

郭子仪说服回纥反戈图

天德军，仍由郭子仪担任安北副都护兼天德军使。安思顺奏请设置天德军，其战略部署是以中受降城和东受降城连接振武军为朔方镇的左翼，以西受降城和丰州连接定远城为右臂，向南控制党项部落，向北防御回纥进犯。而天德军左右钩带。居中处要，成为阴山防线的指挥中心。天宝十四载（755），天德军城修筑完毕。其城"周回一十二里，高四丈，下阔一丈七尺，居大同川中，当北戎南进大路"。天宝十三载（754）春天，郭子仪又兼任丰州（今内蒙古五原西南）都督、西受降城使、朔方军右厢兵马使。此时的阴山防线东、西两翼，分别由郭子仪和李光弼负责防守。郭、李二人胸怀城府，富有韬略，深得镇帅安思顺器重信赖。这年四月，郭子仪的母亲、平原郡君周氏老夫人去世。他又遵从丧礼，离职归家，服孝守制。

在中国古代历史上，阴山之下的河套平原以及黄河之南的鄂尔多

斯高原，处于中原农耕地区与北方草原和西北地区的结合部，历来是北方或西北游牧民族与中原地区进行商业贸易或兵戎相争的重要场所，或是他们进入中原的门户，同时，也是中原王朝防御边患或控制北方与西北的重要前线。当回纥汗国取代后突厥汗国而称雄漠北后，其首领骨力裴罗受唐册封为"怀仁可汗"，在政治上与唐朝保持着和好贡使的关系，使唐朝北陲局势，又处于相对稳定状态。但是，由于朔方镇与西域地区在大漠东西形成呼应之势。而且，北对回纥的抚慰和防遏，必须以军事实力为后盾。边防之要在于练兵屯防，仍不容丝毫懈怠。所以，直到安禄山叛乱之前，阴山之下的重兵驻防部署，未曾改变。

郭子仪于代宗坐镇河中 (今山西永济) 时，亲耕百亩，为将士表率。他到阴山防线之前，已在定远城主持过营田事务。当他负责阴山西部防务期间，自然也是顺应农时，躬身垅亩，操持农器，与士卒同甘共苦。郭子仪于天宝年间一直在阴山防线任职，担负着抚慰诸蕃，保边卫国的重任。在这一时期，他的军事才能和政治才能都得到了全面的展示，在将士和蕃族中享有很高的声望。

第三章

安史之乱 临危受命退叛军

唐玄宗李隆基即位后，励精图治，整饬朝纲，休养生息，使得唐朝进入了又一个鼎盛时期。国家强盛富庶，百姓安居乐业，呈现出一派繁荣景象。然而，到了唐玄宗晚期，他便开始贪图安逸，得到杨贵妃之后，更是过着骄奢淫逸的帝王生活。李林甫和杨国忠当朝期间，朝政腐败，地方割据日甚，国势迅速倾颓，时刻酝酿着一场危机。终于，公元755年爆发了安史之乱。在这个关系着大唐命运的危急时刻，戍边宿将郭子仪临危受命，誓死捍卫大唐江山。

玄宗昏聩，危机四伏

唐玄宗李隆基早期的时候，任用贤臣，使得政治清明，百姓安居乐业，达到了唐朝的盛世时期。然而，到了晚年，唐玄宗便开始贪图安逸享乐，尤其是在得到了杨玉环之后，更是荒废朝政。此时的唐玄宗专宠杨贵妃，整日沉迷于酒色中，不理朝政，使得政治十分腐败。宰相李林甫同杨贵妃的哥哥杨国忠先后掌权，任人唯亲，无恶不作，使社会矛盾日益尖锐。在朝廷内部，盛世时期的景象早已经成为过去，转而是一派衰败的迹象。

在朝廷外部，由于唐玄宗的好大喜功，使得边疆的节度使开始大肆自行招募兵士，甚至还有的培植自己的私人武装。在唐朝的北部边疆色楞河一带，生活着回纥人，而在西部青藏高原一带，生活着吐蕃人，唐朝同边疆各族虽然也发生过战争，但友好相处和经济文化交流却是主要的。自高宗以来，唐朝在边疆上一直有重兵驻守。唐玄宗时，为了加强防御，在重要地区设立了十个军镇，每个军镇都设置一个节度使。由于长期的朝政荒废，当时边疆的十个节度使总兵力已经达到了四十九万，而唐朝中央禁军不过十二万人，形成了严重的外重内轻的局面。节度使起初只负责几个州或一个道的军事，后来兼管行政和财政，权力日益增大，由于边境离京城都非常远，所以朝廷对这些军队也是鞭长莫及。随着唐玄宗骄奢淫逸的生活和节度使权力的过大，

安史之乱 临危受命退叛军

终于给驻守北方边境，手握重兵的野心家安禄山、史思明等以可乘之机，并且最终导致了"安史之乱"。这对唐朝来说，几乎是一个致命的打击，从此以后，唐朝开始快速地走向衰败。

"安史之乱"的发起者，便是安禄山和史思明。安禄山和史思明都出生在少数民族部落。安禄山本姓康，名叫轧荦山。他是营州的胡人，母亲阿史德氏曾作过女巫师，后随丈夫来到了突厥部落，不久便生下了一个儿子。阿史德氏便以附近的一座山的名——轧荦山来给儿子起名。不久安禄山的生父不幸死去，他的母亲便再嫁给了突厥的一个小头目安延偃，轧荦山便继父姓安改名叫禄山。

史思明也是营州的胡人，比安禄山出生早一天，两人都以勇猛好斗闻名四邻八乡。他的父母也像安禄山的父母那样，在突厥部落生活，所以，两人从小玩到大，经常一起嬉戏玩耍，一起去干偷鸡摸狗的事情。安禄山十多岁时，部落流散，跟着安延偃的侄儿安思顺等人逃出突厥，辗转来到幽州 (今北京西南)。在流荡生活中长大的安禄山，奸诈狡猾，性情残忍，善于察言观色，揣摸别人意图。由于从小混迹于多民族杂居地区，安禄山通晓六种民族语言，当上了互市牙郎 (翻译兼经纪人)。

开元初年，安延偃带安禄山投归了唐朝，在幽州节度使张守珪的部队里做事。唐将张守珪任命安禄山为搜捕官，命他带兵出塞巡逻。而安禄山也确实能干，每次出塞都能生擒数名契丹士兵。张守珪见他作战勇敢又有智谋，就把他收为养子，并推荐给朝廷。这时朝廷由宰相李林甫专权，安禄山便大肆贿赂他。李林甫嫉恨儒臣因战功提升，对自己不利，便劝唐玄宗说："文官出任统帅，对真正的战争往往会束手无策，不如重用贫寒出身的蛮族。这些人打仗勇敢，又不会结党营私，陛下只要以恩相待，他们都会忠心为朝廷效劳的。"后来，唐玄宗出于某些原因，同意了李林甫的建议。随后，唐玄宗便开始大批启用番将，并对安禄山更加宠信。

说到张守珪，其实他还是非常有能力的将官。他是开元年间的边疆宿将，其人骑射超群，仪表壮伟，性情慷慨，崇尚节义。他曾转战于陇右、北庭等地，在与吐蕃、突厥作战中，智勇双全，屡建战功。开元十八年 (730)，契丹部落内乱，牙将可突干杀其头领，又胁迫奚部落叛降突厥。唐军连年征讨，先胜而后败，幽州道副总管郭英杰战死沙场，局势对唐军极为不利。开元二十一年 (733)，平日里惯作偷鸡摸狗无赖勾当的安禄山，因盗羊事发被捕，张守珪下令将其乱棒打死。安禄山临刑大叫："大人不想灭掉奚和契丹吗？为何要杀我！"张守珪看这安禄山身高体胖，言语豪壮，一副剽悍之相，便免其死罪，让他和史思明一起充当捉生将，为自己效力，将功赎过。到了开元二十二年 (734)，唐朝廷任命张守珪为幽州节度使，并对他寄予厚望。这年六月，张守珪出兵大破契丹。面对唐军的猛烈攻势，突厥又故技重施，到了十二月，可突干诈降以行缓兵之计，后来这个伎俩被张守珪识破，遂使用反间计，斩契丹王屈烈和可突干，传首东都洛阳。从此以后，张守珪备受朝廷重用，并且屡立战功。其实，这安禄山被重用也是形势所致。当张守

李隆基像

珪受命为幽州节度使的时候，军情十分危急，正是用人之时，而且张守珪手中也没有多少可用之人。而此时张守珪了解到安禄山骁勇过人，加上熟悉山川地形，并且对奚和契丹的内情也是十分了解。有一次他只带几名骑兵就擒获了数十名契丹人，这些战绩让张守珪感到惊奇，并且认为他是可塑之才。随后，又因为安禄山常能以少胜多，战功不断，所以深得张守珪赏识，很快就被提拔为偏将，并收为养子。在随后不到三年的时间里，安禄山便升任平卢讨击使、左骁卫将军 (从三品)。这个晋升的速度在当时来说已经是非常快了。

开元十四年 (736)，安禄山奉命出击奚和契丹。由于前几次的胜利，安禄山开始骄横跋扈，不把这些番族放在眼里。在出战的时候，他没有经过仔细的侦查，便恃勇轻敌，贸然进兵，最后中了敌军的埋伏，损失惨重。由于在出战之前，他已经立下军令状，所以按照军法当斩。但是，这次的战事失利，已经使得唐军陷入了困境，朝中也无可用之将。又因为张守珪爱其武勇，不忍下手，所以就派人将安禄山押送到东京洛阳，推给朝廷处理。宰相张九龄批复："春秋时齐景公的大将司马穰苴为号令三军，杀了显贵骄横的监军庄贾；吴国的将军孙武为演练兵法，杀了不听军令的后宫宠姬。张守珪已经下过军令，安禄山不能免除死罪。"但是，也有朝臣认为当时正是用人之际，可以让安禄山戴罪立功，如果再有失利，再一并处罚。后来，唐玄宗见过安禄山后，也像张守珪一样，惜其体形魁壮，相貌威猛，不忍处以极刑。对于皇帝的特赦决定，张九龄据理相争："安禄山兵败丧师，按照军法应当斩首。臣观其面貌，乃是一副反相。若是今日不杀，将来必成大患。"然而，此时的唐玄宗也是贪大好功，想效法先帝，有所功绩，于是，在听到张九龄的谏言之后，心中非常的不痛快，说："你可不要像晋朝的王夷甫遇见石勒那样，随便臆断安禄山难以控制。"这次安禄山幸免于死，被撤掉官职，以"白衣将领"效命军中，立功赎罪。有了这次的教训之后，安禄山在以后的行事当中，非常谨慎，这也为他后来再次被重用打下了基础。

安禄山战败后，张守珪又少了一只臂膀，所以面对当时复杂的形势，他也是感到非常的棘手。其后的几年里，他很少用兵，只是坚守城池。他属下的一些将领十分好战，并且也想借战争建功立业。但是，他们的多次请战都被张守珪拒绝。到了开元二十七年 (739)，有一天，张守珪属下将领假传命令，发兵进攻奚族部落，结果遭到惨败。后来，张守珪得知此事，非常恐慌，唯恐朝廷问罪，于是就没有追究属下将领的责任，并且隐瞒真情，谎报获胜。事后又贿赂奉命核查的宦官，继续蒙骗朝廷，但是后来被知情者告发，贬官为括州 (今浙江丽水) 刺史，到任后他依然是惶惶不可终日，由于经常处在这样的高度紧张之下，所以没过不久，便毒火攻心，背发毒疮而死。开元二十八年 (740)，边疆的局势又开始恶化，在这个时候，唐玄宗又想到了安禄山，随后又重新起用他，并任命安禄山为平卢镇兵马使。安禄山惯于投机取巧，巴结上司，讨好左右，因而有不少人替他摆功捧场。凡是皇帝左右的人来到平卢视察，安禄山都以重金贿买交结。御史中丞张利贞为河北道采访使，来到平卢，安禄山殷勤献媚，极力巴结，对张利贞身边随员，皆赠以厚礼。张利贞回朝后，对安禄山大加赞扬。安禄山因此被提升为营州都督、平卢军使、兼两番 (奚、契丹) 渤海黑水四府经略使。天宝元年 (742)，又被任命为平卢节度使，这一路的升迁，可谓是平步青云。天宝二年 (743) 正月，安禄山奉命进京。唐玄宗对其特加宠幸，并且给他特权可以随时入宫晋见。朝见皇帝时，安禄山煞有介事地报告说：“去年秋天，营州发生蝗灾，危害庄稼。臣焚香祷告上天说：‘我若操心不正，事君不忠，愿让蝗虫吃我的心。我若没有辜负天地神明，祈请上天显灵，赶走蝗虫。’臣祷告刚毕，只见一群红头青鸟从北方飞来，顷刻之间就把蝗虫吃光了。臣请求把这件事记录下来交付史官。”安禄山这番话，极尽撒谎编造，阿谀献媚之能事，将他的那种善于钻营取巧的嘴脸全部展露出来了。但是，年近花甲，还陶醉在盛世之中的唐玄宗，听到安禄山的这一派胡言乱语，不但没有斥责，反而是满心欢喜，夸奖安禄山忠诚直率，并且予以重赏，加授骠骑大将军 (武散官从一品)。这个时候，朝中也多是奸佞当道，人人都是想讨好玄宗，也图升官，再加上朝中很多人都接受过安禄山的好处，所以都是积极逢迎。这样一来，安禄山就更加受宠。天宝三载 (744) 三月，安禄山又兼任范阳节度使。原范阳节度使裴宽入朝任户部尚书。礼部尚书席建侯担任河北道黜陟使，受安禄山贿赂交结，在奏章中极力称赞其公直无私，严正奉法。裴宽和宰相李林甫也迎合唐玄宗的心意，赞美安禄山。这三个人都是玄宗信任的大臣，安禄山由是更受

安史之乱 临危受命退叛军

皇帝喜爱，地位越发稳固。

　　然而，权欲极强的安禄山在这么多年的苦心经营下，逐渐看出来朝廷中的为官之道。他深知要想获得更高的权力和地位，就要笼络这些朝中大臣，而笼络最好的办法就是贿赂，就是投其所好。所以，当他已经有了炙手可热的权力之后，他更是显得恃宠而骄。后来，为了以功邀赏，巩固宠信，安禄山多次出兵，袭击已经归降的同罗、奚、契丹部落，任意杀戮，并且告捷于朝廷。结果，奚和契丹都杀掉朝廷的"和亲"公主而反叛。安禄山又以此为由，出兵讨伐，残酷镇压。安禄山做着危害国家社稷的事，反而受到了唐玄宗的信任，并且一再的封赏授爵。可以想象，当时的唐玄宗已经是多么的昏聩无能。边疆难得的相对稳定都被安禄山打破，一时间很多番族都恐怕在归降唐军后还会遭到杀戮，所以，都联合起来与唐军对抗，使得唐朝处在四面受敌的状态之中。天宝四载 (745)，安禄山再次进京，向玄宗表白说："臣生长于蛮夷之地，蒙受皇恩，荣宠备至，心中常感惭愧。臣愚蠢不足胜任，只有献身许国，才能报答陛下的恩情。"唐玄宗听了没有立即夸奖，但心里非常满意。当时，正好皇太子 (李亨) 进殿来陪侍，唐玄宗让安禄山拜见太子。安禄山居然不肯跪拜，并问左右内监："太子是什么官？"唐玄宗解释说："朕百年之后，由他来继承皇位。"安禄山这才谢罪道："臣愚钝不懂朝廷礼仪，一直只知道有陛下，不晓得还有皇太子。臣罪该万死！"然后叩拜太子。安禄山装痴卖傻，唐玄宗却看作诚实可爱，又是夸奖，又是赐宴。这年冬天，安禄山上奏称："臣征讨契丹，途经北平郡 (今河北卢龙)，梦见前朝名将李靖、李劫求讨食物，便为之立庙。献祭的那天，神室梁上生出灵芝，一株十茎，形状如珊瑚盘叠，灵芝是吉祥征兆，预示着人神相协，镇服蛮夷。臣伏请将此事宣付史馆记载，以彰扬神明幽赞之功。"这一欺君罔上的伎俩，与上次的"飞鸟食虫"，如出一辙，并且和上次一样，唐玄宗听后也是非常欢喜，更加宠爱这位番将。天宝六载 (747)，安禄山又兼御史大夫之职，握有纠举地方州县长官的监察权力。天宝七载 (748)，玄宗封安禄山为柳城郡开国公，赏赐食封三百户，并赐给享有特权的铁券。天宝九载（750）五月，安禄山又受封为东平郡王。这是唐朝将帅封王的开端。夫荣妻贵，安禄山的两位夫人康氏、段氏也受封为国夫人（一品命妇），安禄山的十一个儿子，都是唐玄宗御赐名字。

　　其实，安禄山表面看来性格开朗，忠厚老实，内心却十分狡诈。当他触及唐朝政权的核心后，便开始大行韬晦之计。当时杨贵妃得到皇帝的宠幸，安禄山即请求做贵妃的养子，皇帝同意了。他叩拜时，必先叩拜贵妃后叩拜皇帝，皇帝对此感到奇怪，他回答说："番人是先母后父。"唐玄宗听后非常高兴，对安禄山更加宠爱。看到皇帝如此相信自己，安禄山的不臣之心更加迫切，他安排亲信在长安探听消息，却每年向唐玄宗进贡表示自己人臣之意。随着对皇帝性格的熟悉，安禄山越来越讨玄宗欢心。晚年的安禄山身体更加肥胖，腹部的赘肉松弛到膝盖，两只臂膊用力拉牵着腹部才能行走，可在皇帝面前跳起《胡旋舞》，仍然迅疾如风。皇帝看着他的腹部说："胡儿腹中有何物而这样大？"安禄山说："唯有一片赤心！"玄宗于是为他的赤诚所深深感动。每年八月五日，是唐玄宗的生日——天长节。天宝九载（750），安禄山为表忠孝，进献山石功德、幡花香炉等贡物。唐玄宗崇信道教。安禄山又特意进献一套三十六件的玉石天尊，雕刻细致，工艺精湛。在唐玄宗眼中，安禄山镇守北疆，"声威振于绝漠，捍御比于长城"，既有战必克的武略，又有腹怀"赤心"的纯诚，因此重用而不疑。安禄山一面在朝廷之上巧言奉承，一面以抵抗蛮族南下为名修筑雄武城，扩充兵士，积聚粮食，储备大量武器；同时他还暗中派遣胡商到各地经商，每年坐收百万之利，采购大量叛乱物资，随时准备谋反。

　　然而，面对危机四伏的形势，这时已经是沉迷于骄奢淫逸当中的唐玄宗已经没有丝毫的斗志，他一心做着自己的盛世梦，丝毫没有察觉到安禄山的狼子野心，并且没有做任何的防备。

安史之乱　临危受命退叛军

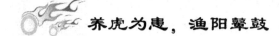

养虎为患，渔阳鼙鼓

唐玄宗做梦都没有想到，他百般宠爱安禄山竟然会成为他最大的祸患。他完全被安禄山的假象所迷惑，最终导致了安史之乱的爆发。

唐玄宗不知道，安禄山自小就受女巫母亲熏陶和影响，虽然投奔唐朝谋得官职，但是他的蛮夷的凶残狡诈的本性并没有发生多大变化。后来，安禄山曾任"互市牙郎"，已经显露出他是一个贪婪财利之徒。然而，在这个过程中，他渐渐掌握了唐朝汉人的为官之道，所以他很快就成了唐朝的重臣，等到他大权在握的时候，他的野心和本性就暴露无遗。面对这样的一个有狼子野心的番将，唐玄宗却丝毫没有警惕和防范之心，这些使得安禄山更加肆无忌惮，私自扩张私人武装，培植忠心于自己的将领。随着他的势力的不断扩大，此时的唐玄宗要想控制安禄山，已是鞭长莫及了。

其实，自隋朝至唐朝玄宗时期，东北地区先后内附的番族部落，有奚、契丹、靺鞨、室韦、突厥、新罗、降胡等。唐王朝为安置这些部落而设的羁縻府州，散处于燕山内外的营 (今辽宁朝阳)、幽 (今北京西南) 等州境内。由于这些部落逐渐内 (南) 迁，于是就使当地的居民比例，呈现番多汉少的现状。这些番族部落的酋长往往都是财力雄厚，并且很多部落首领的部众已有数千甚至上万。说是唐军对这些降服的部落的管制，其实就是一种监视，而没有实际意义上的管理。一且这些部落里发生什么事，随时都有可能引起战事。突厥部落的反复叛乱就是一个很有力的证明。同时，游牧族类是以恒定的畜牧业为其经济生活的主要支柱，兴盛败落以羊马数量为准则。他们视农耕为贱业，让俘掠的汉人和奴婢去从事。其婚姻以羊马为聘礼。妇女婚后即等同于财物和家内奴婢。男方一旦买得妻妾，便不许其转嫁别家，因而重婚制盛行。游牧族类另有传统的季节性狩猎活动，弓箭长刀是男子不离身的伴侣，养成了尚武好战，以劫掠为荣的民族习俗，男子皆踊跃乐战，崇重兵死而轻视病终。在突厥汗国强盛时期，其商贸活动，主要由臣服的昭武九姓胡（粟特人）垄断经营。这些"胡商"善于经商理财，争校分铢之利。故利之所在，无所不至。

到了唐玄宗时期，随着国内经济势力的增长，唐玄宗在好大喜功心理的驱使下，除了纵情享乐之外，还有效仿先祖的开拓疆域的强烈欲望，并且还想在对外战争上大立声威。在这样的心理作用下，他不断增加边境驻军，扩大军费开支。为了对付突厥、吐蕃、契丹等的骚扰，巩固边防要地，就在边境设置节度使，部署兵力，长期驻守。事实上，从唐朝建立到灭亡，一直都有大量的番族将领。有李光弼（契丹人）、哥舒翰（突骑施人）等人，他们汉化程度较高，可谓是"形夷而华心"。但安禄山则不然。安禄山在得到唐玄宗重用之后，羽翼丰满，便骄横轻狂。曾数次入京朝见，皆受到隆礼招待，受赐宽敞豪华的宅第、锦绣服饰、珍宝器物，频繁的赐宴娱乐更不待说。这些炫目的财富，以及两京的繁华景物，宏伟的皇宫，后宫如云的嫔妃佳丽，更有皇帝至高无上的威仪权势，都极大地刺激着安禄山的贪婪欲望，促使他铤而走险，图谋取而代之。适遇心腹幕僚中汉族文人高尚之流，日夜解说帝王"受命于天"的图符预言，备受诱惑之下，便萌生出叛逆之心。恰恰就是在这一关键问题上，唐玄宗疏于筹划，失于防范，一味优养笼络，养虎遗患，最终酿成了大祸。

不仅如此，到了唐玄宗后期，唐玄宗李隆基骄侈心压倒求治心，初期励精图治的精神没有了，只想纵情享乐。而且恩神佞道，企慕长生。他将朝中事务"委以宰臣"，边疆军戎"付之边将"，深居内宫，纵情享乐。自以为是"太平天子"，特别是在得到杨贵妃后，他便开始过上了"春宵苦短日高起，从此君王不早朝"的淫逸堕落的生活，整日沉迷于《霓裳羽衣曲》的歌舞声中。而且为了自己可以纵情享乐，他罢免了很多敢于直言诤谏的大臣，重用奸猾的宰相李林甫。李林甫摸透了唐玄宗的心理，一切顺从旨意。唐玄宗也就把处理朝政的大权交给了李林甫。李林甫妒贤嫉能，排斥异己。凡是有才能的官员，他都设计除去，而被他重用的多为奸佞之徒。为了不让唐玄宗知道外面发生的事情，更好地讨好皇上，李林甫买通了皇帝身边的人。从此以后，朝政几乎都被李林甫一人把持，朝廷上下都是根据他的喜好来任命官员。他还经常告诫谏官员说："现在明主在上，群臣专心顺从就成，用不着多说话，你们见过朝会时仪仗队里的马匹么？它吃的是三品食料，鸣一声便斥去不再用，后悔哪里还来得及。后来杜琎因上书言事，第二天就被贬为下部令，从此谁也不敢再进谏言了。朝政的腐败更加严重，社会的矛盾也日益加重。然而，在李林甫的消息封锁下，竟然没有一个人敢于向玄宗奏报事情。李林甫病逝后，杨贵妃的堂兄杨国忠当了宰相。由于杨国忠以前就是个纨绔子弟，不务正业，但是，他和李林甫一样，也善于迎合上意，只是胆子比李林甫更大，和李林甫当朝时期相比，有过之而无不及。在杨国忠当朝期间，他精于搜刮民财，充实官库，因此取得信任。他除做宰相外，还兼领四十余职，整天发号施令，胡乱处理政事。因此，国家政治日趋腐败，各种社会矛盾也愈来愈尖锐。然而，对于这些日益尖锐的矛盾和冲突，以及这些矛盾背后隐藏的危机，唐玄宗竟然全然不知，而是依然沉醉在当初的盛世之中。

早在天宝八载 (749)，李林甫奏请停止使用折冲府上下鱼书 (由中央控制的发兵信物)，节度使开始据有自行发兵之权了。他重用边将，重赏边功。当时边将的提拔和使用与他对边功实行重赏厚奖政策是分不开的。在这样的一些政策下，很多的奸猾贪婪的人，故意在边防驻地生事，挑起战乱，并且趁机进攻那些降附的番族部落，以此来邀功请赏。更有甚者，很多的边将竟然假冒军功，以求进用。在当时复杂的边境局势下，很多的将领就因此青云直上，当上了一方的边帅。在唐初以前实行的是府兵制，平时，府兵大部分人从事农耕，小部分人轮番到京师宿卫或戍边。战时，朝廷任命将帅率兵出战，战事结束，兵散归府，将帅归朝，将帅不可能拥兵培养自己的势力。后来府兵制逐渐被破坏，唐玄宗就改府兵制为募兵制，兵农分离，"兵"成为一种专门的职业。这就造成了将和兵的结合。军费开支也比开元年间增加了五倍。唐玄宗不断扩大节度使的权力。节度使的权力本来就很大，一般都管辖几个州，不仅据有兵权，而且拥有地方上的民政、财政大权。他们还可以组织军队在边境广开屯田，自筹军粮，还有权调集当地的租赋以供军需。此外，节度使还有权直接任命自己属下的官吏和自行招募军队。天宝九载 (750) 八月，唐玄宗任命安禄山兼任河北道采访处置使。又赐封东平郡王。这是唐代将帅中第一个得到封王殊荣的人。天宝十载 (751) 二月，安禄山奏请兼任河东 (今山西太原) 节度使，唐玄宗竟然也毫不犹豫的批准，至此，安禄山一人兼统三镇，统领兵马多达十八万三千五百人，战马两万六千匹，占到全国边防镇兵总数的37%，战马总数的33%。从此，安禄山一身而统三镇，又兼河北道采访处置使，犒赏、财赋、官吏任免，皆由他垄断专制，其势力迅速增长，成为权倾一时的边帅。

天宝十一载 (752)，安禄山企图借出兵征讨契丹之机，兼并朔方节度副使阿布思麾下的数万名同罗骑兵。结果导致阿布思叛走漠北。不久阿布思被回纥打败。安禄山最终还是招诱收编了这支同罗骑兵。从此，他手下的精兵，非其他军镇可以相比。安禄山挑选了八千名同罗、奚和契丹族"曳落河" (壮士)，养为义子。他还厚养了百余名家奴，个个骁勇善战，以一当百。天宝十三载 (754) 正月，安禄山入朝，请求兼任闲厩使、群牧使，唐玄宗还是毫不犹豫批准了他的奏请。随后，安禄山看到自己如此受到唐玄宗的信任，权力欲望还在继续膨胀，后来又请求兼任群牧总监，唐玄宗也予以批准。为了笼络朝臣，安禄山又奏请以御史中丞吉温为兵部侍郎，充任闲厩副使。吉温其人阴险刻毒，唯利是图，与安禄山相互"约为兄弟"。安禄山让吉温暗中派亲信挑选了几千匹健壮马匹，分开饲养。天宝年间的十镇节度使，享有自行招募士卒，筹集军赋，任命幕府属吏等权力。安禄山在身幕三镇的同时，仍然积极扩充实力。他在范阳北面的雄武城 (今河北兴隆) 以御寇为名，畜养了数万匹精壮战马和五万余头牛羊，储存了大量的武器和军粮。为了积聚更多的钱财，安禄山分派手下"商胡"到各地从事贸易贩运，每年输送到范阳的珍宝货物，价值数百万缗钱。同年二月下旬，安禄山又上奏道："臣所率将士讨伐奚、契丹、九姓胡、同罗等部落，功勋卓著，乞请陛下打破常规给予封官赏赐，并请朝廷写好告身 (委任状)，让臣在军中及时授予立功者。"自古以来，不管皇帝如何昏庸，也没有这样的先例。将这样的权力交给大臣，必将会造成朝纲混乱，皇威无存。然而，此时的唐玄宗早已被这骄奢淫逸的生活掏空了心智，全然没有了思想。再加上平日里无人敢惹安禄山，当时除了杨国忠已经无人敢说安禄山了，所以这一荒诞的奏议最终还是被批准了。有了这样的特权之后，在他起兵叛乱之前，安禄山在军中任命的将军就有五百多人，中郎将有两千多人。

不仅如此，安禄山还笼络其他将士。当时每当有"商胡"来到范阳晋见安禄山的时候，安禄山便身着胡服，坐于重床之上，点燃熏香，摆列珍宝，两旁站立百余名胡族卫士，群胡在堂下罗拜舞蹈，向天神求福。同时盛陈牛羊祭品，巫者击鼓，载歌载舞，一直热闹到傍晚方散。俨然是一副部落酋帅的派头。安禄山还派"商胡"秘密地购买罗帛，大量制作五品以上朝官穿戴佩用的绯、紫色衣袍，金、银鱼袋、腰带等，准备用来奖赏部下。经过多年的经营，在安史之乱爆发前，安禄山幕下已经罗致聚拢着大批的战将谋臣。张通儒、李廷望、平洌、李史鱼、独孤问俗等人为幕僚；高尚掌管奏记，严庄主管簿书；安守忠、李归仁、蔡希德、牛庭蚧、向润容、崔乾祐、尹子奇、何千年、武令珣、能元皓、田乾真、安太清、阿史那承庆、孙孝哲、高邈、李钦凑、李立节、田承嗣、史思明等人为统兵将领。

安史之乱爆发前，唐朝已多年未发生过战争，兵无斗志，军备空虚，尤其是很多名城要塞都没有设防。在这种情况下，野心勃勃的安禄山认为谋反篡权的时机已经到来，只是感觉唐玄宗皇帝待他不薄，觉得师出无名，所以打算在唐玄宗死后再起兵谋反。不料主持朝政的杨国忠觉察出了安禄山的狼子野心，屡次向皇帝上奏，要提防安禄山。杨国忠的耳边风使得唐玄宗皇帝逐渐起了疑心，但也加速了安禄山谋反的进程。安禄山从京城回到范阳后，余悸未消。每当朝廷有使者来，他总是称病不出来迎接。在内衙会见使者时，有铁甲士卒前后护卫，戒备严密。天宝十四载（755）六月，给事中裴士淹奉命宣慰河北，来到范阳，等候了二十多天，才由武士引入见到安禄山。相见时，安禄山完全不行臣下礼节，裴士淹心中恐惧，宣旨后急忙告退。随后，他与严庄、高尚、阿史那承庆等人日夜密谋，其他将领都不知内情，由于事出突然，众将惊愕相顾，无人敢言。自八月以来，安禄山多次犒赏士卒，秣马厉兵，准备作战。十一月六日，安禄山大设酒宴，召集众将，授予每人一张从范阳至东都洛阳的要冲图，以及许多金宝绢帛。

唐天宝十四载（755）十一月初九，安禄山以"奉密旨讨杨国忠"为名，在第二天早晨，于蓟城之南检阅誓师，召集了兵马十五万人，号称二十万，从范阳起兵，长驱南下，势如破竹，"安史之乱"正式爆发。沿途各地方官看到连绵几十里的叛军队伍，有的弃城逃跑，有的开门迎接。安禄山的叛军一路上基本没有遇到什么抵抗，很快就渡过了黄河，占领荥阳（今河南荥阳）。安禄山的后方部署，是以范阳节度副使贾循和平卢副使吕知诲为留守；以别将高秀岩守大同军（今山西朔州东)，防备太原和朔方两方面的唐军。安禄山虽然身兼河东节度使之职，但毕竟不是其巢穴所在，且兼职时间不长，所以河东镇兵不为其用。因此，安禄山在是月初，就派其将领何千年、高邈率领奚族精

骑 20 人，以献射生手为名，前往太原，劫持了河东副留守杨光翙。天宝十四载（755）十一月十日，杨光翙被劫持后，太原方面立即向朝廷报告。东受降城（今内蒙古托克托南）驻军也送来急报。但是，正在骊山华清宫避寒的唐玄宗，却认为此乃忌恨安禄山的人故意捏造，不相信真有其事。十五日，来自河北方面的奏报，证实了安禄山反叛的消息，唐玄宗这才召集宰相商议对策。杨国忠自以为有先见之明，满脸得意之色，大言叛乱不日便会平定。其余大臣惊愕失色，无言以对。唐玄宗心中明白内地无兵可用，只好先派特进毕思琛赴洛阳，金吾将军程千里赴河东安邑（今山西运城东北），各自招募几万人，就地组织训练，准备御敌。第三天，安西节度使封常清入朝奏事，自请赴洛阳阻挡叛军。封常清是西北边防军的一员猛将，玄宗大为高兴，立即任命他为范阳节度使兼平卢节度使。封常清席不暇暖，衔命出发，紧急赶赴洛阳，招募军队，组织守备，并拆断了洛阳北面的河阳桥，以利用黄河来加强防御。十一月十九日，安禄山到达博陵（今河北定县）城南。何千年与高邈一行押着杨光翙，也赶到此地。安禄山责骂其依附杨国忠，下令斩首示众，并传檄军中："杨光翙已被擒处斩，杨国忠也难活多久！"

　　安禄山以张献诚代理博陵太守，派其养子奚人安忠志率精兵前往土门（井陉口）驻守，防御太原方面的唐军。叛军兵临藁城（今河北藁城），常山（今河北正定）太守颜杲卿自知兵少难以拒敌，就与长史袁履谦出城去迎接安禄山。安禄山赏给颜杲卿紫衣袍和金鱼袋，带走他的子弟作为人质，仍让他守常山。又增派部将李钦凑率数千士兵去防守井陉口。颜杲卿在回城路上，指着紫衣袍和金鱼袋说："我为何要穿这件衣服呢？"袁履谦领悟其意，点头称是。两人遂暗中谋划起兵抗贼大计。然而，由于唐朝中央军队长年没有参与战事，战斗力很差，根本就没有能力和安禄山的军队抗衡。颜杲卿起兵才八日，各项守备工作都还没有完成，史思明、蔡希德的大军就包围了常山。颜杲卿率领军民昼夜苦战，终因粮尽援绝，城陷被俘，被安禄山惨杀于洛阳。河北大部郡县又为叛军所有。颜杲卿举兵虽然失败，但他的壮举给河北人民以很大的鼓舞。饶阳太守卢全诚，率领军民以一孤城吸引史思明、蔡希德的数万兵力。顽强地固守饶阳 (今河北深州市西南)，各地百姓也自发地组织起来，纷纷结堡自守，而在河北东南地区的平原太守颜真卿，更是声势日增。当颜杲卿在常山举兵抗击叛军时，郭子仪正率军围攻云中，一时难以分兵出关。而在这时，唐玄宗命他撤回朔方，再发兵进攻东都洛阳；另选良将一人，分兵先出井陉，平定河北。

面对这样突如其来的兵变，还沉浸在骄奢淫逸的生活当中的唐玄宗顿时惊醒了。但是，他怎么也没有想到，自己如此宠爱的一个臣子竟然会造反。面对这样危急的形势，唐玄宗早已乱了方寸，只是急忙派安西节度使封常清到洛阳募兵抵御叛军，又命右羽林大将军高仙芝率领禁兵和临时招募的新兵共五万人屯驻陕州。封常清匆忙赶到东都洛阳，拆毁洛阳北面的黄河要津河附桥，部署洛阳的防御。封常清足智多谋，高仙芝能征惯战，然而他们率领的都是临时招募的士兵，而且多半是市井之徒，又没有经过严格训练，战斗力很差，根本无法和安禄山的军队相抗衡。十二月，安禄山即击败封常清，进入洛阳，并挥军西向。高仙芝与封常清被迫率兵退守潼关，然而，在这危急时刻唐玄宗竟然又听信宦官之言，下旨诛杀了封常清、高仙芝二将。随后安禄山在洛阳称帝，国号"大燕"。叛军势如破竹，攻势异常凶猛，这让唐玄宗毫无还手之力。安禄山随即挥军西进，直指唐都长安。此时的杨国忠为了保住自己的荣华富贵，便急忙上奏给唐玄宗，让带病在身的老将哥舒翰，率兵八万，加上封常清、高仙芝二将的旧部，号称二十万，镇守潼关。

由于唐玄宗重用番将，当时很多的中央军的将士却得不到重用，使得将士们心灰意冷，此时的唐王朝几乎没有可用的将士。在这紧要关头，郭子仪被任命为朔方 (今内蒙古乌拉特旗东) 节度使，率本部兵马讨伐叛军。可以说这也是唐王朝最后的一丝希望。安史之乱给日益腐朽的唐王朝以致命的打击，然而，即使在这生死存亡的关头，唐玄宗还是没有真正警醒。

安史之乱　临危受命退叛军

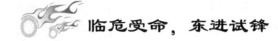

临危受命，东进试锋

安史之乱爆发初期，由于唐军毫无防备，所以，在开始的一段时间里，唐军节节败退。安禄山起兵之后，长驱南下，月余时间便攻占洛阳，控制了河北、河南大片土地。唐朝京城方面，守备空虚，各地的勤王之师尚未到达，关中人心惶惶，不得安宁。随后封常清、高仙芝被斩，使得唐军形势更加严峻。情急之下，唐玄宗又起用老将哥舒翰。而此时的河西、陇右节度使哥舒翰因风疾卧病京城家中，唐玄宗以其素有威名，而且早就与安禄山不和，下诏任命他代替高仙芝为兵马副元帅。哥舒翰坚辞不受，但难抗君命，只得抱病赴潼关镇守。守关唐军包括有各地勤王之师、河西、陇右诸蕃部落兵以及高仙芝旧部，号称二十万。哥舒翰因病不能亲躬军务，由行军司马田良丘代理。田良丘不敢一人专决大事，分别让将领王思礼统领骑兵，李承光统领步兵。王、李二人争权不和，军令无法统一。哥舒翰向来治军严厉，不能体恤士卒，潼关守军纪律松弛，士气低落。

洛阳失陷后，唐玄宗非常惊恐。而此时的安禄山，终于等来了他梦寐以求的机会。当他进入洛阳城后，就被洛阳城的豪华宫殿所吸引。于是，在天宝十五载 (756) 正月初一，安禄山预先派人组织洛阳耆老、僧人和道士，搞了一场"劝进"闹剧之后，登基自称大燕皇帝，改年号为"圣武"，任命降官达奚珣为侍中，张通儒为中书令，高尚、严庄为中书侍郎，组织起了伪朝廷。幸亏安禄山在洛阳忙着准备登基称帝，没有急攻潼关，遂使唐朝廷获得短暂而宝贵的调兵时间。

叛军攻陷洛阳时，正逢天降大雪。相传当时有首歌谣："燕燕飞上天，天上女儿铺白毡，毡上一贯钱。"后人解释其意为安禄山的大燕皇帝只能当1000天。足见叛乱祸害百姓，不得民心。由于安禄山嗜血成性，杀人如麻，当他攻入洛阳城的时候，就大肆烧杀抢掠。后来，叛军的烧杀抢掠，终于激起地方官吏和人民群众的强烈反抗。当朝廷军队节节败退的时候，中原广大官民，在极其严酷的环境下，自发地汇集起来，和安禄山的势力进行了艰苦而顽强的抗击。常山太守颜杲卿继堂弟平原太守颜真卿之后起兵河北，传檄各郡，声言朔方大军已攻下井陉，早晚就要平定河北各郡。并说先归顺的有赏，后投降的诛杀。于是河北十七郡相继响应，纷纷起来杀死叛军守将，切断安禄山军队的前后方联系。安禄山叛军所能直接控制的，只有河北北部的范阳、卢龙、密云、渔阳和南部的汲、邺等六郡而已。常山向为河北重镇，北控燕、蓟，南通河、洛，西有井陉之险，既是安禄山叛军南北通道的咽喉，又当唐军出井陉、下河北的要冲。常山等十七郡反，一旦朔方军出井陉入河北，安禄山的归路就被阻绝，在河南的大军与范阳的联系就会中断。而且安禄山留在范阳的兵力不多，老巢就有倾覆的危险。总之，常山等郡的举兵，给安禄山以沉重的打击，有力地牵制了他在河南的军事行动。当时，安禄山正率大军西进，准备进攻潼关，行至新安 (今河南新安)，闻河北有变，便立即撤回洛阳，命平卢兵马使史思明、大将李立节率兵万人由范阳南下，进攻博陵、常山，命大将蔡希德率兵万人从河内 (今河南沁阳) 北上，夹攻常山。

安禄山叛变和叛军如破竹之势长驱南下，唐玄宗一时不明就里，显得十分恐慌。由于他常年不理朝政，对朝政之事已经很生疏，并且他太过于重视番将，这样就使得能够打仗的部队都在边境各镇，京城空虚，一时间无兵可用。而此时的唐玄宗早已没有了当初的帝王风范。在这样的形势下，他只得一面下令招募军队临时应付，一面派使者到朔方、河西、陇右，令各镇只留少量城堡戍兵，其余部队全部内调勤王，又提拔朔方右厢兵马使，九原太守郭子仪为卫尉卿、灵武太守、朔方节度使，并且命其率领朔方军东进，讨伐安禄山。

其实，唐玄宗在天宝十四载（755）十二月七日的时候，就已经下令朔方、河西、陇右各镇，留下一部分兵力驻守防地城堡，其余兵马由节度使亲自率领，二十天内赶到京城集结。十六日，唐玄宗又任命皇子永王（李璘）为山南道节度使，颍王（李璬）为剑南道节度使。两位皇子都不亲自赴镇，分别由其副使江陵（今湖北江陵）长史源洧、蜀郡（今四川成都）长史崔圆行使职权。唐玄宗的这一任命，是为了控制富庶的江

安史之乱形势图

南、荆襄地区和四川平原，保证朝廷的财赋来源。十七日，唐玄宗下令皇太子（李亨）监国，自己要挂帅亲征叛逆，想借此来振奋士气民心。然而，由于杨国忠和太子之间向来不和，杨国忠深知这次由太子监国的话，他和杨氏姐妹就会大祸临头。于是，他们就将这其中的利害关系告诉了杨玉环，而此时的唐玄宗对杨玉环是言听计从，并且这个时候的唐玄宗早已没有了当年的雄心壮志，尽管他说要御驾亲征，但口是心非，也是无奈之举。后来，经杨玉环的一番说辞之后，唐玄宗感觉自己有台阶可下，于是就没有出征。

在当时的情形下，最有能力扭转战局的可能就是朔东军了。因为朔方地区与河东地区相邻，距安禄山所据的地区较近。河东节度使虽

为安禄山所领，但时间不长，并没完全掌握河东的军事势力。而且朔军势力很强，如果东出，不仅能够及时声援河东唐军抗击叛军，免使河东落入叛军之手，还可东出井陉 (今河北获鹿西南)，进攻河北，切断叛军归路，威胁其后方。唐玄宗在此关键时刻，大胆地启用和提拔郭子仪为朔方节度使，令其率军东进，征讨安禄山，这在当时来说是颇为明智的。这为唐朝最后的翻盘争取了一丝希望，也说明大唐气数未尽。

其实，安禄山在范阳起兵的时候，也顾虑到河东的将士有可能会抗命。所以，为了避免这种情况，他在举兵之前，就命何千年、高邈率奚骑二十，以献射生手为名急驰太原 (今太原西南)，将副留守杨光翙劫持至河北加以杀害。命别将高秀岩为大同军使，率兵连夜赶赴大同军 (今山西朔州东北马邑)，以阻止朔方军东出。安禄山率叛军南下，进至博陵 (今河北定州) 时，又命其将安志忠率精兵屯驻土门 (即井陉口)，以防河东和朔方唐军进入河北。正当安禄山进攻洛阳时，高秀岩在北方展开攻势，进攻朔方的振武军 (今内蒙古和林格尔西北)。

在郭子仪奉命回到朔方后，立即招兵买马，补充兵员，试图从正面战场出击叛军，以收复洛阳。仔细分析战况后，郭子仪认为，必须夺取河北各郡，切断洛阳与安禄山老窝范阳之间的联系，绝其后方供给线，才能有效地打击叛军前线的有生力量。郭子仪首先率军击溃了振武军 (今内蒙古托克托) 的安禄山叛军，又乘胜追击，收复河东道的静边军 (今山西右玉)，安禄山的大同兵马使薛忠义率军来救，想夺回静边军。郭子仪命左兵马使李光弼、右兵马使高濬、左武锋使仆固怀恩、右武锋使浑释之等将领率部迎战，最终大败薛忠义军，坑杀叛军骑兵七千人，斩叛将周万顷。随后郭子仪乘胜率军追击，围叛军于云中 (今山西大同)，命别将公孙琼岩率骑兵二千攻克军事要地马邑 (今山西朔州)，打开了东陉关 (今山西代县东)。东陉关即雁门关东口，地势险固，是太原北方的重要门户。河东唐军为保卫河东和太原，闭关以拒高秀岩的大同军。又攻占马邑，解除了河东太原的军事威胁，打

安史之乱 临危受命退叛军

通了东进的道路，使安禄山取太原，入蒲关 (今陕西大荔东黄河岸上)，夹攻关中的计划成为泡影，也为其后李光弼能东出并陉，入常山 (今河北正定) 扫清了障碍。当叛军在河北、河南地区锐不可当，而唐军连连溃败之际，郭子仪统率朔方军的精兵强将，首战告捷，成为唐朝廷希望之所在。唐天宝十四载 (755) 十二月十九日，唐玄宗下令加封郭子仪为御史大夫。叛军连败两战，锐气受锉，仍不甘心。十二月十二日，又由大同军兵马使薛忠义带兵反扑，争夺靖边军。

在这个关系着大唐危亡的关键时刻，郭子仪捐弃前嫌，处处以国事为重，举荐李光弼率兵东进。天宝十五载 (756) 正月初九，李光弼受命为河东节度使。郭子仪从朔方军分出一万名将士，交给李光弼指挥。李光弼是契丹族人。其父李楷洛是有名的入唐番将，官至左羽林大将军、朔方节度副使，封爵为蓟郡开国公。李光弼受尚武家风熏陶，长于骑射，二十一岁时以门荫入仕，从天宝初年起，先后担任过宁朔郡 (今内蒙古鄂托克旗南) 太守、河西节度副使、单于大都护府副大都护 (从三品) 等职务，承袭父爵蓟郡开国公。李光弼出身虽是番将，但受过良好的儒家正统教育，"能读《左氏春秋》，兼读太史公、班固之学"。其为人崇礼尚义，有勇有谋。治军严整，在抗击吐蕃、招讨吐谷浑、镇抚突厥、回纥等部族的戌边生涯中，功绩显著，颇有威名。史载安思顺任朔方节度使期间，郭子仪与李光弼同为其部下大将，但两人关系僵持，并不和睦，即使同桌进餐，也是相互斜视，不说一句话。郭、李不和，本来没什么私家宿仇，而是起于军队乃至朝廷的派系朋党斗争。郭子仪一直是朔方节帅张齐丘、安思顺的部下。其时，朝野上下皆以安思顺、安禄山和李林甫为内外朋党。李光弼、哥舒翰先前都是王忠嗣的部将，受其知遇之恩。天宝六载 (747)，王忠嗣被李林甫陷害贬官，两年后以四十五岁盛壮之年，暴卒于贬所。哥舒翰与李光弼等人积怨于心，耿耿不忘。等到郭子仪代替安思顺为朔方节度使后，李光弼便想脱身离去。正在犹豫之际，紧急诏命传到。李光弼起初不明内情，没有想到郭子仪会推荐自己，以为凶多吉少。他独身来到郭子仪的大堂前说："我

早就情愿一死了之。只请求不要罪及我的妻儿家人，牵连无辜！"郭子仪拉住李光弼的手，请到堂上相对而坐道："如今国家有难，军情紧急。你我二人当以国家安危为重，岂能再斤斤计较于个人私怨。这次的东征重任，只有你才能担当啊！"郭子仪传令召集众将，当场宣读诏书，请李光弼接诏领命。当李光弼率军出发时，郭子仪又是执手相送。两人以尽忠报国相互勉励，洒泪而别。对郭子仪捐弃旧嫌，举荐李光弼的高风亮节，唐代人士和后世史家，无不感慨赞美。

郭子仪令李光弼率军由太原出井陉口 (今河北井陉)，进入河北中部，收复常山 (今河北正定)。二月，李光弼率蓉、汉步骑万余人、太原弩手千人，东出井陉，直指常山。常山守将安思义为反正的守城团练兵所擒，投降李光弼。史思明闻常山失守，便想解饶阳之围，率骑兵二万余直奔常山，被李光弼击败，只好退守九门 (今河北藁城西北)。李光弼命裨将张奉章率兵五百镇守石邑 (今河北获鹿东南)，以防叛军断其粮草。而此时的郭子仪正紧急回到朔方，补充军队和粮草后，到了三月的时候，开始进至雁门 (今山西代县)。此时，由于叛军援军陆续赶来，而叛军蔡希德又领兵进攻石邑，截断了常山粮道，危机之中，李光弼只得派使者向郭子仪告急。然而，此时的史思明得知这个消息后，亲率两万骑兵从西包围李光弼，争夺常山，双方激战四十多天，相持不下。郭子仪接到告急书，便星夜兼程，率兵东出井陉，于四月初九，赶到常山，与李光弼会师。郭子仪的大军一到，唐军兵力已达十多万人，粮草也源源不断地运来，士气大振。郭子仪急率军出井陉，与李光弼合兵十余万，在常山西南九门县 (今河北藁城西北) 大败史思明，然后乘势攻入赵郡 (今河北赵县)。四月十一日，郭子仪，李光弼率军与史思明战于九门城南，史思明大败。叛军骁将李立带被郭子仪部将浑碱射死。蔡希德狼狈逃往巨鹿 (今河北巨鹿)。史思明自知不敌，率残部逃奔赵郡 (今河北赵县)。

郭子仪、李光弼乘胜率大军南下，直抵赵郡。史思明立脚未稳，逃往博陵。四月十八日唐军收复赵郡，并杀死叛军的赵都太守郭献璆，

安 史 之 乱　临 危 受 命 退 叛 军

缴获叛军的兵器数万。郭子仪为了分化瓦解敌人，将俘获的叛军四千人，不加杀戮，全部释放。郭子仪、李光弼还十分注意军队纪律，攻击赵郡时，士兵有乘乱抢劫的，李光弼坐于城门，将士兵抢来的东西全部收缴，退还给主人。当时河北人民都非常痛恨叛军的残暴，自发地组织起来，抗击叛军，多至两万人，少者万人。及见郭子仪、李光弼大军一到，都欢天喜地，纷纷出来支援官军。郭子仪、李光弼乘胜追击，围攻博陵，因史思明集众固守，交战十天仍然没有攻下博陵，无奈之下，便于五月收兵回常山。史思明率兵数万尾随唐军，郭子仪挑选精骑边走边轮番诱战，三天后到达行唐 (今河北行唐)，叛军被拖得疲惫不堪，只好退走。郭子仪乘机回军反击，败史思明于沙河 (今河北行唐、新乐之间)。

安禄山闻听史思明大败，恼羞成怒，当即派遣蔡希德率精锐骑兵两万前来增援史思明。史思明收集逃散士卒，与援军合兵五万，气势汹汹直逼郭子仪、李光弼驻守的恒阳 (今河北曲阳)。郭子仪见叛军来势凶猛，不可一世，为了避敌锋芒，实行疲敌政策，一方面深沟高垒，加强工事，积极做好反攻准备；一方面采取敌来则守、敌去则追的战略战术，白天耀武扬威，夜里偷袭敌营，不给叛军以喘息的机会。史思明的将士由于无法休息，双方对阵几天后，叛军疲惫不堪，士气低落。郭子仪见歼敌的时机已到，于是与李光弼一起率军奋然出击，在恒阳境内的嘉山再次大败史思明，杀敌四万余人，俘虏千余人，缴获战马五千匹。叛军首领史思明中箭落马，丢盔弃甲狼狈逃回营中。郭子仪、李光弼率军乘胜追击，围史思明于博陵 (今河北定州)。嘉山一战，唐军声名大振，河北中部十余郡的地方官和军民纷纷起来诛杀叛军官吏，归顺朝廷。叛军由范阳至洛阳的通道再次被切断，叛军来往联络的人，只能轻装简从，偷偷过境，但多被唐军俘获，经过这几次的战役，给安禄山以沉重的打击，唐军局势稍有好转。

随后，郭子仪又派左兵马使李光弼、右兵马使高浚、左武锋使仆固怀思、右武锋使浑释之四员将领，分路迎击，大破薛忠义，斩杀叛将周万顷，坑杀叛军骑兵七千人，打了一个漂亮的歼灭战。这是开战以来唐军取得的第一场胜仗。接着，郭子仪指挥大军包围云中城 (今山西大同)。同时，派出别将公孙琼岩率领两千名骑兵，向南攻克马邑 (今山西朔县东北)，打开通向东陉关 (今山西代县东北胡峪山上) 的进兵道路，与镇守太原的王承业取得联系。

安禄山在起兵反叛确定进军路线时，其部将何千年曾建议分路出兵，全面进攻：一路由高秀岩攻击朔方，并诱使河套地区的诸蕃部落攻取关内道的盐、夏、廊、坊等郡，从北面进逼关中；一路由李归仁、张通儒自云中南下攻取太原，进而取蒲关 (今陕西大荔东黄河岸边)，夹攻关中；一路由安禄山率兵南下，从河阳 (今河南孟州) 渡河攻取洛阳；一路由蔡希德、贾循渡海攻取淄 (今山东淄博)、青 (今山东益都) 等郡，动摇江淮。但是，这一可置唐王朝于死地的建议，却被蛮勇少谋的安禄山拒绝了。这样一来，郭子仪东进得胜显得至为重要。郭子仪的攻势，不仅打通了朔方军与河东军的联系，使叛军南下太原进趋蒲州 (今山西永济) 的计划成为泡影，而且为下一步东出井陉关，进军河北奠定了良好的开端。

随着唐军的节节胜利，各地的守将都开始杀死叛军，反正唐朝，而此时安禄山的老巢范阳，也已经是处在万分危急当中，而且几乎是与外界隔绝。很多家在范阳的叛军将士，看到自己的家乡非常的危急，都已经无心恋战。面对军中士气低落的现状，以及郭子仪的猛烈反攻，安禄山极其恐惧，大骂高尚、严庄等谋士。安禄山身边的将士深知安禄山喜怒无常，嗜杀成性，所以，很多人都不敢在安禄山面前说话。而受到安禄山斥责的高尚、严庄等人更是好几天不敢见安禄山。安禄山又召集谋臣商议，打算放弃洛阳，撤回范阳。至此，唐朝军队在郭子仪的领导下，开始由当初的败退守城，变为主动进攻，由当初的颓势变为现在的强势。郭子仪临危受命，不愧是大唐王朝的保家卫国的千古功臣。然而，在当时的复杂形势下，虽然战事有所好转，但是朝廷内部依然是奸佞当道，要想平息叛乱，依然任重而道远。

安史之乱 临危受命退叛军

奸人作祟，初胜即败

　　大唐王朝遭受了有史以来的一次大劫难，然而，在忠臣良将的奋力抵抗中，唐军节节败退的局势开始有所扭转。当时由于安禄山的叛军来势汹汹，快速地起兵南下，直到攻陷洛阳一个多月，安禄山忙于称帝的时候，唐军才缓过神来，寻求抵抗之法。然而，此时的形势对唐军极为不利，唐军几乎没有能力在正面战场与安禄山的叛军相抗衡。在这样危机的时刻，郭子仪不计前嫌举荐李光弼，然后率领军队东进，并且击败高秀岩于代北，此时又有颜氏兄弟抗敌于河北，东平 (今山东东平西北) 太守嗣吴王李祗、济南 (今山东济南) 太守李随阻敌东进略地，至此，唐朝廷才基本上将局面稳定下来，但是这也是暂时的，如果没有积极的作战方案和部署，唐军随时都有可能再次陷入困境。

　　在郭子仪的正确部署下，才将战争形势暂时扭转过来。随后，颜真卿、贺兰进明攻取魏郡、信都，郭子仪、李光弼嘉山奏捷，真源令张巡拒敌于雍丘 (今河南杞县)，南阳节度使鲁炅、颍川 (今河南许昌) 太守来填扼守城池，再加哥舒翰固守潼关天险，安禄山叛军处于四面受阻的急迫危困之中。唐朝廷扫平叛乱，看来已是指日可待。

　　面对这个非常有利的形势，郭子仪本来已经有了应敌之策，然而，在当时的局势下，朝中的奸臣依然为了自己的私利而不顾国家的危亡。

郭子仪、李光弼在河北取得的节节胜利，切断了叛军前后方的联系，此时，郭子仪本想利用这个有利时机，攻取叛军的老巢范阳，迫使安禄山北撤，到时安禄山肯定会因后方受到威胁，军心动摇，而放弃洛阳。在这个关键的时刻，昏聩的唐玄宗求胜心切，听信只会一味逢迎，排除异己的奸相杨国忠的话，多次遣使催促哥舒翰进军收复陕、洛，终使大好形势付诸东流。哥舒翰是在唐玄宗听信宦官边令诚的谗言，杀了大将封常清、高仙芝之后，朝中一时无将可派的情况下受命的。当时哥舒翰正患有中风，在长安家中瘫痪卧床已经长达十个月了。由于他深感自己体力不支，所以不敢受命，以免误了国家大事。然而，当时的唐玄宗已经是全然没有了主意，听信杨国忠的一些不实之言。在这种病急乱投医的时候，他再三催促哥舒翰出镇潼关。当时，虽然哥舒翰拥有号称二十万的军队，但绝大部分是从京师临时招募来的市井游手好闲之徒，没有多大战斗力，来自河西、陇右等镇的训练有素的士兵，又因主将高仙芝、封常清无辜被杀，士气低落，

哥舒翰是个徒有威名的半废之人，不能治事。在君命不可违的情况下，哥舒翰只好接受任命，驻守潼关。然而，此时的哥舒翰却倚仗兵权在握，首先公报宿怨，使人假造密信，以暗通安禄山的罪名陷害安思顺。此时的唐玄宗终日惶恐，根本无心思虑，于是，在没有任何调查的情况下，下令将安思顺、安元贞兄弟处死。唐玄宗的这一草率举措，却使得杨国忠心生恐慌，惧怕哥舒翰图谋加害自己。杨国忠为自身安全之计，奏请挑选监牧士卒三千人，在禁苑中训练。又招募一万名新兵，屯于灞上 (今陕西西安东)。名为御敌，实则为了防备哥舒翰。

当时，朝野上下以杨国忠欺君误国，招致祸乱，无不深恶痛恨，除之而后快。哥舒翰的部将王思礼请求上奏玄宗：诛杀杨国忠以谢天下。哥舒翰不答应。王思礼又请求率三十名骑兵，把杨国忠劫持到潼关来杀掉。哥舒翰说："这样做就是我谋反，而不是安禄山谋反。虽然此时的哥舒翰手握重兵，但是他非常清楚杨国忠的阴险狡诈，所以也时刻在关注杨国忠的动向。后来，哥舒翰得知杨国忠组织军队，也

安史之乱 临危受命退叛军

担心会遭其暗算，立即上奏请将灞上军由潼关军来统领。六月初一，哥舒翰将统率灞上军的杨国忠亲信杜乾运召至潼关，找了一个理由将他斩杀在军中，以泄私愤，同时也达到震慑杨国忠的目的。杨国忠得知这一情况后，更加恐慌，他非常害怕此时的哥舒翰会向他下手。于是，杨国忠便竭力想要使哥舒翰尽速出关作战，以免夜长梦多。大敌当前，将相之间尚且如此尔虞我诈，全然不顾国家存亡，又怎么能够齐心抗敌呢。

在朝廷内是这样，在唐朝军队中也是非常的混乱。统领骑兵的王思礼与统领步兵的李承光，互相争长，各不相让，军令不能统一。唐军唯一可以凭借的，就是潼关天险。如果指挥得当，依靠有利地形，抵挡叛军入关，还是完全有可能的。哥舒翰进驻潼关后，立即下令深沟高垒，准备闭关固守。当时潼关形势对唐军而言是非常有利的。潼关西距长安仅三百余里，地当京畿、河东、河南三道交界之处，南倚华山，群峰重叠，不利行军；北面是黄河激冲直来，在南原之下急折东流。南原沟深坡陡，原下河水紧傍，无路通行，险阻天成。隋末唐初，潼关城在南原之上（今陕西渣关城北村一带）。至武则天时，因河道不断下切而水势有所降落，原麓河畔始可行人，东西大路渐而移于原下，关城也向北迁至滨河之处，仍然控制着东西交通。潼关以东，在秦岭、崤山与黄河之间，就是古来有名的函谷道，山路狭窄。高崖陡峭，松柏茂密，遮蔽天日，以深险如函而得名。函谷道是崤山北麓东西往来的必经之途。崤山之南是洛水河谷、熊耳、外方诸山，皆为秦岭东延的支脉，山峦连绵，交通艰难。潼关天险可恃，是为地利。从天宝十四载（755）年底至天宝十五载（756）五月，哥舒翰一守就是半年。安禄山曾派他的儿子安庆绪率兵攻打潼关，被哥舒翰击退。安禄山见强行攻险不行，便命崔乾祐将四千老弱病残的部队驻陕州，而将精锐部队隐蔽起来，想诱使哥舒翰弃险出战。

哥舒翰虽然体力不支，但他还是很有经验的将领，也深知在当前的形势下，潼关只可固守，不可出兵迎敌。同年五月底，远在河北的郭子仪、李光弼在嘉山大捷之后，积极准备北取范阳。二人联名上奏朝廷："请引兵北取范阳，覆其巢穴，质贼党妻子以招之，贼必内溃。潼关大军，唯应固守以避之，不可轻出。"郭、李二将的奏议，从全局出发，是以较小代价，赢得平叛胜利的最佳战略。然而，杨国忠心怀鬼胎，而此时的唐玄宗也是求胜心切，竟置郭、李二人的奏疏于不顾。适逢有探报上奏：叛将崔乾祐在陕郡的兵力不足四千人，而且都是老弱，戒备松弛。唐玄宗即派使者催促哥舒翰出兵，收复陕郡和洛阳。此时的潼关虽然险要，但是将相猜忌，内部不和。守关唐军号称二十万，声势虽盛，但诸将争权，号令不一，军纪松懈，士气低落。著名的盛唐边塞诗人高适，当时正在哥舒翰幕府中任职，身在潼关。他在战后曾痛陈错失潼关的原因："仆射哥舒翰……疾病沉顿，智力将竭。监军李大宜与将士约为香火，使倡妇弹箜篌琵琶，以相娱乐，樗蒲饮酒，不恤军务，蕃浑及秦陇武士，盛夏五六月，于赤日之中食仓米饭，且犹不足。欲其勇战，安可得乎？"

　　开始的时候，由于有郭子仪等将领的建议，唐玄宗一时还没有听信杨国忠的一些话。但是，由于唐玄宗长期在外，深感疲惫，也想早日回京。在这样急切的求胜心理下，终究没有抵挡住杨国忠的再三进言。杨国忠屡次在唐玄宗面前进言，说哥舒翰按兵不动，会坐失良机。唐玄宗便连续不断地派遣宦官去潼关，命哥舒翰出战。哥舒翰在无可奈何的情况下，抚膺恸哭，在不可再推的情况下，于六月四日领兵出关。六月七日，两军相遇于灵宝（今河南灵宝）西原。叛军已抢占险要。南靠大山，北据黄河，伏兵于七十多里长的隘道两侧，静待唐军进入圈套。六月八日，哥舒翰乘船在黄河中流观察形势，遥望叛军兵少，传令大军前进。王思礼率五万人在前，庞忠率十万人继后。哥舒翰随即率三万人登上黄河北岸的高冈，命令擂鼓以助军威，而叛军以不足一万人迎战，队形散漫，前后不继。唐军官兵望而笑之。交锋之后，叛军一触即溃。唐军不知是计，随后追击，进入隘道。顷刻之间，叛军伏兵齐出，滚木巨石乘高而下。唐军人多路窄，拥挤不堪，枪矛

第三章　安史之乱　临危受命退叛军

无法施展，死伤惨重，面对这样的情景哥舒翰急令以马拉毡车冲击前进。不料中午过后，东风骤起。崔乾祐以数十辆草车阻塞唐军毡车，乘风纵火。函谷道中顿时火光熊熊，烟雾蔽天。唐军迎风受烟，睁不开眼，难辨敌我，自相冲杀。随即聚集弓箭弩手向烟雾之中射击，天黑箭尽，才发觉并无叛军。此时，崔乾祐早已调动精锐的同罗骑兵绕过南山，从唐军背后发起攻击。唐军前后受敌，惊骇大乱，或丢盔弃甲遁入山谷，或相互拥挤推入黄河淹死，呼喊之声震天动地。叛军骑兵如虎入羊群，追逐杀戮。唐军完全失去指挥，后队望见前军溃退，都只顾自逃命；河北军望见河南军战败，也后撤四散。

哥舒翰带数百名骑兵从首阳山 (今山西永济南) 西面渡过黄河，进入潼关。潼关之外挖有三条防御壕沟，皆宽二丈，深一丈。溃兵争抢入关，人马拥挤坠入壕沟，须臾而满。后面的败兵踏着这血肉之桥，得以通过。逃入关内的残兵只有八千余人。哥舒翰到达关西驿站，张贴告示收罗溃兵，想重新守卫潼关口，然而此时唐军大势已去，无法再组织力量与叛军抗衡了。番将火拔归仁等人以骑兵包围驿站，逼迫哥舒翰降贼。哥舒翰不答应，结果被火拔归仁捆绑在马上，劫持东去。适逢叛将邓季阳、田乾真各带数百骑兵前来，火拔归仁遂向叛军投降。哥舒翰被押送到洛阳后，为了保全性命，最终投降叛军。然而，安禄山早已是嗜杀成性，对于和他作对的唐军，他是不会饶恕的，最后哥舒翰仍落了个囚禁被杀的下场。哥舒翰被杀后，潼关顿时群龙无首，而且面对如此惨烈的攻势，留在潼关驻守的将士，纷纷投降。安禄山的叛军很轻易地就攻取了唐军最重要的一个据点。

至此，唐军的形势由当初的相持变成了被动挨打。郭子仪等将领拼命争取来的好形势毁于一旦，唐军又陷入到了危机当中。当正准备进取安禄山的老巢范阳的郭子仪和李光弼等将领得知这个消息后，心中非常悲痛。

马嵬兵变，自食其果

由于晚年的唐玄宗一直过着骄奢淫逸的生活，面对这样的一个大劫难，他已经没有了当年的雄风，而是一味地选择逃避。在错杀了封常清、高仙芝二将之后，虽然他有悔过之意，然而，很快就好了伤疤忘了疼，继续浑浑噩噩地沉醉在杨贵妃的温柔乡里。

后来，得知潼关失守，哥舒翰投敌之后，虽然非常惶恐，但是此时的他已经是无计可施了，只能听天由命。当时，潼关失守之后，河东 (今山西永济) 防御使吕崇贲、华阴 (今陕西华阴) 防御使魏仲犀、冯翊 (今陕西大荔) 防御使李彭州、上洛 (今陕西商洛) 防御使杨黯，面对安禄山来势汹汹的叛军，闻风丧胆，不战而逃，守兵也如惊弓之鸟，四散而去。潼关南北两侧的防线瞬间土崩瓦解。当天，哥舒翰部下败兵有逃回长安者，入朝告急。唐玄宗即令剑南军将李福德率三千名监牧兵，奔赴潼关增援。但直到天黑，却一直没有报告平安的烽火，这个时候唐玄宗心中才感到恐慌。但是，他还是有些心存侥幸。直到第二天，唐玄宗才急匆匆地召宰相商议对策。在这个危急的关头，杨国忠兼领剑南节度使，早在安禄山起兵之后，已派人传命留守的副使崔圆暗中准备，以待危急时投奔蜀郡。这时，他首先提议入蜀避难。此时的唐玄宗已经是六神无主，看到杨国忠有所安排，便感觉是抓住了一棵救命稻草，不经考虑，立马就同意杨国忠的建议。

得到唐玄宗的同意后，杨国忠感觉到自己有了一个让皇上信任的机会。杨国忠本是奸邪之徒，当了当朝宰相更是如此。在安史之乱爆发之前，他就已经着手为自己准备后路，培植自己的武装，以便和其他势力抗衡。于是，六月十一日，杨国忠便早早地召集百官，当着众臣的面，在朝堂上假作惶恐，痛哭流涕地说："十年来不断有人告发安禄山蓄谋造反，皇上却总不相信。如今弄成这种局面，可不是我做宰相的过错。"虽然朝臣早已对杨国忠恨之入骨，但是迫于眼前的形势，他们也不敢得罪。于是，在朝的百官唯唯诺诺，不知如何回答。早朝就在杨国忠一人的建议和说辞下草草罢朝。罢朝之后，大臣们心中非常惶恐，匆匆回到自己的府邸。而这些消息也很快在长安城迅速传播开来。长安城内的百姓商贩惊恐奔走，四处逃窜，很多百姓却不知该往何处逃。这个时候，东西市场店铺关门，到处呈现出了一片慌乱的景象。为了积极准备入蜀的行程，杨国忠又让韩国夫人、虢国夫人进宫，劝说催促唐玄宗尽快起驾入蜀。朝中在积极准备着，宫里也是非常的混乱。到了第二天，也就是六月十二日，当杨国忠再次召百官上朝的时候，上朝时间过去了一个多时辰，前来早朝的大臣不及平时的十分之二。很多大臣在当天得知情况后，夜晚就开始准备逃亡。面对这样的极其不利的形势，此时的唐玄宗已经由当初的害怕变成了愤怒。于是，这天早朝，唐玄宗在兴庆宫勤政楼宣诏，又一次说要率军亲征，然而，由于上次唐玄宗说御驾亲征却没有实行，大臣们已经看透了他的心思，于是，这次在听到这样的话，大臣们没有一个人敢接话表示赞成或者反对。随后，唐玄宗草草做了善后安排，便于当夜移驾北内大明宫，命令龙武大将军陈玄礼整顿禁军，发给优厚赏赐，挑选了九百匹良马，并对宫外封锁消息。六月十三日黎明，天空阴暗，还下着小雨。唐玄宗在杨国忠、韦见素、魏方进和陈玄礼、高力士等人所率禁军的护卫下，从禁苑西面的延秋门出京，仓皇西去。由于马匹有限，时间很紧，而且害怕此次出行引起太大的骚乱，随行的除杨贵妃姐妹、皇太子、皇孙、亲近宦官、宫女外，唐玄宗就将住在皇宫外的妃嫔、公主、皇孙，全都弃之不顾。

　　由于唐玄宗是秘密出行，宫内的太监和宫女并不知道情况，宫外的一些大臣也不知实情。等到天亮的时候，宫外没有逃跑的大臣依然前来早朝，宫门外禁兵立仗肃然。然而，等到宫门打开，宫女们纷乱奔出，大臣们才知皇上已离京出走，但不明去向。很快，皇帝出走的消息在长安城传开了，王公百官、市井百姓，争相出城逃往山谷。不法之徒则乘乱打劫，闯入皇宫和王公之家，抢掠财宝，甚至有骑驴上殿者，左藏大盈库也被人纵火焚烧，皇宫内外一片混乱。负责留守的京兆尹崔光远和宦官边令诚，急忙带人救火，当场杀死十几个抢劫者，才稳住了局面。随后，崔光远派其子东去向叛军投降，边令诚则献出皇宫各门的钥匙。

城内一片混乱，而此时的唐玄宗已经逃出了很远。远远看去，在随行的队伍当中有骑马的，有坐五色华盖车的，有步行的。其中有文官，有武将，有太监，有宫女，还有全副装备的锦衣士兵。由于是"迁都移驾"，因此随行保护的自然有龙武大将军陈玄礼，以及他统率的御林军三千众，太子李亨亦自告奋勇，随行护驾，但在李亨心中，却甚恨杨国忠的"蛊君误国"，又抱怨父皇宠信杨贵妃，以及宠用胡人安禄山，才有今日仓皇出逃！因此李亨与陈玄礼均不大热心此行，只是碍于皇命难违，勉强随驾罢了。太子李亨在后军驻停，此时他身边，并无多少兵众，只有他从太子宫亲兵带出来的数十人，绕着他的营帐，或站或卧，轮番值夜守卫。就在此时，一匹高头白马从队尾飞速驰过，马蹄过处，溅起的泥水落到士兵身上，立刻响起一阵叫声。"哼……神气什么？姓杨的有什么能耐？就晓得激反安禄山，害我等受这份活死罪！真是蛊君误国之贼！蛊君误国之贼！"这刚才纵马而过的，便是当朝宰相杨国忠。此时此刻，杨国忠的心情，就如惊涛骇浪中的一叶小舟，在翻浮起伏，他也不知道，什么时候一股巨浪压下来，他便会葬身浪底！而这支五光十色的队伍中，坐在五色华盖车上的，便是年近花甲的玄宗皇帝李隆基。与他同车便是最受李隆基宠爱的贵妃娘娘杨玉环。

士兵中传来的叫声，真真切切地传入队尾压阵的一位穿着王服的青年男子耳中，他的眼中，顿时闪出一缕光华。这位穿着王服的青年男子便是册封已经十多年的太子李亨。当年，唐玄宗已经多次下诏将皇位禅让与他，但是每次说完之后他都不交出权力，太子李亨对唐玄宗已经没有好感了。

　　由于唐玄宗一行在天还没有亮的时候，就已经开始出发了，不知不觉唐玄宗一行人便过了渭水便桥。这个时候，已经接近晌午了，由于他们走得早，很多人都没有吃早饭。而担惊受怕的唐玄宗经过这一路颠簸，更是饥渴难耐。于是，唐玄宗派宦官王洛卿先行一步，告谕郡县官员准备饭食。王洛卿到了咸阳东边的望贤宫之后，将皇上出走的消息告诉了该县令，没想到该县令听完后竟然和王洛卿一起逃之夭夭了。其实，这王洛卿早就有逃跑之意，因为他深知这一路上定是九死一生，能不能熬到目的地还说不准。唐玄宗等了很久却还不见王洛卿回来，于是又派宦官去征召官吏百姓，然而，此时竟然找不来一个人，直到这个时候，唐玄宗才知道王洛卿已经逃走了。不知不觉已经赶了大半天的路了，到了中午吃饭的时间了，但是唐玄宗还没能吃上饭，在这个尴尬的情况下，杨国忠只好亲自去买来一些胡饼献给唐玄宗。随后，杨国忠又给了这个地方的百姓一些钱，这时才有一些乡民送来麦豆粗饭，皇孙们饥不择食，抓起来就吃。唐玄宗看到百姓前来送吃的，就下令赏赐这些百姓，然而，当百姓见皇驾离京，心中忧惧，齐声哭泣。看到这样的场景，唐玄宗也感伤流泪。有位名叫郭从瑾的老人上前进言，直谏玄宗深居内宫，闭目塞听，导致天下动乱。唐玄宗心中羞愧，回答说："这些都是朕的昏暗不明，悔无所及。"

　　由于随行的人太多，处在最底层的太监宫女和随行的兵士都没能够吃到饭，所以他们心中都有怨气。吃过饭后，唐玄宗一行继续西行，然而，在这一路上，不断有人逃离队伍，连内侍监（从三品）袁思艺也偷偷溜走了。到达金城县（今陕西兴平）时，县官早已不知去向。当夜宿于驿站中，也没灯火，顾不上分什么贵贱尊卑，混杂着相枕而眠。这天晚上，潼关败将王思礼赶到，直到这个时候，唐玄宗才知道哥舒

郭子仪

翰的确切消息，随即任命王思礼为陇右、河西节度使，立刻赴镇，收合逃散士卒，整顿部队，等待东征。原来马嵬坡属兴平地界，保驾西行的队伍进入此地，沿途所见，更令人触目惊心，此地的男子全被征募到战场了，留下的妇婴老幼，成群结队向西面逃奔。路边、树下，到处散布饿殍尸体，老鸦争啄尸肉，见人不逃，死赖于树上，依然择尸而啄。偏偏保驾的御林军中，有不少是兴平地方人，见此惨相，不少人便也偷偷溜走了。但是有不少人被杨国忠派人抓回，杨国忠下令当众斩头，沿途又平添了不少无头冤鬼。甚至连御林军的大将军陈玄礼，亦不忍见部下被屠，曾出面制止杨国忠的残屠，但杨国忠却抬出皇上圣旨来训斥陈玄礼，陈玄礼平日早已非常痛恨杨国忠蛊君误国，此时又添新仇，因此"杀国贼"的念头，已在陈玄礼心中萌生了。偏偏天色也风云变幻，就在太子李亨离开不久，便下起雨来。马嵬坡下的道路，变得泥泞不堪，根本不能行走车驾，玄宗李隆基这支"西行御驾"，便动弹不得，只好留在坡上，待天晴再作西行。

　　护驾的御林军兵士，地位最低下，早已多日来未吃饱饭了，碰上阴雨，四下如死寂地狱，休说粮食，便连多一个活着的百姓也没有，御林军兵士们，均料之下必死无疑，但并不甘心，于是便聚众向陈玄礼求请，要派人到外地去购买军粮。陈玄礼叹道："三军皆由杨国忠发号施令，他不准任何人离开，违者立斩，汝等休要拿脑袋去硬碰刀锋也！"御林军将士一听，都大怒说："杨国忠这误国奸贼！难道要我等活活饿死于马嵬坡吗？走！去跟杨国忠索粮去也！"于是，这一呼百应，立刻便涌出了几百御林军，如潮水般向杨国忠的营帐冲去……这一股浪潮，如火如涛，挡者必杀。不料此时杨国忠竟不知好歹，当这股怒涛涌来时，不但没好言相慰，反而端出丞相的官威来镇压，并且还让手下把为首的御林军将校抓去斩头！御林军将士本来就心有怨气，此时又见杨国忠仍要杀人，不由得群情激奋起来。原来，龙武大将军陈玄礼在宦官头子高力士的支持下，本想在京城杀掉杨国忠，但未得机会。高、陈二人都是开国功臣。陈玄礼淳厚俭朴，高力士竭尽忠诚，

安史之乱　临危受命退叛军

二人深得玄宗信任，根底比杨国忠深得多。他们两人明白玄宗意在入蜀避乱，而蜀地是杨国忠的势力地盘。为了不受制于人，必须赶在入蜀之前杀掉杨国忠。就在这个时候，也不知是谁突然振臂大呼道："杨国忠动兵谋反！"立刻便有数百人呼应道："把奸贼杨国忠杀了！为国除奸啊！"杨国忠见状，心知不妙，他正欲喝令他的丞相府亲兵保护他去奏知皇上，不料他的丞相府亲兵见势不妙，早就抛刀弃枪，四散奔逃保自家性命去了。杨国忠慌忙逃进驿站西门，被禁军追上，乱刀砍死，割下头颅挑在枪尖上示众。一同被杀的还有御史大夫魏方进、杨国忠之子户部侍郎 (正四品下阶) 杨暄和韩国夫人。愤怒的御林军眼见已杀了杨国忠，心知若不除根，必有后患，便再涌入陈玄礼的营帐，向陈玄礼道："国贼杨国忠已斩杀，祸根尚在，求陈将军做主定夺！"陈玄礼自然知道，所谓"祸根"指的是正伴驾西行的贵妃娘娘杨玉环，亦即玄宗皇帝最宠幸的女人，杨国忠是杨玉环的兄长，兄长被杀，杨玉环岂能不报此仇？她果然是一大"祸根"！陈玄礼转念一想，他自然知道杨国忠被杀，自己难逃干系，除非他把部下全杀了！但于此艰难时势，兵将宝贵，杀了谁来护驾？况且众怒难犯，弄不好连他陈玄礼也会被乱兵所杀！禁军包围了驿站，人声鼎沸。唐玄宗问明情况后，扶杖来到驿门外，慰劳军士，下令各归本队，但将士无人应答。陈玄礼启奏说："杨国忠谋反被杀，贵妃不宜再侍奉陛下。军士们请求陛下割恩，将其正法。"唐玄宗说了句"这事由朕自行处理"。然而，此时已经没有人听从他的号令了。终于，陈玄礼决然地击掌下令说："六军不发！先除妖妃！"陈玄礼这一定夺，便决定了贵妃杨玉环的命运。此时唐玄宗李隆基已接报，安禄山的大军，已攻陷唐都长安，奔向西面追击，距马嵬坡只有百余里路，唐玄宗李隆基已感到快要穷途末路了，他唯一的出路只有向西蜀逃窜，舍此别无他途。而唯一能令他安全逃抵西蜀的力量，便是护驾的"六军"，假如"六军不发"，那么，唐玄宗就根本到不了蜀地，而且还有可能被叛军所杀。此时，"六军"的任何要求，比皇帝的圣旨更有力量，连皇帝本人亦不敢违抗。

然而，要唐玄宗杀死自己最宠爱的杨贵妃，又是一件让他非常为难的事情。唐玄宗怎么会舍得杀他最宠爱的杨贵妃呢？随后，唐玄宗亦曾试图挽救杨玉环的性命。他对高力士说："贵妃深宫居停，不闻外事，何罪当诛？"高力士回奏陈玄礼的话道："贵妃本来无罪，但乃兄杨国忠盅君误国已被诛杀，贵妃若留在皇上身边，将士不安，望皇上割爱！"高力士一顿，又加了自己的意思说："陛下，目下当务之急，乃安抚将士之心，将士安陛下则安，陛下安则社稷安。望陛下当机立断，迟则恐有不测剧变也！"唐玄宗李隆基尚在犹豫，外面哗声更烈，几乎要冲门而入了。唐玄宗怎么也没有想到会有这样的局面，于是，他便退入驿内，沉思而立，良久不语。然而，驿站外面的御林军已经是群情高涨，没有回旋的余地了。此时，京兆司录参军韦谔也跪伏于地，叩头恩请，说："皇上，眼下众怒难犯，形势急切，安危只在片刻之间，臣请求陛下赶快决断！以免引起兵变。"高力士看到皇上还是犹豫不决，于是，顿足说："军士已闯进来了，陛下若不速决，彼等便要自己动刀杀贵妃了……"高力士隐住一半没说，这便是"若动刀杀贵妃，下一步便是弑君之乱"！这个时候，唐玄宗顿足说："朕也顾不得贵妃了，你替朕传旨，赐贵妃自尽罢！"惊惶、伤痛、悔恨交逼之下，李隆基终于流出泪来了。高力士领旨入内，引贵妃往佛堂自缢。贵妃杨玉环接旨，不由昏倒在地。好一会儿才醒过来，悲叹说："全家皆亡，留我何用？但亦容我辞别皇上。"

　　高力士把杨玉环引到唐玄宗面前，唐玄宗掩面不敢相对，杨玉环拜别了玄宗，返回佛堂。在这个时刻，高力士只一心护君，他冷漠地牵起贵妃杨玉环，引至一棵梨树下，解了罗巾，系于树枝上。杨玉环自知无望，跪下向北拜说："妾与圣上永诀了！"拜毕，即将头套入罗巾中。只见高力士一脚把贵妃脚下的凳子踢翻了，贵妃杨玉环双脚悬空，娇躯猛地一颤，没过多大会儿，杨玉环便气绝身亡了，时年三十八岁。在乱世之下，一个女人哪怕再尊贵也决定不了自己的命运。看到杨贵妃不再动弹，高力士便让人将杨贵妃的尸体抬到院庭，并且召

安史之乱　临危受命退叛军

陈玄礼等人验看。陈玄礼见杨贵妃确已身死，于是便解下甲胄，向唐玄宗叩头谢罪，然后出驿站告谕军士，杨贵妃已经被缢死，此时，听到这个消息后，御林军将士们感觉心中的激愤和长期以来的压迫感终于释放出来了，随后，众禁军高呼"万岁"，然后便纷纷回到自己的岗位上，并且为第二天的行程做准备。

这个时候，已经年逾古稀的唐玄宗显得更加苍老、憔悴。这么多年来，都是因为有杨玉环在他的身边，他才有所寄托，现在他唯一的精神寄托也离他而去了。此时此景显得非常凄凉，由于事出突然，而且当时唐玄宗也知道众怒难犯，法不责众，所以，当杨玉环被缢死后，情势所限，杨贵妃的尸体只用锦衣包裹，草草埋葬于驿站西面路北的土坡之下。事变之时，虢国夫人和杨国忠的妻子裴柔等人先行在前，闻难后奔逃至陈仓 (今陕西宝鸡)，也被县令薛景仙率兵抓捕斩杀。至此，在唐朝廷中杨氏集团的权力成为过去。在这个沉重的打击下，唐玄宗显得六神无主，一切都听从高力士和御林军的安排。

这一夜对唐玄宗来说太漫长了，这对他来说就是一个噩梦。形势的多变让唐玄宗不敢再去想象未知的前途。经过这一次的兵变，唐玄宗虽然已经被折腾得很疲倦，但是他怎么也睡不着。第二天，众人议论应该向哪里前进，但是争论了很长的时间，依然没有统一的看法。这个时候，唐玄宗虽然一心想着入蜀，但是此时的他已经没有了当初的威望和皇威。虽然他有自己的想法，但是他还是担心自己的意愿的不到朝臣的支持，所以从开始到最后，他都没有怎么说话。韦谔以兵少为由，请先往扶风 (今陕西抚风)，再做打算。临行之际，一群父老百姓拦驾请留。面对这种局面，唐玄宗只好令皇太子留下宣慰百姓，急忙起驾西行。一会工夫，聚集来了几千百姓，请求皇太子率兵向东讨贼，收复长安。

太子想派人报告唐玄宗，请示进止。其长子广平王李懒、次子建宁王李恢与亲信宦官李辅国一起拉住马缰绳进谏说：应当顺应民情，图谋复兴大计，不如收集西北边防之兵，召回河北的郭子仪和李光弼，并力东讨，收复长安和洛阳。百姓前拥后围，太子无法西行，便派皇孙奔马驰告唐玄宗。唐玄宗西行一段路程后，停下来等候太子。及至皇孙前来禀告，他明白太子是想借机摆脱制约了，不禁仰天长叹。他看到事已至此，已经无法挽回，无奈之下分出一半士兵和一部分飞龙厩马，勉励将士们齐心辅佐太子，建立功业。而自己则是继续西行。大唐王朝之所以会遭到如此的劫难，造成马嵬兵变，与其说是奸臣当道，倒不如说是皇帝昏庸。落到现在逃亡的地步，完全是唐玄宗咎由自取。

第三章

安史之乱　临危受命退叛军

第四章

再造大唐 赤胆忠心保社稷

安史之乱爆发后，战事迅速扩展到全国，安禄山的叛军来势凶猛，而唐军毫无准备，在开始的时候，唐军屡遭惨败，毫无还手之力，而此时的唐玄宗也逃往蜀地避难。就在这个时候，朝廷内部又发生了永王叛乱，使得唐朝廷陷入更加危急的局势当中。郭子仪认真分析了敌我形势，最后做出了力挽狂澜的举措，取得了一系列胜利，并且逐步将局势扭转。然而，由于唐肃宗的错误决策，又一次使唐军陷入了困境当中。

 肃宗即位，率兵勤王

在唐玄宗的一生中，虽然他经历很多事情，但是马嵬兵变一事让他感到非常的绝望，此时的局面是他怎么也没有想到的。

马嵬事变时，太子李亨虽然已经有了自己的想法，但是由于唐玄宗依然掌握兵权，他当时根本无权指挥禁军。杨国忠被禁军杀死后，虽然让太子有一泄心头大恨之快，却并未改变他受父皇唐玄宗严厉控制的处境。这让李亨心中始终感觉到有芥蒂。

虽然早年的李隆基是英明神武，处事果断，然而，时至今日，唐玄宗已经是年老志衰，畏敌出逃，毫无斗志。他的治国谋略早已被杨玉环的柔情掏空，此时的他已经是昏聩透顶了。然而，让李亨感到非常不快的是，虽然他的父皇已经是年逾古稀，无心打理朝政，但是他依然贪恋权位，虽曾几次下诏要传位于太子，却总是有言无行。李亨畏父如虎，他很清楚，如果自己一直跟着父皇入蜀的话，那么，这一路上他还是会被他的父皇紧紧控制住，丝毫没有翻身的机会，除非父皇驾崩。在这个时候，他要想摆脱控制，早登大位，舍分兵自立，别无他途。马嵬事变，使太子得到机会，与父皇分道北上。

李亨身边亲信李辅国和张良娣等人，此时已经看出了李亨的心思，所以就积极地为李亨筹划。李辅国当时为东宫宦官首领，他想重走高力士的老路，通过拥立之功来让自己获得权力。太子妃张良娣聪明巧

辩，热衷于权力，是个想要仿效武则天、韦皇后和太平公主的政治人物。由于太子在朝中没有形成自己的政治势力，可以信赖依靠的只有身边的宦官和妃嫔。故而李、张二人的计谋策划，李亨很容易就接受了。这件事成功的关键就在于分兵另立的计谋，对太子有利，也是当时形势下的最佳选择。马嵬事变之后，太子得到玄宗分给的一半兵马，但去往何处，心中并无成算。由于陇右、河西两镇的主力部队已在灵宝之役中覆没，朔方军便成为唐朝廷唯一可以依赖的武装力量。再者，太子李亨曾经兼领过朔方节度使，军镇将领官员每年依礼致函问安，也算是有着名义上的上下隶属关系。在这种有利的形势下，李亨的计划在一步步的酝酿着，只要时机已成熟，他便可以趁机登基，取代他的父皇。

唐玄宗还在赶着路，天色很快就暗下来了，此时太子才决定启程北上。谁知刚行至渭水北支流成国渠时，遭遇一队从潼关退下来的败兵。暮色苍茫之中，双方发生误会，混战起来。等到互相明白时，已死伤了许多人。由于当时情况混乱，李亨非常惊恐。后来，在得知他就是太子的时候，这些溃败的将士就跟随着李亨，一起向北。他们连夜急行军，涉过渠水，从奉天县 (今陕西乾县) 向北，六月十六日早晨，到达新平郡 (今陕西彬县)。然而，由于这次的混战，很多士兵都逃散了，武器丢失大半，只剩下几百人，形势不容乐观。六月十七日，到达安定郡 (今甘肃宁县)，当安定郡太守李遵闻知太子前来的时候，急忙带着士兵和衣粮前来迎接太子。六月十九日，太子一行西行至平凉郡 (今宁夏固原)，检阅监牧，尚有数万马匹，又招募了五百名士兵。经过一段时间的休整，士气才慢慢恢复，军容也才慢慢整齐起来。由于平凉郡距长安已较遥远，太子心中的危迫之感始得缓解。但还不明朔方镇的详情，在这样的情况下，太子李亨不敢贸然前行，于是就在这里暂时住下。太子到达平凉郡的消息，很快就传到了朔方镇。节度留后杜鸿渐、六城水陆运使魏少游、节度判官崔漪、节度判官卢简金和盐池判官李涵等人相聚商议说："平凉郡地形平坦，不是驻兵之地。

灵武兵强粮足，如果我们迎接太子到此，召集北面诸郡兵马，征发河西、陇右的精锐骑兵，然后南下，就可平定中原。这可是千载难逢的立功时机。"于是，由杜鸿渐起草信笺，详列朔方镇的士卒马匹、粮食布帛等仓储数字，共推李涵前往平凉郡，呈献给太子。李涵是皇族宗室后裔。太子见到李涵奉表前来相迎，非常高兴。这时，河西行军司马裴冕也闻讯赶到平凉郡进见太子，分析形势，劝太子尽快移驻灵武。太子采纳裴冕的建议，立即从平凉郡启程。杜鸿渐已命魏少游在灵武为太子安排食宿等一应事项，自己和崔漪赶到平凉郡北面的白草顿（今宁夏同心东南）迎候。相见之后，杜、崔二人进言说："朔方镇是天下精兵强将聚集之地。现在西南方面吐蕃请和，北面的回纥归附，内地郡县官员大多都坚守城池，抵抗叛军，等待朝廷振兴。殿下如果在灵武集结大军，然后挥师南下，向四方郡县发布檄文，招揽忠义之士效命朝廷，叛贼就不难平定。"

直到七月十日，太子李亨终于在众臣的拥护下，进入灵武。魏少游率领一千余名骑兵，在灵武南面的鸣沙县（今宁夏吴忠西南）列队迎接，声势威武。看到此时的场景，再想到当初的出逃情形，太子李亨的内心十分复杂，但是更多的还是高兴和振奋。太子进驻灵武，安顿妥当之后，裴冕、杜鸿渐、崔漪等人联名上表：请殿下遵照圣上在马嵬的传位旨意，即皇帝之位！面对这个突然的情况，太子李亨显得有些惶恐，虽然他早就有取代父皇的意思，但是他还是心有畏惧，一口拒绝了大臣们的建议。后来，裴冕等人进言说："殿下率领的将士大多是关中人，日夜思念家乡。他们之所以经历崎岖艰险，跟随殿下来到这沙漠边塞，就是想要建立功勋。如果他们一朝离去，就难以再集合起来，请殿下顺应人心，为国家社稷长远着想。"众臣的笺表连上五次，太子李亨才答应了。七月十三日，太子李亨在灵武城南楼即位称帝，史称肃宗。改元至德，尊玄宗为上皇天帝。并且任命杜鸿渐、崔漪为中书舍人；裴冕为中书侍郎同平章事；改关内采访使为节度使，治所迁至顺化郡（今甘肃庆阳），任命前蒲关防御使吕崇贲为节度使；

再造大唐 赤胆忠心保社稷

唐玄宗画像

任命陈仓县令薛景仙为扶风郡（今陕西扶风）太守兼防御使；以陇右节度使郭英乂为天水郡（今甘肃天水）太守兼防御使。并于当日派使臣前往蜀地，向太上皇奏报。李亨在唐玄宗弃京西逃、朝廷分崩离析的逆境下，在灵武建立新朝廷，担负起抗击叛军的领导重任，尽管当时文臣武将不满三十人，但对号令全国，激励斗志却有着巨大的作用。

灵武新朝建立时，由于边塞驻兵大多被征调平叛，只剩下老弱士卒留守驻防。朝廷新立，制度草创，武将骄横傲慢，不守朝仪。大将管崇嗣在朝堂上背对宫阙而坐，谈笑自如。监察御史李勉上奏弹劾，并将管崇嗣关押起来。肃宗特别下令，予以赦免。在灵武期间，肃宗下令宫室用具等，一切从简。妃子张良娣产后三天，便起床为士卒缝制衣服。皇太子灵武即位的消息，迅速传向各地。四方官员纷纷前来投奔，络绎不绝。一度投降叛军的京兆尹崔光远、长安县令苏震，带领数十名府县官吏逃出长安，于七月二十七日来到灵武。侍御史吕谨、右拾遗杨绾、奉天县令崔器等人，也相继赶到灵武。七月下旬，肃宗下令征调各地兵马，到灵武集结。河西节度副使李嗣业率兵五千人奔赴灵武。安西行军司马李栖筠派出精兵七千人。这时，唐朝北方边疆地区原来的各军镇中，只有朔方军的建制基本完整，成为灵武新朝可掌握的有生力量中最强大的一支。所以，肃宗即位伊始，立刻派出使者，传令河北前线的郭子仪、李光弼，带兵返回灵武会师。

郭子仪、李光弼正围困叛军于博陵，并准备着挥师北上直捣范阳，忽闻潼关失守，只好解围南撤，退入井陉。当得知太子在灵武即位的消息，并接到新皇帝要他们班师灵武的诏令后，郭子仪便留李光弼守井陉，自己率领五万人马于七月底赶至灵武。唐肃宗见了郭子仪，喜出望外，立即任命他为兵部尚书、同中书门下平章事，仍为朔方节度使。又任命李光弼为户部尚书、北都 (今太原) 留守，仍为河东节度使。于是灵武军威始盛，大家对恢复唐室也有了信心。不久，唐肃宗又以广平李俶为天下兵马元帅，谋士李泌为侍谋军国，元帅府长史，负责军事指挥。随同安禄山叛乱的同罗、突厥酋长阿史那从礼，进占长安后，因部众思归，便于六月率领所部骑兵五千，逃归河曲。又诱说河越等地的少数民族部落数万人，于九月进抵经略军 (今内蒙古杭锦旗南) 北，企图乘朝廷新立，从北线进攻灵武。

新朝初立，一切都还没有进入正轨，此时又有叛军趁机来犯。在这个万分危急的关键时刻，唐肃宗命郭子仪至天德军 (今内蒙古乌拉特前旗东北) 发兵进讨。当时灵武的军队除朔方军五万以外，加上河西，陇右等地的征兵、总数不过六七万人马。肃宗感到势力还不够强，就命郭子仪的部将仆固怀恩出使回纥，请他们出兵帮助唐廷收复长安。怀仁可汗命葛罗支率兵入援。十二月，郭子仪同葛罗支合军，与阿史那从礼大战于榆林境内的黄河北岸，大破其军，斩首三万余，俘虏一万，获得牛羊不计其数，解除了新朝廷的后顾之忧。

再造大唐 赤胆忠心保社稷

河北失陷，永王谋反

唐肃宗即位的时候，国内的形势依然非常严峻。虽然他积极地调兵遣将，力图消灭叛贼，恢复唐室江山，但是此时的唐军面临着内忧外患的局面。到了至德元年年底的时候，唐军节节败退，安禄山的叛军很快又控制河北，河北再次落于敌手，形势十分危急。

就在这个时候，在安禄山的叛军内部，发生了矛盾和冲突，安庆绪杀死了父亲安禄山自立为王。安禄山早就患有眼病，起兵反叛之后视力更差，进入洛阳后不久，几乎双目失明。加之又患有疽病，导致性情暴躁，左右侍从稍不如意，非打即骂，甚至被杀。他平日居于深宫，诸将难得面见，有事都通过严庄转告。严庄虽执掌大权，也难免受到安禄山的鞭打之苦。贴身宦官契丹人李猪儿，从十来岁起就侍候安禄山穿衣解带，挨打最多，怨恨最深。安禄山的宠妾段氏，生有一子名庆恩。安禄山想以安庆恩取代长子安庆绪为皇嗣。安庆绪时常忧惧不安，父子关系极为紧张。见风使舵的严庄便与安庆绪勾结密谋，劝其杀父夺位。二人串通李猪儿充当杀手。至德二年（757）正月初五日深夜，安禄山酣然熟睡。严庄、安庆绪手持利刃，守于寝殿之外，李猪儿手提大刀直入帐内，朝着安禄山的大肚皮猛砍下去。安禄山受痛惊醒，急忙去摸床头佩刀，但刀早已被李猪儿偷走。安禄山眼前昏黑，呼叫无门。顷刻间，安禄山腹破肠出，血流满床，由于他非常的肥胖，行动不便，所以只挣扎了几下就一命呜呼了。安庆绪等人在床下挖开一个深坑，将安禄山的尸体用毡包裹起来埋进去，并严令宫中侍从保守秘密。第二天，严庄伪造诏书，宣布安禄山病危，立晋王安庆绪为太子。过了几天，安庆绪即位称帝，尊安禄山为太上皇，然后才公开发丧。安庆绪其人懦弱无能，说话语无伦次，虽然登上了帝位，但也只是一个傀儡皇帝。当时的权臣严庄害怕诸将不服，便不让安庆绪出朝会见文武官员，军政大事由他自己一手包揽办理，安庆绪则在后宫中日夜纵酒为乐。他尊称严庄为兄，又为诸将加封官爵，借以笼络人心。但这场杀父夺位的政变，犹如一次强烈地震，不可避免地造成了叛军上层将领中的不和与分裂。

得知这个消息后，唐肃宗非常兴奋，深感复国有望。唐代称首都长安为西京，陪都洛阳为东京，自洛阳和长安相继失陷之后，形势对唐极为不利。当时担任新朝廷宰相的房琯，是个从未带兵打过仗的书生，好高谈阔论，自以为除他之外，没人能担当平定天下的重任。因此他上疏肃宗，愿领兵收复两京。这时，唐肃宗已接受李泌的建议，从灵武南下，抵达彭原 (今甘肃镇原东)，待机进驻扶风。而郭子仪正在北边抵御叛军，未随肃宗南下。肃宗急于早日克复京师长安，见疏以后，非常高兴，立即批准了房琯的请求，任命房琯为招讨西京兼防御蒲、潼两关兵马节度使，并准许他自选将佐。房琯以御史中丞邓景山为招讨副使，户部侍郎李揖为行军司马，给事中刘秩为参谋。李揖、刘秩也都是书生，根本不懂军事，房琯却夸口说："贼军虽多，安能敌我刘秩？"于是，房琯兵分三路，直指长安。十月十一日，房琯自随中军与李光进所率北军，进至咸阳以东的陈涛斜，与叛将安守忠的部队相遇。房琯不分析具体情况，搬出古兵书上的车战法，以牛车二千乘，两旁配以步骑，摆开阵势。一声令下，驱车冲向敌阵，叛军顺风擂鼓呐喊，牛皆闻声惊骇。叛军又燃起大火，火借风势，风助火威，顿时烟火冲天。唐军人畜大乱，叛军趁机掩杀过来，唐军死伤四万余人，存者只有数千，随后房琯逃回五灵。在这次的战斗中，唐军再次

遭受重创，新朝所募士兵几乎损失殆尽，形势急剧恶化。由于当时郭子仪的朔方军也在激战，根本无暇顾及，所以这次的失败使肃宗急于收复长安的计划搁浅。

唐朝安史之乱抗击叛军的英雄将领

房琯第一次与叛军较量时惨遭失败，使得唐军面临的局势更加危急。然而，没过多久，也就是正月十五日，唐肃宗又忘记了前次的失败的教训，一意孤行。他下令唐军从彭原南下，于二月十日到达凤翔 (今陕西凤翔)，积极准备第二次进攻长安。在此之前，西域于阗王亲率五千名援兵已经赶到。还在彭原时，肃宗曾就平叛策略，问计于李泌。

唐军正在收拾败局的时候，河北又传来败报，继赵郡，常山失陷之后，河闻、景城、平原、饶阳诸郡又相继陷落。面对叛军的嚣张气焰，唐肃宗忧心忡忡，他问李泌："今敌强如此，何时可定？"李泌是一个头脑清醒，很有政治远见和极有谋略的人，他了解全局，知道叛军的势力和弱点，也知道只有依靠郭子仪、李光弼等有才能的将帅，采取正确的决策，才能取得战争最后的胜利。李泌深刻分析了天下形势，对肃宗说："叛军每破一城，必杀老弱，强抓壮丁以供役使，抢掠的金帛妇女，都送往范阳，这说明安禄山并无雄踞四海之志。为其效命者，主要是胡人将领，汉人中只有高尚、严庄等数人，其余皆是胁从。臣预料不过两年，叛乱便可平息。因此，他主张令李光弼自太原出井陉，以牵制范阳，常山的叛军，令郭子仪由冯翊 (今陕西大荔) 入河东 (今山西永济西南蒲州镇) 使安守忠、田乾真不敢离开长安，随后再与郭子仪、李光弼轮番出击，叛军救首则击其尾，救尾则击其首，使其往来数千里，疲于奔命，我军以逸待劳，贼至则避其锋，去则乘其弊，不攻城，不遏路，待到次年春天，再逼取范阳，覆其巢穴，然后大军四合，围歼中原叛军，这样就可以彻底平定叛乱。肃宗听了，觉得很有道理，立即转忧为喜。李泌的这一战略决策，是基于叛军势力处于明显优势的这一客观形势做出的。在战略战术思想上，与郭子仪、李光弼在潼关失陷之前提出的主张是完全一致的。在战略上，反对急于收复两京，而主张以消耗叛军有生力量为主，逐步促成双方实力对比的转化。否则，即使收复了两京，敌军退回河东，仍有可能卷土重来。在战术上，反对轻率地以自己有限的兵力去与强大敌军进行决战，主张采取以逸待劳、避其锋芒的方针，不盲目出击，以免消耗自己兵力。因此，早在郭子仪击败阿史那从礼，平定河监之后，即令其率军南下，进驻洛交 (今陕西萧县)。至德二年 (757) 正月，史思明会同蔡希德、离秀岩、牛廷玢，合兵十万进攻太原，企图夺取河东地区，进而长驱夺取朔方。留守太原的李光弼部下精兵皆随郭子仪去了灵武，驻守太原的兵力不满万人。他率众顽强坚守，随机应敌。叛军围攻几十天，死伤万余人，也没有攻下太原。

在河北方面，自郭子仪、李光弼西入井陉后，叛将尹子奇、史思明乘机反攻，河间、景城、乐安、平原、清河、博平、信都、饶阳相继陷落。河北招讨采访处置使颜真卿自料兵力不敌叛军，弃郡南撤，渡过黄河，绕道荆襄投奔肃宗。河北全部陷落，叛军的后方重新得到巩固。河南方面，张巡仍率兵固守雍丘 (今河南杞县)，同叛军浴血奋战。颖川 (今河南许昌) 太守薛愿、长史庞坚竭力拒守，苦战经年而救兵不至，十二月，城池被优势的叛军攻陷，薛愿和庞坚被俘牺牲。然而更令肃宗忧心的是荆襄方面发生的变故。原来，唐玄宗在入蜀途中，

再造大唐　赤胆忠心保社稷

采纳新任宰相房琯以"诸王分领诸道节制"的建议，于七月十六日下诏，重新部署全国的军事指挥：以太子李亨为天下兵马元帅，统领朔方、河东、河北、平卢诸道节度使，收复两京；以永王李璘为江陵府都督，统领山南东道、岭南、黔中、江南西道节度使；以盛王李琦为广陵大都督，统领江南东道、淮南、河南诸道节度使；以丰王李珙为武威都督，统领河西、陇右、安西、北庭诸道节度使。当时，盛、丰二王皆未赴镇，只有永王一人赴镇就职。

就在这个时候，永王李璘也图谋割据东南，意图叛乱。当时，江陵 (今湖北江陵) 是江淮地区租赋聚集之地，财货囤积如山。由于叛军占据着河南地区，江淮的租赋和奏章只能改道从襄阳 (今湖北襄阳) 溯汉水上达至汉中，然后再转送蜀郡和扶风，供给军用。因此，江南局势的稳定与否，直接影响着肃宗新朝的财政供给来源。永王李璘得到诏命后，公开招兵买马。其所募勇士数万人，军费每日消耗巨大。而永王自小长于深宫，不懂世间事务。其子襄城王李塌勇武有力，喜好用兵打仗。又有薛璎等人为谋士，以为天下大乱，唯有南方完整富庶，永王掌握四道兵马，封疆之地数千里，应当占据金陵 (今江苏南京)。这一分裂阴谋，对于肃宗来说，犹如雪上加霜。肃宗灵武即位后，曾传诏劝喻永王归蜀，但永王拒不从命。为防不测，肃宗增设淮南节度使，辖广陵 (今江苏扬州) 等十三郡，以谏议大夫高适为节度使；以来填为淮南西道节度使、辖汝南 (今河南汝南) 等五郡之地；命高、来二人与江东 (今浙江杭州) 节度使韦陟，共同监视防范永王。十二月二十五日，永王擅自率兵顺江东下，军势浩大，但尚未暴露割据江南的图谋。吴郡 (今江苏苏州) 太守兼江南东道采访使李希言致信，责问永王擅自发兵东下的意图。永王大怒，遣将分兵袭击吴郡、广陵，接着攻取当涂 (今安徽当涂)，江淮地区大为震动。高适、来填与韦陟三节度使奉命会于安陆 (今湖北安陆)，联兵讨伐永王。至德二年 (757) 二月中旬，永王因部将纷纷离散，兵败南逃，被江西采访使皇甫侁俘获处死。一场严重的内乱到此才得以平息。这次内乱给本来就已经十分脆弱的唐王朝又一个沉重的打击。

在这场内外都有敌人的战斗中，唐肃宗的错误决策使得唐军屡次遭受惨败，以致元气大伤。然而，值得庆幸的是，进军河北的郭子仪等将领却连连取得胜利，这也给唐军带来了一些希望。

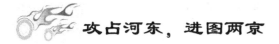

攻占河东，进图两京

唐肃宗的两次错误的决策使得唐军再次陷入危险境地，此时唯一可以依靠的军队就是郭子仪和李光弼的军队了。和谋臣李泌的看法一样，郭子仪也认为先行占据河东，才能更有利于收复两京。至德元年(756) 十二月郭子仪平息了河曲地区的同罗等诸胡叛乱之后，即引军南趋洛交 (今陕西富县)，准备进兵河东。

就在郭子仪谋划进取河东的同时，李光弼在太原同优势的叛军展开了一场空前激烈的守卫战。至德元年（756）十二月，重新控制了河北地区的叛将史思明，计划先攻取太原，再下朔方，摧毁肃宗新朝的复兴根据地。叛军分四路进兵，史思明自博陵西入井陉，蔡希德自上党 (今山西长治) 下太行，高秀岩自大同军 (今山西朔县) 向南，牛廷玠自范阳继后，共计 10 万兵力，入寇太原。至德二年（757）正月，叛军十万围攻太原。这时，李光弼部下唐军只有一万人左右，而且大多是军事素质不高的团练兵，形势十分严峻。太原的将领们大为恐慌，建议整修城池以为凭借。李光弼大智大勇，军令严整，先后使用了飞石、开掘地道通到叛军营中、出击烧毁叛军运来的攻城器具、亲率敢死队突击等灵活多变的战术，打退叛军一次又一次的凌厉攻势。史思明围攻太原，打了一个多月未能得手，而洛阳方面又发生了宫廷政变。叛军士气低落，人心惶惶。安庆绪杀父自立后，传令史思明归守范阳，巩固后方。史思明遵命撤退，留下蔡希德等人继续围攻太原。李光弼侦知叛军内部分裂，人心不稳，于是果断决定在二月中旬开城发起反攻，最后大破叛军。蔡希德带着残兵狼狈逃走，沿途又被各县的武装民众拦截攻击，损失惨重。在这一次的太原保卫战中，李光弼率领的唐军共歼敌七万余人，不仅粉碎了史思明的战略计划，而且对郭子仪胜利实施进取河东的作战方案，提供了极为有力的保障。

　　至德二年（757）正月底，郭子仪派宗族子弟郭怀文招募豪杰勇士，得郭俊、荀文俊等人，作为密使潜入河东，与陷入叛军中的唐朝官员接头联络，相约等待唐军进攻时作为内应。河东郡司户韩旻、河东县司士徐炅、永乐县 (今山西芮城西南) 县尉赵复和皇室子弟李锋等人，早已密谋反正归唐。驻守河东的叛军将领，就是半年前在潼关打败哥舒翰的崔乾祐。此人骁勇善战，但骄奢淫逸，治军不严。其部下兵士，残忍好杀，多行不法。河东百姓痛恨叛军残暴，翘首盼望官军前来解救。二月上旬，郭子仪率朔方军从洛交南下，向河东进发，并于途中分兵攻取了冯翊 (今陕西大荔)。十一日夜晚，河东司户韩旻等翻城接应官军，接应郭子仪、徐炅、李锋、赵复和郭俊等人，郭子仪在韩旻等引导下，率军摸黑前进，来到城下，举火为号，里应外合，郭俊等自城内杀出，官军自城外杀入，共歼守城叛军近千人，迅速攻占了河东城。随后，打开城门，迎接唐军。崔乾祐深夜闻变，慌忙用绳索溜下城墙，逃到北面的废城处。这里还驻有一支叛军。崔乾祐分出三千兵马反攻郡城，自己带领步、骑兵五千人埋伏在蒲津关城中。郭子仪派次子郭旰和猛将仆固怀恩等人在前迎敌，自引大军继后。叛军急忙纵火焚桥。唐军将士奋勇争先，一边冲锋杀敌，一边灭火保桥。叛军抵挡不住，溃败而退。崔乾祐带残兵连夜逃奔安邑（今山西运城东北），叫开城门。安邑百姓打开城门，叛军将士又饥又累，争先涌入城内，不料队伍还只进去得一半，门闸突然落下，早已埋伏在城内的军民从各个角落冲杀出来，将入城的叛军全部杀死。原来，安邑的官员和守军已经反正归唐。崔乾祐在城外，见状吓得掉转马头就跑。进入城内的叛军全部被杀死。崔乾祐幸亏在后，未及入城，急忙掉转马头，向西南方向狂奔，从自径岭（今山西运城解州镇东）逃命而去。郭子仪大军杀敌四千人，生俘五千人，郭子仪顺利地攻占了河东城，收复了河东郡。

二月二十二日，叛将安守忠在永丰仓（今陕西华阴东北）筑垒固守，郭子仪又命郭旰和兵马使李韶光、大将王栌等南渡黄河，进攻潼关。潼关防守薄弱，很快就被郭旰等攻破，唐军杀死守军五百余人。安庆绪闻报河东、潼关相继失守，急派援兵前来争夺，两军遂于潼关展开激战。结果，唐军失利，李韶光和王栌奋勇力战，先后阵亡，士卒损失一万余人。仆固怀恩退至渭河边，无舟楫可渡，抱着马头浮水而过，奔还河东。郭子仪派郭旰等将率军前去攻打，唐军歼敌一万余人，但是郭旰英勇阵亡。唐军收复永丰仓，打开了潼关东西两侧的通路。三月下旬，安守忠乘胜率兵两万，渡河进攻河东，被郭子仪击退，歼敌一万余人，稳定了河东的局势。

在这样有利的形势下，郭子仪趁势击退叛军反攻，稳定阵脚，为进图两京做了一个很好的开端。由于河东郡（今山西永济）南阻黄河，与潼关、陕县相望；北连汾晋（今山西临汾）通往太原；向西渡河可达同（今陕西大荔）、华（今陕西渭南华州区），与关中互为表里，是控制关河山川的冲要之地。自古天下有事争雄于关中者，莫不以河东为咽喉。在河东郡所对黄河西岸，有蒲津关。唐玄宗开元十九年（731），于蒲津关两岸开东、西门，各置铁牛四尊，维系浮桥。安禄山起兵之初，唐军据陕县、潼关阻遏叛军，即以河东郡为犄角。经过郭子仪和李光弼的这两次战斗，扭转了唐军失败的局面，并且极大地鼓舞了士气。在接下来的战斗中，唐军将士更是满怀信心，唐肃宗看到局势扭转也

再造大唐　赤胆忠心保社稷

信心倍增。郭子仪攻取河东，有着非常重要的意义，为收复两京，恢复唐室提供了有力的保障。

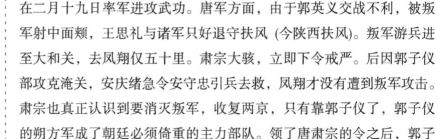

重整旗鼓，收复两京

在唐军和叛军的对抗中，战争形势可谓是反反复复。往往唐军刚收复一些地方，转眼间又被叛军占领。在这样的一场拉锯战中，双方的消耗都非常大。正当形势有所好转的时候，唐肃宗在安禄山被杀以后，盲目地认为叛乱很快就可以平定，于是，他从彭源进驻凤翔，并且命关内节度使王思礼军武功 (今陕西武功西北)，兵马使郭英义军东原 (位于武功东)，王难得军西原 (位于武功西)，准备进攻长安。

然而，正当肃宗部署进攻长安的时候，驻守长安的叛将安守忠，在二月十九日率军进攻武功。唐军方面，由于郭英义交战不利，被叛军射中面颊，王思礼与诸军只好退守扶风 (今陕西扶风)。叛军游兵进至大和关，去凤翔仅五十里。肃宗大骇，立即下令戒严。后因郭子仪部攻克淹关，安庆绪急令安守忠引兵去救，凤翔才没有遭到叛军攻击。肃宗也真正认识到要消灭叛军，收复两京，只有靠郭子仪了，郭子仪的朔方军成了朝廷必须倚重的主力部队。领了唐肃宗的令之后，郭子仪没有盲目进攻，而是从房琯的失败中吸取了教训，认为要收复两京，必须先夺取潼关，攻入陕州 (今河南三门峡)，击溃潼、陕之间的叛军，截断叛军的后路，然后才能直取长安。由于郭子仪的分析正确，唐肃宗十分赞赏，于是命令唐军按照郭子仪的军事部署行进。随后，郭子仪领兵直趋潼关，打败了叛军守将崔乾祐，一举夺取潼关，收复了陕州 (今河南三门峡)、蒲州 (今山西永济)，清除了进攻长安的障碍，并截断了长安叛军的退路。经过半年多的积极备战和连续几场胜仗，唐军的军事实力得到很大的加强。至德二年 (757) 四月，郭子仪率军由凤翔东进，准备攻取长安。在击败叛军李归仁的铁骑后，又遭到了叛军安守忠等的伏击，只得退守武功 (今陕西武功)。同年九月，求胜心切的唐肃宗任命其子广平王李俶为天下兵马大元帅，郭子仪为副元帅，率军十五万进攻长安，并以"克城之日，土地士庶归唐，金帛女子皆归回纥"的条件，向回纥借骑兵四千前来助战。

十一月，郭子仪联合回纥击败了欲进攻灵武的叛军将领阿史那从礼等，歼敌三万余人，俘虏一万人，重创叛军，消除了朔方的后顾之忧，保卫了战时的统治中心灵武的安全。同月，唐肃宗任命郭子仪为司空、天下兵马副元帅，授以平定叛军，收复两京的重任，并命他率兵速赴凤翔待命。虽然很多谋臣都不太赞成唐肃宗的做法，但是看到唐肃宗一直不容反驳，所以在多次的劝谏无效的情况下，大臣和将领们都遵循了唐肃宗的安排。

随后，郭子仪乘胜追击，并且留下河东太守马承光守河东，自率诸军西上。然而，在途中他们又被叛将李归仁率铁骑五千拦击于三原 (今陕西三原东北) 北。郭子仪命部将仆固怀恩、王仲昇、浑释之、李若幽各领兵埋伏在自渠留运桥 (今陕西三原东南) 旁，并且佯装逃跑。李归仁一看这种阵势，心中大喜，于是就率部来追。当行至唐军的埋伏圈的时候，唐军伏兵齐出，将其铁骑全歼，李归仁跳入盘渠，泅水而逃。随后，郭子仪又继续前进，当进至长安西面的西渭桥，与王思礼部会师后，进屯涌水 (今涌海) 西岸，紧逼长安。叛将安守忠、李归仁率军扎营于长安西门外的清渠北侧，与郭子仪军对峙。两军相持七日后，安守忠伪装后退，郭子仪不知有诈，率全军追击，结果陷入安守忠的长蛇阵。安守忠率兵四千为蛇头，从延平门杀来，安太清率兵

再造大唐　赤胆忠心保社稷

四千为蛇尾，从金光门杀来，又有一支敌军从正中冲击，叛军首尾呼应，前后夹击。唐军大败，丢弃军资器械无数。郭子仪收拾败兵，退保武功，自己只身赴凤翔请罪。然而，由于当时朝廷正是用人之际，而且他也是有功之臣，于是唐肃宗未给他任何处分，而是授他为尚书左仆射。唐肃宗决计大举进攻长安，二月二十三日，唐肃宗宴招待诸将，一一慰勉。他恳切地对郭子仪说："功成与否，在此一举，愿卿竭忠尽智，不负朕望。"郭子仪斩钉截铁地回答说："此行如若不能取胜，臣当以死谢罪！"

郭子仪这次吸取了初战失利的教训，加强了部队的纵深防御。他自己率领中军，李嗣业为前军，王思礼为后军，浩浩荡荡直奔长安西香积寺附近，在香积寺以北安营扎寨，与安守忠、李归仁和张通儒率领的十万叛军对阵。叛将李归仁出阵挑战，唐前军迎击，战不多时，李归仁佯败后退。唐军紧追不舍，快要逼近敌阵时，不意叛军摇动战鼓，一齐冲杀上来，唐军阻拦不住，自相惊乱，往本营后退，叛军趁势追击，争抢前军辎重。李嗣业在后督战，见部下溃退，立即扬鞭策马，飞奔阵前，高喊："叛军已经把我们包围，若不奋勇厮杀，只有死路一条！"说罢，他脱去战袍，光着膀子，举起闪闪发光的长刀，拼命向叛军杀去，刀光过处，叛军人头纷纷落地，连杀数十人之后，唐军才稳住了阵脚。于是，他率领前军，各执长刀，列成横队，如墙推进，杀入敌阵，所向披靡。当时都知兵马使王难得被叛军射中眉骨，垂下的眼皮遮住了眼睛，他拔出箭，扯下眼皮，血流满面，仍奋勇杀敌。郭子仪经过和叛军的几次交战，知道叛军多诈，交战之前就派出侦骑四处搜索，果然发现叛军埋伏精锐骑兵于阵东，准备袭击唐军侧后。他立即命令仆固怀恩率领回纥兵出击，将叛军伏兵一举歼灭。接着仆固怀恩又率回纥兵迂回至叛军阵后。郭子仪乘胜率领大军从正面出击，李嗣业所率前军与仆固怀恩所率回纥骑兵从叛军阵后杀回，前后夹击，叛军腹背受敌，然而叛军并没有被这种阵势吓到，也没有放弃抵抗，进行殊死抵抗。在战场上，双方展开了激烈的白刃战，从中午一直厮杀到傍晚,最终唐军大败叛军。这次战斗中,唐军歼敌六万多人,生擒两万余人,叛军残兵败将狼狈逃回城内。

唐军取得了初步的胜利,郭子仪手下的战将仆固怀恩认为机不可失,建议连夜攻城,彻底消灭贼首以及城内的所有叛军,以免他们羽翼丰满,再生后患。有了这个想法,仆固怀恩数次请求大元帅李俶,要求带兵前去进入城内追杀穷敌。但李俶以部队疲劳为由拒绝了他的请战要求。驻守长安的叛军首领张通儒与叛军将领安守忠、李归仁、田乾真等趁夜逃离长安,唐军丧失了乘胜歼敌的良机。第二天,唐军进入长安城。被叛军占领一年零四个月的都城长安终于光复了。老百姓听说唐军回来,都喜出望外,夹道欢迎,有的甚至喜极而泣地说:"想不到今天又见到了官军。"纷纷杀鸡宰羊,抬出美酒欢迎唐军。肃宗在凤翔听到捷报,群臣称贺。长安收复后,肃宗由灵武迁回长安。元帅李俶在长安停留了几天才率领大军向洛阳进军。郭子仪率部追击叛军至潼关,歼敌五千余人。又克华阴 (治今陕西华阴)、弘农 (治今河南灵宝) 郡。王难得率兴平军攻取武关,克复上洛郡 (治今陕西商洛)。张通儒等收集残部,退保陕州。驻守洛阳的叛军守将安庆绪听说唐军前来攻城,慌忙派大将庄严、张通儒带领十五万大军前去陕州增援,企图在此阻止唐军东进,以确保洛阳的安全。

十月十五日,广平王李俶与郭子仪率大军进至弘农郡东十几里的曲沃城。郭子仪率军继续前进,与叛军相遇于陕州之西的新店。叛军在新店 (河南省三门峡西) 与唐军相遇。新店地势险要,易守难攻。而叛军更是依山扎营,居高临下,形势对唐军非常不利。郭子仪为了化劣势为优势,趁叛军立足未稳,选派两千名英勇善战的骑兵,向敌营冲杀过去,又派了一千名弓箭手埋伏山下,再令协助作战的回纥军从背后登山偷袭,自己则亲率主力与叛军正面交战。一切部署完毕,唐军立即擂鼓出战。叛军从山上猛冲下来。郭子仪佯装败退,边战边走。叛军大喜,倾巢出动。这时,突然杀声如雷,一千名唐军埋伏的弓箭手像神兵一般从天而降,万箭齐发,无数的箭镞像雨点一样射向敌群。

再造大唐 赤胆忠心保社稷

而此时，李嗣业率领的回纥兵也从山后杀了出来，叛军在漫天的尘土中看到猛冲过来的回纥兵，大惊失色，阵脚大乱。郭子仪乘势杀了个回马枪。叛军前后被围，左右挨打，进退无门。正在这时，又听到四处高喊："回纥兵来了"赶快放下武器投降吧！"在唐军和回纥军的合击之下，叛军被打得溃不成军。死伤的士兵连道路都给堵塞了。严庄、张通儒等连陕州城也不敢进了，落荒东逃。广平王李俶与郭子仪进入陕州城，命仆固怀恩等分道追击叛军。

庄严、张通儒拼死才逃回洛阳，向安庆绪建议："三十六计走为上。"安庆绪见严庄败回，惊惶不安，仅率精骑三百，步兵近千人，于十六日夜，离开洛阳，渡过黄河，逃往邺城 (今河南安阳)。十月十八日，唐军收复东京洛阳。十月二十一日，郭子仪命右武锋使浑释之率兵攻取河阳 (今河南孟州南)、河内。庄严见大势已去，投降唐军。陈留 (今河南开封) 军民闻官军收复两京，杀死叛将尹子奇，举郡归唐。正在围攻颍川 (今河南许昌) 的叛将田承嗣，也派人前来请降。郭子仪还未来得及收降，田承嗣又与围攻南阳的叛将武令王甸一起逃往河北。到了这个时候，河东、河南诸郡县相继光复。唐肃宗在凤翔接到光复长安的捷报，顿时悲喜交加，泪流满面，当即派宦官入蜀奏呈太上皇唐玄宗。自从安史之乱以来，这也许是最好的消息了。收复了两京，对李唐王朝而言，它的重要性不言而喻。此时的唐肃宗也终于感觉到恢复唐室更有希望了。平静下来之后，当他再次接到唐军陕州大捷的奏报时，他便率领百官由凤翔回到长安，并迎唐玄宗回朝。十一月，郭子仪从洛阳班师回长安朝见唐肃宗，郭子仪凯旋，肃宗十分高兴，并且派仪仗队到霸上 (今西安东) 迎接。唐肃宗见了郭子仪，盛赞他说："大唐虽然是我李家的天下，实际上是由你再造啊！"

至此，被叛军先后占领的大唐的都城长安和洛阳，终于又回到了李家，然而，这些胜利付出的代价也是非常之大的。虽然唐军已经复了两京，找回了当朝的基业，但是，战争还没有结束，叛军的势力依然对唐军有着很大的威胁，随后的战争依然是非常的残酷和曲折。

进取卫州，邺城新败

郭子仪等诸将收复两京以后，唐肃宗大喜过望。至德二年 (757) 十二月中旬，唐肃宗迎太上皇李隆基返回长安，此时，唐军取得空前胜利，唐室得以恢复，国家复兴，唐肃宗宣布大赦天下，并对参加平叛的文臣武将，论功行赏。朔方节度使郭子仪以兴复大功进位司徒 (正一品)、封爵代国公、受赏实封一千户。十二月下旬，唐肃宗命郭子仪及时赶回洛阳，筹划出兵河北。郭子仪奉诏回到洛阳前线之后，就立即着手部署讨伐安庆绪与收复河北地区的军政事宜。乾元元年 (758) 二月，肃宗为郭子仪再颁诏令：追赠其亡祖郭通兵部尚书官职；为其亡父郭敬之追赠太保官职、追赠祁国公爵位、追赠"贞懿"谥号；追封其亡母向氏"魏国夫人"。郭子仪的显赫功勋，为家族赢得了莫大荣耀。面对皇上的恩宠，郭子仪也是万分感谢。

唐军收复东、西两京之后，河北叛军的内讧，已经演成公开分裂之势。安庆绪逃出洛阳，北走至河北邺郡 (今河南安阳) 时，跟随他的兵马、步卒不足一千人，骑兵不过三百人。叛将阿史那承庆等人，各自投于常山、赵郡和范阳。安庆绪听说李光弼的唐军屯于井陉，于是，也不敢再向北去，只得坚守邺郡，并改年号为"天成"，改邺郡为安成府。安庆绪利用唐军没有出兵机会，收集散兵败卒，招募新兵，黄河以南各路叛军也相继渡过黄河，集结邺城，不久，就聚集了六万多人。

随后，叛将蔡希德自上党 (今山西长治)、田承嗣自颍川 (今河南许昌)、武令珣自南阳 (今河南邓州)，陆续带兵赶到邺城。这时，安庆绪还占据着河北南部及东部的邺、汲、赵、魏、平原、清河、博平等七郡六十余城，军势复振。此时安庆绪兵员、资粮也比较充足，他企图据此固守邺城，以对抗唐军。

三月，安庆绪在军势复振之后，派其大将蔡希德、安太清攻陷平原 (今山东陵县)、清河 (今河北清河) 二郡，俘获太守王暐和宇文宽。此二人原先都是安庆绪党羽，在安庆绪逃往河北时，先后杀死叛军使者，归降于唐。安庆绪下令将二人押至邺城，凌迟处死，以儆其众。后来，又下令：凡发现有图谋归降唐军者，胡人诛其部落，汉人诛其宗族，并株连其部曲、州县官属和民众。为了笼络军心，安庆绪又与其将臣在邺城之南，歃血盟誓。四月初，安庆绪又与蔡希德等率步骑兵两万人，向西南渡过沁水，进攻河内 (今河南沁阳)。当时，驻守在河内的唐将，是镇西北庭行营节度使李嗣业，勇猛善战，统兵击退来敌，叛军无功而返。

安庆绪在邺城，虽然有唐军围困，但甲兵资粮还是非常充足。于是，他就又开始过起骄奢淫逸的生活，随后，他下令大兴土木，广开池沼，增修亭台，建造楼船，整日不理军政，专以声色饮酒为乐。其大臣高尚、张通儒等人争权倾轧，纲纪紊乱。大将蔡希德富有才略，所部兵卒精锐能战，但因性情刚烈而，被张通儒设计陷害杀死，其部下将士数千人逃散而去。安庆绪任命崔乾祐为天下兵马使，总揽军权。但崔乾祐刚愎暴戾，凶残好杀，将士大多心怀怨恨，不愿卖力效命。

唐朝方面，郭子仪奉诏经略河北。为了酬谢回纥出兵援助收复两京，并再次借兵助剿安庆绪，于七月十七日册封回纥可汗为"英武威远毗伽阙可汗"；唐肃宗以小女儿宁国公主"和亲"，嫁给回纥可汗为妻。肃宗亲自将女儿送至咸阳，依依而别。册礼使汉中王李璟等人，送宁国公主至回纥可汗牙帐 (今蒙古国哈尔和林西北)，回纥葛勒可汗接受册命，并立宁国公主为"可敦" (可汗正妻)，举国庆贺。七月二十五日，郭子仪奉命入朝。唐肃宗命百官到京城东面的长乐驿迎接，自己登上禁苑的望春楼等候郭子仪朝见。八月中旬，李光弼也奉命入朝。八月十七日，唐肃宗又任命郭子仪为中书令，李光弼为侍中。第二天，郭子仪便返回行营，着手准备进取邺城。这时，回纥可汗派大将率领三千名骑兵南来，帮助唐军一同进攻邺城。唐肃宗下令由朔方军左武锋使仆固怀恩统领回纥骑兵。

乾元元年 (758) 九月，唐肃宗下达诏书，命令朔方节度使郭子仪、镇西、北庭节度使李嗣业、兴平节度使李奂、滑濮节度使许叔冀、淮西节度使鲁炅、郑蔡节度使季广琛、河南节度使崔光远以及平卢兵马使董秦，九镇节度使率领步骑兵共计二十万人，一同讨伐安庆绪；同时又命河东节度使李光弼和泽潞节度使王思礼，各率所部兵马助战。唐肃宗因郭子仪，李光弼都是国家中兴元勋，难相统属，因此没有任命元帅，而是改派宦官鱼朝恩为观军容宣慰处置使，监督各军，实际上他就成了这支部队的最高统帅。

至乾元元年 (758) 十月初，郭子仪首先率兵从杏园 (今河南卫辉东南) 渡过黄河，在获嘉 (今河南获嘉) 击败安庆绪的大将安太清，歼敌四千余人，俘获五百余人。安太清退保卫州 (今河南卫辉)，郭子仪率部进围卫州。这时，鲁炅率淮西兵自阳武 (今河南原阳)；季广琛、崔光远率兵自酸枣 (河南延津) 渡河北上；李嗣业从河内 (今河南沁阳) 东进，与郭子仪会师于卫州城下。郭子仪挥军包围卫州，并派使者向朝廷报捷。郭子仪旗开得胜，其他各路唐军继后进发。安庆绪闻知卫州危急，于是，不惜调动邺城的所有兵力七万人，并将这七万人分为三军，以崔乾祐领上军，圈承藏领下军，安庆绪自领中军，援救卫州。郭子仪闻知邺城方面敌情后，决定由朔方军迎击安庆绪的援军。于是，郭子仪传令三千名弓箭手埋伏在军营垣墙背后，告诫道："我军如果退却，叛军必来追赶，那时你们就登上墙头，擂鼓呐喊，一齐射箭。"一切部署完毕之后，郭子仪立即率军出营与敌交战。双方拼杀了一阵之后，唐军佯装抵挡不住而败退，穿营而过。安庆绪不知是计，率兵

137

追击，紧追至唐军营垒。就在这个时候，郭子仪事先安排的伏兵突起，齐发而射，箭如雨注，叛军死伤惨重，狼狈逃窜。郭子仪又指挥唐军回转包抄，冲杀而来。叛军腹背受敌，顿时溃散。安庆绪之弟安庆和被唐军俘获，斩于阵前。卫州城内叛军见其援兵败北，也开城逃命而去，唐军顺利收复了卫州。

攻克卫州后，郭子仪等将领都认为这是一个良机，于是，唐军马不卸鞍，兵不解甲，又开始乘胜追击安庆绪，直至邺城。许叔冀、董秦、王思礼及河东兵马使薛兼司，也都引兵相继追来。十月五日，安庆绪收集余众，又与唐军大战，复遭惨败。唐军前后歼敌三万余人，俘虏一千人。安庆绪损兵折将，连遭败绩，城外又都是唐军，安庆绪遭此沉重打击，只有退入邺城固守，不敢出战。这时李光弼也率部赶来。郭子仪、李光弼等九节度便将安庆绪围困于邺城，并分头攻取叛军占据的其余郡县。乾元元年 (758) 十一月上旬，唐军河南节度使崔光远攻取魏州 (今河北大名)。十七日，朝廷任命原兵部侍郎萧华为魏州防御使，负责守备。魏州在相州东北约一百五十里。唐军攻克此城，既可从侧背对相州构成外围包抄态势，又可据以阻击史思明的援军。鉴于整个战局形势，并为奖励克城之功，郭子仪上奏朝廷，请求以崔光远代替萧华，驻守魏州。十二月五日，唐肃宗敕令崔光远兼领魏州刺史。安庆绪在走投无路的情况下，只好派薛嵩去范阳向史思明求救，并许诺解围之后，将皇位让给史思明。史思明得到安庆绪求救的消息后，即率领十三万大军南下，以李归仁为前锋，领兵一万进驻滏阳 (今河北磁县)，与安庆绪遥相呼应。后又分兵三路南下，一路向邢 (治今河北邢台)、沼 (治今河北永年东南)，一路向冀 (治今河北冀州)、贝 (治今河北清河西)，一路由洹水 (今河北临漳东南) 向魏州 (治今河北大名) 进攻。唐将崔光远刚到魏州不几天，叛军就兵临城下。崔光远派部将李处燥出城迎敌。由于叛军兵多势盛，李处燥连战失利，引兵退回州城。叛军追至城下，扬言说："李处燥召我们前来，为何不出!"崔光远未审其中有诈，信以为真，将李处燥腰斩处死。李处燥作战骁勇，深受士卒信赖，被错杀之后，士卒顿失斗志。崔光远方才明白自己中了叛军的离间之计，铸成大错。但后悔已经无济于事，遂弃城脱身南奔汴州 (今河南开封)。十二月二十九日，叛军攻陷魏州，史思明下令屠城，唐军将士及民众被杀三万余人。叛军攻占魏州后，便从东面和北面两个方向上，对唐军构成弧形进逼态势。但史思明却又按兵不动了。乾元二年 (759) 正月初一，叛将史思明在魏州城北筑坛，祭告天地，自称大燕圣王，以周挚为行军司马。

其实，自从安禄山被杀之后，叛军内部的矛盾就已经是非常激烈，而史思明与安庆绪本来就有矛盾。当初安庆绪兵败洛阳之后，他的部众被唐军冲散，有不少将士逃回范阳，随即被史思明收编。当安庆绪从河南北逃时，其大将李归仁所率精兵"曳落河"、同罗及六州胡兵共约三万余人，逃往范阳，沿途大肆抢掠，所过之处，人财无遗。史思明闻报后，整军为备，并派出使者在范阳境内迎接招抚，"曳落河"及六州胡兵愿意归顺，唯同罗兵不从。史思明纵兵攻击，同罗兵大败，抢掠来的财货人畜全部被夺走，残余人马逃回漠北。这时，史思明控制的地盘有十三郡之大，兵力达八万余人，超过了安庆绪。安庆绪忌恨史思明兵力强盛，预感无法控制，心中极为恐慌。安庆绪担心史思明势力太强，于己不利，于是在至德二载 (757) 十二月，安庆绪派阿史那承庆、安守忠率领五千名精锐骑兵以征调兵马之名，前往范阳，企图借机行事，除掉史思明，将其所部兵马夺为己用。史思明闻其入境，料知不怀好意，于是立即与部下秘密商议。其手下节度判官耿仁智、裨将乌承瑾相继进言："唐室复兴，是天下民心所向。安庆绪如同草叶露珠，难以长久。如果款诚归顺，洗刷过错，才能转祸为福。"史思明听后，点头称是。此时的史思明见叛军河南大败，军心动摇，又害怕安庆绪以伪帝名义召集诸将来攻，经过一番考虑之后，史思明准备归降朝廷。

当安承庆和安守忠来到范阳时，史思明出动数万兵马开城列阵相迎，双方相距一里之遥。史思明派人传话，以温言软语诱使安承庆等

再造大唐 赤胆忠心保社稷

人放松戒备，然后邀进城内宴欢饮酒，一同作乐。同时派兵将到城外，收缴了安承庆部下的武器装备，其愿留者给予重赏，分隶于范阳各军中；不愿留者，发给路费遣散。第二天，史思明下令囚禁安承庆和安守忠等人，并派其部将窦子昂奉表前往长安，以所辖十三郡和八万兵众归降，同时据守云中的高秀岩部也投降了唐廷。同年十二月二十二日，窦子昂到达长安。唐肃宗喜出望外，下诏任命史思明为范阳节度使，封爵归义王。同时任命乌承恩为范阳节度副使，和内侍李思敬一同前往范阳，传宣诏命，抚慰将士，敕令史思明率所部兵马，准备进讨安庆绪。但是，由于史思明是安禄山反叛的死党，唐朝廷中一些大臣对其是否诚意归降，持有戒心。河南节度使张镐上奏说："史思明凶恶阴险，借叛乱窃据高位。如今大势将去又奉表归降，实在是人面兽心，难用仁德感化。朝廷切不可轻信其人。还有滑州防御使许叔冀，也是奸猾多诈之徒，临难必变，请将其征召入朝担任宿卫，以防再生枝节。"当时的大将李光弼，也认为史思明最终还会反叛。然而，面对这样的节节胜利和眼前的大好形势，再加上唐肃宗已经非常厌恶战争，所以在侥幸心理下，他没有听用张镐等人的建议。于是，李思敬和乌承恩奉使到河北后，一路宣布诏旨。

其实，史思明并不是诚心投降唐朝廷，而是缓兵之计。史思明知道，在这段招抚的时间里，唐军不会开战。同时，邺城南临黄河，西有太行山脉，处在山河交接的死角地带。史思明占据沼州、魏州之后，从北部和东部对郭子仪等围攻邺城的唐军，构成弧形的包围阵势，加上邺城尚未攻克，这对唐军是一个很大的威胁。李光弼识破了史思明的战略意图，认为史思明得魏州而按兵不进，是想等待唐军疲怠松懈，然后乘机以精锐袭击。他主张抽调河东和朔方军直逼魏州，史思明也吸取了嘉山惨败的教训，一定不敢轻出。这样时间一久，邺城必然疲困不堪，必定为唐军攻克。邺城一破，魏州的史思明就更加孤立，更容易被唐军消灭。可是对军事一窍不通的鱼朝恩，拒绝采纳李光弼的正确建议一再贻误战机。

第二年六月，李光弼看出史思明终将叛乱，于是就请奏唐肃宗以乌承恩为范阳节度副使，令他密谋除掉史思明。早在安禄山反叛之前，乌承恩之父乌知义曾任平卢军使。当时，史思明在乌知义部下为将，乌知义待其有恩。安禄山起兵叛乱时，乌承恩担任信都（今河北冀州）太守，举郡投降了史思明叛军。史思明念及旧恩，保全了他的性命。及至安庆绪败逃河北，叛军势力衰落，乌承恩想立功赎罪，便劝说史思明归降，又散私财招募部曲，还多次男扮女装，暗中游说其他军营的士卒，此事被人报告给史思明。但史思明怀疑事证不实，没有追究。不久，乌承恩入长安，得以奉诏同李思敬宣慰河北，更想趁此机会，图谋诛杀史思明，以建大功。当乌承恩到达范阳后，史思明留其宿于客馆，又召其在范阳的小儿子到客馆相会。当日半夜时，乌承恩悄声告诉儿子说："我奉皇帝之命来除史思明这个逆贼，事成之后朝廷就会任命我为节度使。"然而，在这种复杂的局势下，史思明对乌承恩的突然前来还是非常的怀疑。于是，他提前就派了两个亲信，潜伏在乌承恩和儿子相聚的房内的床下，以探虚实。果然，两人一听此谋，从床下大叫而出。史思明立即逮捕了乌承恩父子，责问乌承恩："我有何负于你？你竟这样来对待我！"乌承恩为保住性命，妄言求饶说："我知罪。这些都是李光弼的计谋。"于是，史思明便伪造了李光弼给乌承恩的密信、跟随史思明反叛的数百名范阳将士的名册、唐朝廷赐给安承庆共谋史思明的铁券等，然后召集将士官吏和民众，向西大哭说："臣以十三万之众归降朝廷，何负于陛下，却要图谋杀死臣下！"遂下令将乌承恩父子乱棍打死，被牵连而死的有两百余人。只有乌承恩之弟乌承璀闻风逃往太原，投奔李光弼，幸免一死。接着，史思明下令囚禁中使李思敬，并将此事情状上表于唐朝廷。

唐肃宗派给乌承恩的招抚任务失败后，不仅乌承恩身死，而且还使得朝廷陷入被动。然而事已至此，唐肃宗还是不忘他的招抚计划，于是再派中使到范阳去慰喻史思明："此事本非朝廷与李光弼的意图，皆乌承恩一人所为，杀之甚善。"恰在这时，唐朝廷处置降敌官员的公

再造大唐　赤胆忠心保社稷

告文书传至范阳，其中达奚珣、陈希烈等二十五人处斩或赐死。史思明心中更为忧惧不安，召集诸将商议道："陈希烈等人原先都是朝廷重臣，如今尚且不能免死，更何况我们本来就是跟随安禄山起兵的叛臣，李唐朝廷岂肯真心赦免饶恕!"这一来，范阳将士人情汹汹，史思明遂上表唐朝廷，要求杀死李光弼，声言"陛下如果不为臣杀掉李光弼，臣将亲自率兵前往太原杀死他"。时在乾元元年（758）六月。其实，这个时候史思明的反唐之心更加坚定了，而此时的这些请求无非是让唐朝廷陷入两难境地。

随后，唐肃宗深感招抚已经没有希望了，于是，遂下令郭子仪等节度使进取邺城。然而，邺城城池坚固，唐军自冬至春，久攻不下。镇西节度使李嗣业，亲率所部攻城，被城上毒箭射中，死于军中。二月，郭子仪等筑堤两重，堵漳河水灌入城中，城内一片汪洋。叛军有的爬上房顶，有的构筑窝棚，数十日以后，城中柴尽粮绝，一只老鼠值钱四千。安庆绪不知所措，日夜盼望史思明来救。唐军以为邺城随时可破，产生了松懈情绪。史思明见邺城危急，遂从魏州领兵来救。

史思明在魏州以逸待劳，估计唐军已经师老势屈，便开始采取行动。二月中旬，史思明指挥叛军进至距相州五十里处扎营，并下令每营击鼓三百面，威慑唐军而声援安庆绪；又令各营挑选五百名骑兵，不分昼夜，轮番到城下骚扰唐军，伺机抢掠。唐军出击时，叛军立即四散奔逃，于是唐军各营每天都有人马和牛车遭受损失，而且昼夜难得安宁，更为疲困。唐军数十万人马，野营征战将近半年之久，粮草补给所需甚为巨大。大军群集于相州城下一隅之地，樵采也日益艰难。时值天下饥馑，为供应作战，南自江淮，汾（今山西汾阳），舟车相继，转输粮草。奸狡多计的史思明，又选派军中壮士伪装成唐军，分作小股，打着唐军旗号，深入到半途督促运粮民夫，借故斥责行路缓慢，随便杀人，致使运粮者人人恐惧，纷纷逃命，遇到唐军转运粮草的车船聚集之地，便暗中纵火焚烧。这些小股游击叛军，出没无常，忽聚忽散，而且有暗号相互辨识。而唐军的逻捕士卒既抓不到人，又侦察不出其行迹，防不胜防。结果导致围城的唐军各营粮供不继，人心涣散，咸思回归，斗志自溃。二月末，史思明停止其"疲敌"之策，指挥叛军大队直逼相州城下，与唐军约定日期决战。三月六日，唐军步骑兵号称六十万人，布阵于相州东面的安阳河之北。史思明自率精兵五万人前来交锋。唐军将士遥望叛军兵少，还以为是前哨游兵，并未介意。叛军虽然人数居于劣势，但养精蓄锐，士气方盛。史思明更是身先士卒，带头冲锋。唐军以优势兵力，志在必胜。李光弼、王思礼、许叔冀、鲁炅等将各率所部，首先与叛军交兵厮杀。双方激战多时，杀伤相当，鲁炅被乱箭所伤，退出战场。郭子仪带领朔方军继鲁炅之后投入战斗，布阵未就，不料风云突变，天气异常。骤然之间，狂风暴起，其势席卷沙尘，摧折树木，

图为"安史之乱"时期短暂流通的古币珍品"得壹元宝"和"顺天元宝"。

天地之间一片昏暗，人眼难睁，咫尺之内，人马莫辨。两军都大为惊骇，唐军向南溃退，叛军向北溃退，各自奔逃，丢弃的兵仗辎重，堆积于路途，损失惨重。叛军因此摆脱了不利形势，安庆绪也暂时摆脱了困境。而对唐军来说，形势不容乐观，很多的将士早已厌战思归，受惊之下，遂成全线崩溃之势。而郭子仪威望实居于诸将之上，是故朔方军居后先溃，有牵动全局之影响。其余各节度使之兵，遂纷纷溃归本镇，并于沿途剽掠扰民，地方官吏无法制止。其混乱局势，十多天后才慢慢平定下来。只有李光弼和王思礼所部，以军纪严明，约束有方，全军返回。朔方军退至河阳 (今河南孟州)，战马万匹，只剩三千，甲仗丢失殆尽。郭子仪下令切断渡桥，以保守洛阳。而洛阳城中的官吏百姓，风闻大军溃退，争相出城逃往山谷。东京留守崔圆、河

再造大唐 赤胆忠心保社稷

南尹苏震等人，竟弃城远逃襄 (今湖北襄阳)、邓 (今河南邓州)。郭子仪准备坚守河阳，但士卒与民众相互惊扰，人心惶惶，遂又向西退至缺门 (今河南新安西)。待诸将陆续会齐，点检士卒，尚有数万。郭子仪与诸将商议放弃东京，退保蒲 (今山西永济)、陕 (今河南三门峡) 二州。此二州地处黄河南北两侧，西有潼关控制险要，可以据之御敌。都虞侯张用济建议道："蒲、陕二州正闹饥荒，军需供应困难。不如坚守河阳，如果叛军来攻，诸军并力拒之。"郭子仪表示同意，立即派都游奕使韩游环带五百名骑兵，急趋河阳，张用济带五千名步兵继后。韩、张二人刚至河阳，叛将周挚也引兵前来争城，见唐军抢先一步，只好退回。张用济抓紧时间，督其士卒在河阳桥南北两端筑起垣墙，以便坚守。郭子仪与诸将上表朝廷请罪，然而，在这个复杂的局势下，唐肃宗深知不宜惩罚，于是，唐肃宗仍以郭子仪为山东、河东诸道元帅，东京留守。

第五章

屡遭谗言 不计荣辱终平叛

国内战事不断，而在朝廷中则是宦官弄权，奸佞当道，这些人害怕郭子仪因战功而获得爵位，威胁到他们的利益，于是屡进谗言，使得很多有功之臣失去兵权。随后，很多已经收复的城池又再次落入叛军手中。然而，即使如此，郭子仪仍然时刻关注战事的变化，并且进言献策。在局势再度恶化的时候，朝廷再次起用郭子仪。郭子仪不计个人荣辱得失，全力平叛，经过将近八年的战争之后，终于平息战乱。

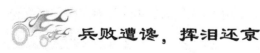

兵败遭谗，挥泪还京

在围攻邺城的过程中，唐军和叛军在相州城交锋，虽然唐军有兵力上的优势，但是最后却失败了，而且败得很惨。这次战争的失败，使得唐军平息叛乱的时间又一次延长了，而天下的百姓则更加悲惨。

围攻邺城的失利，总结起来，恶劣的气候固然是一个重要因素。但没有把握有利的战机，任命有战略眼光和军事指挥才能的统帅，却是这次失利的根本原因。在当时的紧急形势下，九节度使一共六十万人围攻邺城，却不设统帅，这在战争史上是少有的。尤其是在九节度使齐集邺城之后，各军指挥不统一，行动不协调，进退互相观望，处处被动应付，在这样的一种消极的情绪下，才使得史思明的计谋一步一步得逞。而此时的观军容使鱼朝恩根本不懂军事，却以皇帝代表的身份监视诸将，处处制约着各节度使，行使着最高的权力。如果他当时采纳李光弼分兵魏州牵制史思明的建议，此战就不会是如此结局。

唐肃宗以亲信宦官鱼朝恩为观军容宣慰处置使，凌驾于诸路统兵大将之上，开建唐以来军事制度之先例，可谓用心良苦。其时叛军仍盘踞河北，必须重用郭子仪、李光弼等将领来讨逆平叛。同时，鉴于安禄山拥兵太盛而谋逆叛乱，酿成巨祸之教训，又对郭、李等大将心存戒备，惧怕他们功高权重，复成尾大不掉，无法控制之势。君上猜疑之心既成，遂用"家奴"节制大将，以免军权旁落。宦官乃"刑余之身"，虽无造反篡位之大虞，但却毫无统兵作战之才能，唯以威权在身，干涉军事，致使大将缩手，奇谋难行。郭子仪、李光弼都是少有的将帅之才，让其中任何一人来实际指挥这支部队，结局也肯定不会如此。郭子仪在此战初期，指挥自己的部队进攻卫州时，能够接连取胜，就是最好的证明。从当时的局势看，进攻邺城的时机，如果是选在安庆绪逃离洛阳不久，各地叛军还没有聚集邺城之前，那么，这个时候安庆绪的叛军就没有兵力可以坚守。从两个月之后，史思明的降唐，到第二年六月史思明的复叛，如果唐军能够在这半年之内出兵邺城，那么，就不会中了叛军的缓兵之计，安庆绪就会孤城无援，也就不可能坚守五个多月的时间，而唐军也会减少更多的损失和伤亡。

　　在叛军方面，史思明叛军自安阳河北溃两百余里至沙河 (河北沙河) 后，侦知唐军已全部撤围远走，便收集整顿士卒，复挥军南下，驻屯于相州之南。此时，安庆绪已乘机从郭子仪等唐军大营遗弃的军需物资中，收得六七万石粮米，与孙孝哲、崔乾祐等人商议闭城以拒史思明。但其他将领认为史思明兵强势众，不可背约。而史思明既不向安庆绪通报，也不追赶唐军，只是每天在军营中盛设酒食，慰劳将士。于是，张通儒、高尚等人向安庆绪请示说："史王远来，臣等应当出城迎谢才是。"安庆绪六神无主，只好说："你们先去吧。"张、高等人出城进入史思明军中，史思明厚礼相待，又殷勤送归。三天之后，史思明见安庆绪仍然没有出城前来，将皇位让于他，于是就暗中派人找来安太清，经过商议之后，让安太清去劝诱安庆绪。此时的安庆绪已经是惊弓之鸟，并且本身也没有什么谋略和能力，所以他也是惶惶终日，惊恐异常。无奈之下，他只好派安太清上表称臣于史思明，请其解甲入城，愿意奉上玉玺印绶让位。史思明看过表文说："何至于如此？"随即把表文交给将士们传看，将士都高呼"万岁"！史思明这样做，是借以观察其军心所向。然后，他亲自写信抚慰安庆绪说："我愿和你结为兄弟邻国，相互援助，与李唐形成鼎足而立之势，这样或有可能。至于要你向我行北面称臣之礼，实在不敢承受。"史思明不以臣下相称，并将安庆绪的表文封合退还。看到史思明并没有要当皇帝的意思，安庆绪收信后大喜，因而请史思明与他歃血结盟。但是，史思明是一个城府极深，狡诈凶残的人，他随时都在寻求机会，以求登上皇位，满足自己的野心。当时，史思明表示同意，安庆绪便带三百名骑兵，出城来到史思明营中。史思明已布置好士卒，身穿铠甲，手持兵器相待，引安庆绪等人进入营帐，安庆绪稽首拜谢说："臣未能恪尽职责，致使两京尽失，并久陷重围。幸蒙大王念及太上皇 (即安禄山) 旧情，远垂救援，使臣临死而复生。大王恩德深厚，臣粉身碎骨，也难以报答。"不料史思明突然变脸，大怒叱责说："丢失两京，何足挂齿！你作为儿子，杀父夺其位，天地所不容。我要为太上皇讨伐逆贼，岂能接受你这些谄媚巧言！"立即喝令左右武士将安庆绪拖出斩首，同时被杀的还有安庆绪的四个弟弟和高尚、孙孝哲、崔乾祐等人，而张通儒、李庭望等人则被史思明授以官职，继续留用。

杀掉安庆绪后，史思明整军入城，收编了城内的兵马、打开府库，将财物分赏给将士。接着，派安太清带五千士兵攻取怀州 (今河南沁阳)，并留驻镇守。考虑到李光弼的河东唐军仍威胁着其后方，史思明放弃了立即向西进兵的计划，留下其子史朝义坐守相州，自己带兵北还范阳。四月上旬，史思明于范阳自称大燕皇帝，改元"顺天"，立其妻辛氏为皇后，长子史朝义为怀王，以周挚为相，李归仁为将，并改范阳为燕京。至此，唐王朝的平叛战局又呈逆转之势。史思明代安庆绪而自立，接收了安庆绪占据的全部地盘和兵马，叛军由内部离析，又趋向于稳定，且其军势更显强盛。史思明父子重新控制了河北，并准备卷土重来，与李唐王室再争天下。

相州兵败以及围攻邺城的失败，唐肃宗非常的恐慌。后来，为了应付相州溃败后的不利局势，唐朝廷采取增设节度使等措施，调整部署，加强河东与河南地区的防御阵线。到了三月中旬，肃宗任命荔非元礼为怀州刺史，代理镇西北庭行营节度使。此时，怀州被叛将安太清所占据，荔非元礼统所部兵马驻扎于清河南岸 (今河南孟津)，以怀

屡遭谗言　不计荣辱终平叛

州长史段秀实为其节度判官。三月底，唐肃宗任命郭子仪为东京畿及山南东道并河南等道诸节度防御兵马元帅，仍代理东京留守。任命河西节度使来瑱为陕州刺史，兼任陕州、虢州 (今河南灵宝)、华州 (今陕西渭南华州区) 节度使。四月八日，增置陈州 (今河南淮阳)、郑州 (今河南郑州)、颍州 (今安徽阜阳)、亳州 (今安徽亳州) 节度使，以邓州 (今河南邓州) 刺史鲁炅担任。任命徐州 (今江苏徐州) 刺史尚衡为青 (今山东益都)、密 (今山东诸城)、登 (今山东牟平)、莱 (今山东莱州)、淄 (今山东淄博西南)、沂 (今山东临沂)、海 (今江苏连云港西南海州区) 七州节度使。以商州 (今陕西商州市) 刺史、兴平军节度使李免兼任豫 (今河南汝南)、许 (今河南许昌)、汝 (今河南汝州) 三州节度使。各节度使负责本辖区边境的巡查守御。

在这次的兵败中，由于鲁炅所部的唐军剽掠扰民最为严重，后来又得知郭子仪退守河阳，李光弼全军返回太原，鲁炅羞愧惧怕，于是饮药自尽。这个消息传到朝廷之后，四月十二日，唐肃宗改任鸿胪卿李抱玉为郑、陈、颍、亳节度使。五月十七日，唐肃宗又任命滑濮节度使许叔冀为汴州 (今河南开封) 刺史，兼滑 (今河南滑县)、汴、濮 (今山东鄄城北)、曹 (今山东定陶西南)、宋 (今河南商丘南) 五州节度使；以代理汝州刺史刘展为滑州刺史兼节度副使。唐肃宗在增设节度使防区的同时，对统领诸道行营的副元帅一职，也做了新的调整。

唐肃宗的这次官职调整和调派，与监军宦官鱼朝恩在肃宗面前谗言诋毁郭子仪有直接的关系。自收复两京以来，郭子仪以兵马副元帅之职，运筹指挥，屡建功勋，无人可比。四月下旬的时候，唐肃宗派宰相张镐到东京慰劳诸军，郭子仪召集部将，于军中设酒馔接待。但张镐却不肯入席，稍待即去。于是，朔方军营中将士情绪不悦，相互议论，揣测缘由，流言放肆。而宦官鱼朝恩是个阴险狡诈之人，并且对权力有着强烈的欲望。他早就妒忌郭子仪的功高位显了。唐军九节度使兵溃相州，身为监军的鱼朝恩毫无反省的意思，并且还将战争失败的责任全部推给郭子仪，因为郭子仪的朔方将士最先溃逃。这个时候，再加上唐肃宗自己对郭子仪兵权太重，早就心存戒惧，害怕他功高权大，无法控制。所以，就在这一年的七月，将郭子仪召还京师，并且免去他朔方节度使、诸道行营之帅的职务，用李光弼代替他。郭子仪因此被夺去兵权，解甲退出沙场。十多天之后，便有中使前来传宣圣旨，召郭子仪入朝。

郭子仪在朔方军中任职二十多年，对待部众宽容仁善，深受将士爱戴。当肃宗派来中使宣召郭子仪入朝时，郭子仪连夜返京。将士们挡住中使的马头，痛哭流涕，请其上奏皇帝，让郭子仪继续留任。郭子仪也不忍和将士们分离，但又不敢违抗皇帝的命令，他宽慰将士们说："我是去送京城派遣来的使臣，哪里是离开你们？你们要服从命令。"说罢，挥泪跃马而去。

临阵易帅，洛阳复失

郭子仪接到唐肃宗的宣召之后，连夜启程，赶往长安，面见肃宗。到了长安之后，郭子仪深知唐肃宗的意思，于是上了三道奏表，请求辞去副元帅之职。其实，这个时候唐肃宗召他回来，意思已经很明显了。看到郭子仪的奏请，唐肃宗便顺水推舟，批准了郭子仪的奏请。自古立功受奖，战败治罪。郭子仪被解除兵权的时候，已经六十三岁了。虽然朔方军在相州之役中先溃，与郭子仪治军不严难脱关系。然而自古无常胜将军，郭子仪毕竟是位沙场宿将，杰出统帅。唐肃宗出于猜疑，在战事紧张的时期，听信谗言，贸然换掉主帅，置郭子仪于散地，实在是一种极其不理智的做法。

郭子仪应召回京后，乾元二年 (759) 五月二十三日，唐肃宗诏以李光弼代郭子仪。此时的李光弼担心骤然上任，一时难以统驭郭子仪领导的朔方军队，于是就上奏请求肃宗任命一位亲王为元帅，自己为其副。七月十七日，肃宗以其次子赵王李系为天下兵马元帅，李光弼为副元帅兼统诸道节度行营，并代替郭子仪为朔方军节度使，留守东京。同时还让潞沁节度使王思礼兼任太原尹、北都 (今太原) 留守、河东节度使，代替李光弼。唐军相州溃败时，王思礼与李光弼二人全böö返回本镇，所以肃宗决定"易帅"之时，予以破格拔擢。

郭子仪走后，李光弼接管朔方军。李光弼一向治军很严，他担心朔方将士反对他，果然，李光弼受命之后，恐朔方军有变，立即带领河东军骑兵五百人奔赴洛阳，乘夜晚进入军营之中。李光弼治军严整，与郭子仪作风不同，到达朔方军行营后，立即发号施令，朔方军士卒、营垒、旗帜为之一变，军容焕然。但朔方军将士喜爱郭子仪的宽厚，畏惧李光弼的严厉，差一点酿成哗变。

朔方军左厢兵马使张用济，作战英勇而性情暴烈，领兵驻屯于河阳 (今河南孟州)，闻知李光弼夜入洛阳行营，大发牢骚说："朔方军又不是叛军，李光弼竟要乘夜而入，为何对我们这般猜疑呀！"遂与其他将领商议，准备带精锐骑兵冲入洛阳，驱逐李光弼，请回郭子仪。并下令所部将士全体披甲上马，整装待发。但是，都知兵马使仆固怀恩不赞成这种目无法纪的蛮干，说："邺城溃退时，郭公先领兵退走，朝廷责罚元帅，所以罢免了他的兵权。现在若是驱逐李公而强请郭公回来，便是反叛行为。这怎么能行呢？"左武锋使康元宝对张用济说："你若率兵强请郭公回来，朝廷必然怀疑这是郭公暗中指使你干的，这岂不是要让郭公一家被满门抄斩吗！郭公一家老小上百口，有什么对不起你的呢？"听完这些话，张用济才明白过来这其中的利害，于是不再提这件事。

后来，这件事传到了李光弼的耳朵里，由于张用济生性鲁莽，李光弼担心他会做出一些不利之举，于是李光弼便留在洛阳行营，并上表朝廷仍让张用济驻军于河阳。不久，侦知史思明叛军要南下渡河，李光弼对诸将说："叛军渡河后，必定要来进攻洛阳。我军必须守住虎牢关 (今河南荥阳西北)，前锋部队应布置在广武 (今河南荥阳东北)，严阵以待。"于是，李光弼带兵东出洛阳，巡视黄河沿岸防务，驻扎于汜水县 (今河南荥阳汜水镇)，并传召河阳张用济。而张用济仍然骄悍不逊，故意拖延迟到。李光弼忍无可忍，决定杀其儆众。待张用济单骑前来进见时，李光弼列举他的过错，依军法处斩，另以部将辛京果代替其职。接着，李光弼又传召仆固怀恩。仆固怀恩心中畏惧，提前到达。李光弼引其进入营帐相谈。不一会儿，守门人进来报告："有蕃浑部落的五百名骑兵来到营前。"李光弼闻言大惊失色。这时，仆固怀恩起身来到营门，召其部将责备说："已经告诉你们不要来，为何还要违抗命令？"李光弼立即明白，仆固怀恩是有备而来，只好容忍不发，随机应变说："士卒跟随自己的将帅，这没有过错。"并下令营中拿出酒肉，分赏给仆固怀恩的士卒。七月二十七日，肃宗任命朔方节度副使、殿中监仆固怀恩兼任太常卿，晋爵大宁郡王。仆固怀恩自平叛战争以来，跟随着郭子仪，一直担任前锋，勇冠全军，战功最多，所以，肃宗特加奖赏。可见，为了缓和朔方军将士的抵触情绪，稳固军心，免生事端，李光弼颇费了一番心思和周折。此时，在唐朝诸军中，以朔方军兵马最多，战斗力最强，地位最高，是朝廷主要的军事支柱。在郭子仪长期统领下，朔方军纪律涣散，多有悍将骄兵。李光弼熟知此情，才轻装简从，夜入其行营，并立即严饬风纪。其结果一方面是朔方军阵容严整，气象焕然；另一方面是张用济被杀之后，逃散而去者为数众多。郭子仪退守河阳时，尚有数万将士，及至李光弼退守河阳，只剩两万余人。而当郭子仪后来被重新起用时，这些逃散离去的将士，又纷纷返回军营。

乾元二年 (759) 七月，唐肃宗罢免郭子仪的兵马副元帅，以李光弼接替其职的时候，史思明在范阳也稳定了叛军内部。当他得知郭子仪被夺去兵权，心中大喜，九月，发兵南下。史思明开始发动攻势，留其子史朝清守范阳，下令各郡太守率兵三千人，跟随他南下进攻河南。十多万叛军兵分四路：令狐彰率兵五千人自黎阳 (今河南浚县) 渡河攻滑州 (今河南滑县)；史思明自率大军从濮阳 (今河南濮阳) 渡河；史朝义和周挚两路分别自滑州对岸的要津白皋、胡良渡河，兵锋共同指向汴州 (今河南开封)。正在黄河沿岸巡视防务的李光弼，闻报敌情后紧急赶到汴州，命令汴州节度使许叔冀坚守半月时间，等待援军前来。但是，由于叛军攻势凶猛，当李光弼还在返回洛阳途中，叛军就已经进抵汴州城下。由于敌强我弱，这个时候许叔冀与叛军刚一交锋，就吃了败仗，许叔冀难敌叛军，终于在九月二十四日，和濮州刺史董秦等人献城投降。接到这个消息，李光弼感到事情不妙，于是就加快了行程，赶往洛阳。攻下汴州之后，实力又得以增强，士气更盛。于是，叛军乘胜西进，很快就攻陷郑州，随后又直逼洛阳而来。

李光弼一路疾奔赶到洛阳，由于叛军一路上有唐军的阻击，李光弼终于赶在叛军的前面到达了洛阳。然而，李光弼发现，洛阳东面虽有险阻可以据守，但是他们手中只有两万余人兵力，实在难以布成防线和叛军对抗。李光弼审度形势，决定放弃洛阳，退守东北方向黄河对岸的河阳，一如郭子仪上一年自相州退兵之后的部署。河阳北依太行山，与泽 (今山西晋城)、潞 (今山西长治) 二州相接，可以得到王思礼河东军的支援，有利则进，不利则守，如同猿臂可伸可缩，表里相应，使叛军不敢轻易西侵，能够在敌强我弱的形势下，占据主动地位。经过商议，李光弼命令河南尹李若幽带领官吏民众出城躲避，将士火速转送军需物资到河阳，他自己亲率五百名骑兵断后。日暮黄昏，唐军手持火炬，保持严整的战斗队形，在前徐行。叛军游骑尾随于后，不敢轻易进攻。由于形势危急，李光弼全军快速移驻河阳，而他们的粮食只够维持十天时间。这对他们来说是一个非常艰难的时期。唐军一路撤退，而叛军却一路势如破竹，攻城略地。九月二十七日，叛军在毫无抵抗的情况下，进入洛阳，城空无有所得。史思明担心唐军自河阳南下，断其后路，不敢在洛阳宫中居住，退兵于城东的白马寺之南驻屯。又急督士卒在河阳南岸筑起一座月牙小城，以为防御，然后在十月四日引兵渡河，攻击河阳。

在当时的唐军将领中，郭子仪和李光弼各有所长。郭子仪擅长野战，而李光弼则擅长守城战。这一点，早在太原保卫战时，就已经有证明。此时的史思明在河北、河东战场上，曾屡败于李光弼手下。但这次河阳之战，史思明凭借优势兵力，猛攻唐军，战斗异常激烈。在这样的生死关头，李光弼在军靴中插上一把短刀，激励将士说："将士们，临阵杀敌，随时有生命危险。我身为主帅，宁可战死沙场，也绝不能死于叛军之手。万一战斗失败，诸位战死于前，我便自刎于此，不会只让大家牺牲。"主帅抱必死之心，部将白孝德、李抱玉、荔非元礼 (羌族)、郝廷玉、论唯贞 (吐蕃族)、仆固怀恩和仆固玚父子，皆身先士卒，拼死冲杀。唐军众志成城，顽强血

唐肃宗李亨像

战，斩敌骁将刘龙仙于阵前，活擒叛将徐璜玉、李秦授，智降敌勇将李日越、高庭晖。歼敌一万余人，生俘八千余人，夺敌战马一千余匹，取得了河阳保卫战的胜利。十二月，史思明派其大将李归仁率五千名铁甲骑兵西攻陕州，被唐神策军兵马使卫伯玉设伏击败。

第二年，也就是上元元年 (760) 二月，李光弼亲率大军北进，攻打怀州 (今河南沁阳)。得知这个军情后，史思明立即发兵救援。李光弼早有埋伏，二月十一日，当史思明的援军赶到的时候，中了李光弼的埋伏，这一仗，李光弼率领的唐军杀死叛军三千人。史思明战败后，

屡遭谗言　不计荣辱终平叛

并不甘心，三月二十三日，怀州守将安太清出城交战，又被李光弼打败于城南。四月二日，史思明转而出兵掩袭河阳，被提前回军设防的李光弼截击于河阳西渚，又遭兵败，无奈之下，史思明只好退回南岸，并且还损失了一千五百人。六月，史思明又想从郑州北渡黄河，往救怀州。李光弼派平卢兵马使田神功带兵夜袭，烧毁其渡河船只。史思明欲进不能，只好退回洛阳。十一月，怀州在被围百余日，外无援兵的困境之下，被李光弼攻克，伪刺史安太清及军将杨希文等人被俘，押解长安。李光弼坚壁固守河阳，屹然不动，与史思明对峙相持达一年又四个月之久。此段时间内，李光弼虽然多次重创叛军，杀伤其有生力量，但叛军以洛阳为中心，仍居于优势地位。

此时，虽然国内的战事不断，但是郭子仪却闲居在家。然而，他的内心中依然是一腔的报国热情。虽然当时很多人都为他抱不平，可他自己却丝毫没有怨言，对朝廷依然是忠心耿耿。上元元年（760）正月，因西北党项等羌族部落入侵到京城附近，唐肃宗焦虑不安，才又任命郭子仪为邠宁、鄜坊两镇节度使，但仍然把他留在京师，只不过借他的威名而已。朝廷大臣向肃宗上书，认为郭子仪有大功于朝廷，安史之乱尚未平息，不应该将他闲置不用。唐肃宗自己也意识到了这一点，九月，命郭子仪为诸道兵马都统，率英武、威远禁军及朔方、鄜坊、邠宁、泾原诸道兵七万，自朔方直破范阳，然后南下平定河北。然而，就在命令下达了才十几天，郭子仪正在上任的路上的时候，这道任命却又被奸邪的鱼朝恩所阻止，郭子仪再次被召回。

邙山败绩，出镇绛州

乾元二年 (759) 九月，史思明的叛军占据了洛阳，李光弼固守河阳，多次打退史思明的猛烈进攻，使叛军不敢西进。在河阳城下遭受惨败之后，史思明百般引诱，想使李光弼渡河来洛阳与其野战决胜，而李光弼洞明形势，不为所动。两军相峙近一年半之久，不肯冒险决战。由于史思明所统叛军，以胡人骑兵为主力，长于野战，拙于攻城。在多次攻城未果的情况下，史思明于上元二年 (761) 二月间派间谍潜入陕州和长安，四下传言："驻在洛阳的叛军将士，都是燕地人，长期在外征战，人人思归故乡，军中上下离心。官军如果趁此时机进攻，必能战而胜之。"鱼朝恩盲目乐观，推波助澜，多次上奏肃宗。而此时的唐肃宗也是急于求胜，于是，唐肃宗迫令李光弼进兵洛阳。李光弼上奏分析形势，认为叛军居于优势。且兵锋尚锐，应等待有利时机，不宜轻举进攻。

然而，此时的鱼朝恩邀功心切，于是他上奏唐肃宗亲自到陕州前线观察，但是到了之后，他根本没有仔细查看敌情，而是依然按照自己的计划来行事。巡查之后，他很快就回到了长安。面见唐肃宗之后，他出于对郭子仪和李光弼等大将功勋卓著而朝野赞誉的嫉妒之心，归朝后妄言上奏说："李光弼言称叛军盛锐，不可轻进，其实是想借夸大叛军声势来自重其位。"不仅如此，朔方节度副使仆固怀恩，勇猛无敌，但刚愎自用。其部下的番、汉士卒，剽悍善战，但也是依仗战功，时常违法乱纪。郭子仪任朔方节帅时，主要靠这些蕃、汉劲兵上阵杀敌，所以遇事多宽容处理。而李光弼治军严明，事无大小，皆依法论处，决不姑息。仆固怀恩对李光弼的威严军令，既感厌恶又心存恐惧。自李光弼处斩张用济之后，仆固怀恩一直耿耿于怀，而且仆固怀恩野心很大，一心想取代李光弼的位置。为了满足自己的权欲达到挤走李光弼的目的，他转而依附鱼朝恩，和鱼朝恩商议后，他也上奏唐肃宗说："洛阳可取。不能眼看着叛军的势力扩大发展。"这样一来，唐肃宗更加认为乘着李光弼河阳之捷和进取怀州之后的有利形势，再次收复洛阳，将会指日可待。

在这前后的两道上奏之后，唐肃宗坚定了自己的想法。随后，他便相继派了两名中使前往李光弼的营地，催促李光弼出师攻打洛阳。面对这样的情形，李光弼想起了四年前潼关之战时的哥舒翰，不禁仰天长叹。然而，圣旨难违，李光弼只得下令郑陈节度使李抱玉留守河阳，自己与仆固怀恩率领大军，会同驻在陕州的神策军节度使卫伯玉，共受监军使鱼朝恩提调，进攻洛阳。二月二十三日，两军遭遇于洛阳北面的邙山。李光弼下令唐军据险列阵，而仆固怀恩却要在平原处列阵。李光弼指明利害道："依据险要，可进可退，若在平原，一旦失利便会全军溃败。史思明善于野战，不可轻视。"但仆固怀恩拒不听命，反而去找鱼朝恩决断。结果，就布阵地点，半天决定不了。战场得失，瞬息万变。叛军乘唐军列阵未成，抢先发起猛攻，唐军顿时大乱，死伤数千人，全线溃败，军资器械丢弃于路。李光弼与仆固怀恩渡河北走，退保闻喜(今山西闻喜)，鱼朝恩和卫伯玉奔还陕州。史思明乘胜渡河进攻河阳，李抱玉也弃城北撤到泽州 (今山西晋城)。于是，河阳、怀州又陷于叛军之手。肃宗闻邙山败绩，大为恐慌，急令向陕州增兵，加强防御。邙山败绩后，李光弼心中非常惶恐，他上表请罪，自求贬职。三月，肃宗下诏改授李光弼门下侍中、河中尹、晋绛等州节度观察使。

在叛军方面，史思明乘邙山的胜利、士气高昂的时候，下令其子史朝义为前锋，自北道沿黄河进攻陕州，自率大军自南道沿崤山西进，企图攻破陕州和潼关，再取长安。三月七日，史朝义进至陕州东面的礓子岭，被卫伯玉所部唐军击退。随后几次进攻，也都遭失败。史思明被迫驻兵于永宁 (今河南洛宁)，招来史朝义并其部将骆悦等人，大加责骂，声称要按军法将史朝义处斩。三月十三日，史思明又命史朝义依山修筑三角城以贮军粮，限期一日完工。史朝义如期完工，尚未抹泥，史思明赶来立马监工，挑剔怒骂："等攻下陕州，再杀掉你这个无用的东西。"史朝义忧愁恐惧，不知所措。史思明生性残忍好杀，部下稍有过错，动辄诛九族，人人自危。史朝义在其兄弟中为长，常年跟随史思明统兵征战，处事谦和谨慎，爱惜士卒，深得军心，但却始终不得父宠。史思明厌恶史朝义，其中早有缘由。史思明年轻时贫贱，被乡里轻视，但有一辛姓富豪之女，却偏偏愿嫁史思明为妻。史思明自称皇帝，立辛氏为皇后。辛氏所生子史朝清也因其母得宠，为史思明所溺爱。由于偏宠，史思明常欲杀掉史朝义，立史朝清为太子。而史思明左右侍从，因常受虐待，人人怀恨，遂泄此谋。及至陕州连遭失败，史思明认为史朝义临阵胆怯，不足成事，发怒欲斩其治罪，史朝义闻知，此时他们父子关系已如同水火。史朝义的部将骆悦和蔡文景等人，害怕会牵累自身性命，便劝史朝义说："我们与您已死到临头！自古以来常有废立，请您召见宿卫的曹将军，一起共商大事吧！"史朝义一时下不了决心。骆悦等人陈明利害道："您如果不允许这样干，我们今天就去投降唐军，那您的处境就更危险了。"史朝义思之再三，最终流泪答应了。当天夜晚，骆悦与曹将军等人带领三百名士兵，悄然来到史思明所在的驿馆，闯入营帐，活捉了史思明，押至东面的柳泉驿缢杀，然后用毡子包裹尸体，运往洛阳。史朝义杀父之后，在洛阳登基称帝，改元"显圣"。同时密派使者返回范阳，传令散骑常侍等人，杀死史朝清与其母辛氏，又杀不肯听命的将领数十人。结果引起范阳叛军将领之间相互攻杀，数月不息，死亡数千人。史朝义任命李怀仙为范阳尹、燕京留守。史朝义虽然待下有礼，但缺乏经略才能。

其部下的节度使大多是安禄山的旧将，地位与史思明相当，耻为史朝义的臣下，史朝义下令相召，几乎无人前来。相互之间仅维持表面上的君臣关系而已，无人肯真心效命卖力。叛军经过这场父子"火并"，人心更趋四分五裂，实力大为削弱。此时的洛阳周围，因战火摧毁，数百里内的州县，皆成丘墟。于是，史朝义放弃向西进兵的战略，将攻略矛头转向东南方面。

上元二年 (761) 五月，唐肃宗采纳臣下奏议，改任李光弼为河南副元帅，都统河南、淮南等八道行营节度使，出镇临淮 (今江苏盱眙北)，保障朝廷的财赋来源地区秩序稳定，保障江淮之间漕运畅通。八月，李光弼带兵开赴河南行营。同年底，唐肃宗另行任命殿中监李若幽为户部尚书兼御史大夫，持节充朔方、镇西北庭、兴平、陈郑等州节度行营兵马及河中节度都统处置使，出镇绛州 (今山西新绛)，接替李光弼。李若幽出身皇族，性情刚直，有吏干之才。因而被授予重任，并赐名李国贞。

宝应元年 (762) 二月，太原士兵哗变，杀死河东节度使邓景山，自推都知兵马使辛云京为节度使。不久，绛州 (今山西新绛) 驻军又乱，前锋将王元振，杀了行营都统李国贞，在翼城 (今山西翼城) 的镇西北庭行营兵也杀了节度使荔非元礼，推裨将白孝德为节度使。一时间唐军陷入了一片混乱当中，士兵们四处抢劫。在得知这一消息后，唐肃宗忧心忡忡，担心这些士兵趁乱联合起来同河北叛军联络，这样的话，朝廷就岌岌可危了。东河地区的驻军大部分是原属郭子仪统帅的朔方军，唐肃宗担心另派其他后起的将领难以驾驭，在这种危急的情况下，才想起起用德高望重的郭子仪为朔方、河中、北庭、潞泽节度行营兼兴甲、定国等军副元帅，同时为了笼络军心还晋封郭子仪为汾阳郡王，出镇绛州。

这个时候的郭子仪已经六十六岁了，头发早已花白。临行之前，他要求进见唐肃宗。唐肃宗当时正在生病，大臣们没有人能见到他，郭子仪对传话的太监说："老臣受命，将死于外，不见陛下，死不瞑目。"太监将这一番话传达给了唐肃宗，随后，唐肃宗才把他召到卧室，对他说："河东的事务，就全托付给你了。"郭子仪听了，禁不住声泪俱下。随后，他就风尘仆仆地奔赴绛州就任。

重掌帅印，终平叛乱

三月底郭子仪来到绛州，他带来了朝廷拨给绛州军队的绢四万匹，布五万端 (二丈为一端)，米六万石。到了绛州之后，郭子仪先安抚部队，给士兵发放物资，同时又暗地了解当时哗变的情况和为首分子的姓名。然而，就在这个时候，史朝义下令叛军北进，围攻驻守泽州 (今山西晋城) 的李抱玉。郭子仪立即派遣定国军前往救援。四月一日，叛军兵败于泽州城下，撤围南退。四月下旬，郭子仪到达绛州行营。五月二日，郭子仪下令抓捕煽动兵变的王元振及其同谋者四十余人，并且叱责说："你们身处与叛军相邻的前线地区，竟然公开杀害主将，如果叛军乘机发动进攻，恐怕绛州早就失守了。我岂能接受一个士兵的私情而抛弃国法？"随即下令将王元振一伙斩首示众。其余参与作乱的士卒，看到此种情形，非常害怕，于是企图再次起事倡乱。随同父亲来到绛州的郭晞 (郭子仪第三子) 挑选出精锐士卒四千人，晓以忠节大义，亲自统领侍卫保护父帅。新任河东节度使辛云京在太原闻知绛州行营的消息后，立即效法郭子仪，将杀害邓景山的作乱者数十人逮捕审讯，问罪处斩。这件事情之后，河东道各军行营中的将士都小心谨慎，遵纪守法，不敢再造次行事，胡作非为。

　　然而，就在郭子仪受命赴河中镇抚军乱期间，京师长安却发生了一场血腥的宫廷事变。

　　宝应元年 (762) 四月五日，太上皇李隆基驾崩于西内神龙殿，享年七十八岁。唐肃宗哀痛之下，病情更加沉重，遂下令由皇太子李豫监理国政。四月十五日，又诏令改元"宝应"，大赦天下。就在这一段时间内，张皇后，窃据大权。四月十六日，张皇后先命越王李系和内谒者监段恒俊，挑选健壮勇敢的宦官两百余人，在长生殿后发给铠甲兵器，然后以肃宗之命传召太子入宫。李辅国的同党程元振得知这个密谋后，急告李辅国，并于大明宫凌霄门埋伏士兵等待。太子到来后，程元振以张皇后之谋相告。太子闻言说："绝不会有这样的事。皇上病重才召见我，我岂能以怕死而不奉召!"程元振说："国家社稷事大，太子殿下万万不可入宫。"说完，立即下令士兵将太子护送到大明宫外的飞龙厩保护起来。到了夜晚，李辅国和程元振带兵闯入宫内三殿，逮捕了越王李系、段恒俊以及掌管内侍省事务的朱光辉等一百余人，全部囚禁起来。接着又以皇太子的命令，将张皇后迁往别殿。唐肃宗突然受到这样的惊吓，病情加重，终于在十八日突然驾崩，时年五十二岁。随后，李辅国遂下令将这些谋害太子的人，全部处死。十九日，太子在西内两仪殿为肃宗发丧，宣读遗诏。二十日，皇太子李豫登基称帝，史称代宗。

　　四月二十五日，代宗下诏任命皇子奉节王李适为天下兵马元帅。在对付染指中枢权力的宦官势力上，代宗采取了欲擒故纵，后发制人的策略。上元二年 (761) 五月，李光弼改任都统河南等八道行营节度使，徙镇临淮 (今江苏盱眙)，手中并无充足的堪战之兵，故而只能于临淮、徐州 (今江苏徐州) 一线加强防御，以稳定江淮财赋源地和江汉漕运通道。而史朝义叛军也大举围攻宋州 (今河南商丘)，欲南下江淮。双方展开了争夺战。宝应元年 (762) 五月，李光弼命兖郓节度使田神功带兵救援，击败叛军，宋州之围方解。七月，唐代宗任命郭子仪为总理朔方、河东、北庭和潞、仪、泽、沁、陈、郑等节度行营及兴平等军副元帅。八月，郭子仪处理完河东军务，回京师朝见代宗。此时宦官程元振当权用事，他妒忌郭子仪功高任重，就千方百计地在代宗面前诋毁他，要求罢免郭子仪副元帅的职务，给他增加七百户的封邑，让他做负责守卫肃宗墓葬事宜的山陵使。

郭子仪深知代宗皇帝的秉性好恶，担忧程元振一伙的谗毁之言得逞，便从家里保存的朝廷文书中，挑选出代宗自担任天下兵马元帅以来给他的亲笔书信诏敕，加以整理，进呈御览，借以自明忠谨，委婉表达畏惧谗言的苦衷。郭子仪在《自陈表》中说："……陛下曲垂惠奖，念及臣的勤劳，给臣的书信诏敕有一千余篇。这些书敕，委婉曲折，慰谕周到，虽然是表彰臣的一时之功，却成为臣子孙后代的传家之宝。现将自灵武到河北、河南、彭原、河东、凤翔、两京、绛州，凡是臣所经过的地方，陛下赐给臣的手诏敕书，凡二十卷，冒死呈上，请陛下过目！"并且还上书说："我的功德像蝉翼一样薄，命比鸿毛还轻。我为唐朝的强大披星戴月，南征北战。东西十年，前后百战。天寒剑折，溅血沾衣。野宿魂惊，饮冰伤骨。跋涉难阻，出没死生。请陛下相信我对唐朝的忠心。陛下要亲近贤人，远离奸臣。不然，唐朝就危险了。"代宗看了郭子仪的《自陈表》和所呈书信诏敕后，回想到与郭子仪同甘共苦，收复两京的往事，随下诏说："朕不德不明，让大臣心中忧虑，这是朕的过错，朕甚感惭愧。从今以后，爱卿不要再有什么疑虑了。"十月，代宗以长子雍王李适为天下兵马元帅，统兵东讨史朝义，此时的唐代宗曾想让郭子仪担任副元帅，辅佐雍王。但由于程元振和鱼朝恩的交相毁谤离间，代宗又打消了这个主意，改任朔方节度使仆固怀恩为同平章事兼绛州刺史，统领诸军节度行营，担任雍王的副手。

在叛军方面，史朝义盘踞在洛阳，对唐王朝仍然有着很大的威胁。此时，雍王李适认为单靠唐军的力量无法消灭叛军，便向回纥借来十万大军，攻打洛阳。李适与仆固怀恩率领唐军和回纥兵，在洛阳北郊大败史朝义军，攻占洛阳。仆固怀恩又率军追击，连败叛军。十一月，郭子仪因仆固怀恩有平定河朔的功劳，请求把副元帅的职位让给他。于是，朝廷任命仆固怀恩为河北副元帅、朔方节度使。随后，叛军兵败如山倒，史朝义的部下田承嗣、李怀仙等见大势已去，遂率部下向唐军投降。史朝义众叛亲离，走投无路，自杀身亡。至此，这场前后延续七年多的"安史之乱"才算完全平定。

在这场平叛的战争中，虽然郭子仪几起几落，但是他一直是忠心耿耿，不计个人得失，同时他也深深懂得为官之道，并且敢于同奸佞之臣做斗争，这些都体现出了郭子仪的将帅之风，他不愧是再造大唐的贤臣。

第六章

明哲保身 出世入世汾阳王

郭子仪在戍守边疆以及后来的平定安史之乱的过程中，屡立战功，为捍卫大唐江山立下汗马功劳。当朝皇帝为了彰显其功劳，便对他加官封爵，赐封汾阳郡王。郭子仪不仅在战场上能够运筹帷幄，决胜千里，而且深谙为官之道。虽然他对大唐王朝有再造之功，但是他从来不居功自傲，并且更加谦虚谨慎，他不愧是治国之贤才。也正是因为如此，才使得汾阳王府能够在混乱年代经久不衰。

胸怀坦荡，德昭日月

郭子仪身为大唐守卫边疆，护国安民的大将，不仅时时刻刻对国家忠心耿耿，而且为人胸怀坦荡，德行高尚，当比日月，深得时人赞赏。

早在安思顺任朔方节度使的时候，郭子仪和李光弼都是他的部将。当时，李光弼比郭子仪年轻10岁，是个很有军事才能的将军，治军严厉。然而，他们治军的风格却大不相同。他很看不惯郭子仪温顺宽容的性格，因此对郭子仪并不尊敬。当年两人即使同桌进餐，也是互相不说一句话。郭子仪和李光弼不和，是军中公开的秘密。安史之乱爆发后，唐玄宗提升郭子仪任朔方节度使，位居李光弼之上。李光弼怕郭子仪会刁难他，曾想调到别的地方去。这时朝廷仍需要一位得力的大将率部队出井陉，去平定河北。于是唐玄宗向郭子仪征求意见，郭子仪出于公心，推荐了李光弼。然而，刚开始的时候，李光弼并不领情，他没想到郭子仪会推荐自己，以为郭子仪是借刀杀人，让他去送死。可是朝廷有令又不能不服从，临行前他对郭子仪说："我早想一死了之。只希望你能放过我的妻儿家人，不要牵连无辜。"郭子仪听到他冤枉自己的话后，拉着李光弼的手，含着热泪对他说："现在国难当头，军情紧急。我器重将军，才举荐你，你我二人当以国家安危为重，哪能计较什么个人恩怨？此次东征重任，只有将军才能担当啊！"

于是李光弼受命为河东节度使，郭子仪从朔方军中分出了一万名将士，交给李光弼指挥。当李光弼率大军出发时，郭子仪又亲自前来送行。郭子仪的这种胸怀宽广的大将风度终于使得他们之间的矛盾消除了，从这以后，他们并肩作战，共同保卫大唐江山。

唐大历二年 (767) 九月，郭子仪率大军与吐蕃在灵州作战。正在这时，郭子仪得知父亲的坟墓被盗，人们认为鱼朝恩一直忌恨郭子仪，都怀疑是他指使手下的人干的。官府也不敢穷追，因此，没有捕获盗贼。在封建社会，被人挖了祖坟，是一件极为严重的大事。因此，事情发生后不久，郭子仪自奉天入朝，朝廷内外气氛便十分紧张，担心他不会善罢甘休，甚至可能发动兵变，代宗也担心郭子仪会因此事而发动兵变，内心深感不安。待到郭子仪入朝时，代宗便提起此事，并以好言相劝。不料，郭子仪反而声泪俱下，哭奏说："臣长期主持军务，不能禁绝暴贼、士兵盗掘别人坟墓的事。现在有人挖我祖坟，这是上天对我的惩罚，与谁都无关。"为了顾全大局，他竟如此息事宁人，盗墓的事就这样不了了之，满朝的文武大臣听了他的回奏后，都钦佩他的宽容与谦恭。大历三年 (768) 正月，郭子仪自河中入朝，一直妒忌郭子仪的鱼朝恩，却一反常态，突然邀请郭子仪到他刚修建的章敬寺游览。宰相元载暗中叫郭子仪的军吏转告郭子仪说："鱼朝恩居心叵测，此去恐对郭公不利。"郭子仪不听，军吏就告诉诸将。将士们得知后，甚为担忧，有三百多人要求外穿常服，内披铠甲，随从护卫。郭子仪坦然劝阻说："我身为国家大臣，他鱼朝恩没有皇上的命令，怎么敢加害于我？如果他是奉皇上的命令来杀我，你们前去又能做什么？说完，就带了几名家僮跟随去了章敬寺。鱼朝恩在门口等候，一见他随从人员甚少，非常惊讶。郭子仪就把所听到的事情告诉他，鱼朝恩曾对郭子仪百般诽谤，屡进谗言，而郭子仪却以诚相见，以德报怨，竟把鱼朝恩感动得拍着胸又捧着郭子仪的手流着眼泪说："若不是令公有长者之风，怎么能够不起疑心呢！"大历十四年 (779)，新继位的唐德宗，想革除前朝弊政，树立新朝权威，用法严厉，百官畏惧。当时，唐代宗逝世不久，因为代宗的皇陵靠近京城，所以下令禁止屠宰牲畜。但是郭子仪的僮仆偷着杀了一只羊，载入京城，右金吾将军裴谞知道以后，便将此事上奏皇上。事隔不久，就有人指责裴谞说："郭公对朝廷有安邦大功，难道你就不为他留点余地吗？"裴谞回答说："我这样做，正是借此替他留有余地啊。郭公功高望重，皇上新即位，认为群臣中有许多人都是附从郭公的，所以我故意举发他的小过，以证明郭公的权势并不足以令人畏惧。这样一来，对上表示了大家对天子的尊敬，也消除了皇上内心对臣下的猜忌，从而安定了大臣的权位，这样做难道不好吗？"

大历年间，郭子仪镇守邠州时，因为朔方节度使张昙生性刚强直率，经常顶撞他，郭子仪认为张昙是有意轻视自己，心里很不痛快。孔目官吴曜对郭子仪是百依百顺，郭子仪很信任他，吴曜看出郭子仪对张昙不满，就捏造事实，诬陷张昙煽动军士作乱。郭子仪大怒，也不核实情况，就上奏朝廷，以煽动军士罪，将张昙杀了。掌书记高郢极力为张昙辩护，郭子仪不听，而是上了一封奏折，将高郢贬为猗氏县丞。此后，属吏多称病请求辞职，郭子仪深感后悔，而向朝廷举荐他们，叹息着说："吴曜害惨了我。"因而将他革职赶走。

永泰元年（765）七月四日，代宗将其第四女升平公主下嫁给郭子仪第六子郭暧。这一年，郭暧十三岁，依照惯例成为驸马都尉（从五品下）。封建时代，皇家下嫁公主，是对臣子的恩宠笼络，而女封土妃，男尚公主，则是勋贵之家的殊荣。唐代皇室选择驸马，重视门第，必选"华族"。贵戚和勋臣子弟，自然是首选对象。皇帝下嫁公主，恩宠笼络，政治色彩尤为浓重。虽然公主下嫁是一种莫大荣耀，但唐代的公卿之家却是避之犹恐不及。其中原因，一是害怕受权力斗争政治事变的牵累，招致家族祸事；二是唐朝公主以泼悍和不尊礼法著称，其骄横放纵令人望而生畏。大历元年（766），郭子仪七十大寿的时候，家庭成员都给老人拜寿，唯独郭暧的妻子升平公主没有去。

当时郭子仪一生有八个儿子，七个女婿，以往拜寿的时候，子女

明哲保身　出世入世汾阳王

们都是成双成对前来，而这一次唯有郭暧是一人前来。这让郭暧感觉十分丢面子，于是心中非常不痛快。回去之后就责问升平公主为什么不去？公主就以自己是天子的女儿，是金枝玉叶为理由，与郭暧发生了争吵。郭暧气坏了，便动手打了公主，还冲着她说："你不就是仗恃你父亲是天子吗？我父亲才看不起天子而不愿做天子呢！"公主从小生长在深宫，娇宠惯了，哪里受得了这个气，于是，就气冲冲地坐着车子回宫里，将这些话告诉了代宗。代宗说："这事不是你所能知道的，他父亲实在是不愿做天子。如果他真的想做天子，天下怎么会是你家所有呢？"皇上安慰教谕了女儿一顿以后，就让她回家。此时，郭子仪正好下朝在家，一听此事，非常吃惊，回到家后，立即把儿子绑起来，然后亲自入宫等候代宗发落。代宗笑着对郭子仪说："有句俗话说得好，'不痴不聋，不当公婆'。对于儿女们的闺房之言，哪里值得去认真计较呢！"郭子仪谢过皇帝，回家后，还是把儿子痛打了一顿，才算了事。

郭子仪宽阔的胸怀和坦荡的胸襟令人敬仰，同时他的正直无私、不徇私情更使人敬佩。按照规定，军营中严禁无故骑马奔驰。有一次，郭子仪夫人乳母的儿子仗势违反了这条军纪，军营中负责监察军纪的官员不顾左右的劝告，依法将其处死。郭子仪的儿子听说后，向父亲哭诉，说监察官专横无理，目中无人，要父亲将他拿下并用刑。郭子仪听后，把儿子们一顿训斥说："你们不明事理，只知袒护家人，却不懂尊重将士，维护军纪！"儿子们吓得一个个再也无话可说。

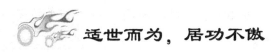 **适世而为，居功不傲**

郭子仪的一生，大多数的时间就是在战斗中度过的。自天宝十四载（755）安史之乱爆发起，郭子仪就率朔方军投入了平定叛乱的斗争。他与李光弼一起，征战河北，大破史思明军，赢得了朝野的信任。唐肃宗即位，他率军赴灵武，成了新朝廷的主要依靠的军事力量。他首先平定了阿史那从礼，解除了朔方的后顾之忧，继而收复长安、洛阳，为平息安禄山叛乱打开了新局面。在其后二十多年的战乱中，他虽历尽坎坷，时有沉浮，但为唐室中兴而鞠躬尽瘁却始终不渝。他先后出镇绛州、河中、邠州，抚定军镇之乱，防御回纥、吐蕃入侵，保卫京城，虽时常是敌强我弱，但他往往能够出奇制胜，使京城得以保全，使百姓免遭叛军蹂躏。

郭子仪对唐朝的中兴起着举足轻重的作用，对唐室有再造之功。然而，尽管如此，他却从不以此居功自傲。相反，他始终对朝廷忠心耿耿。即使是在他遭受诬陷，被解除军职的时候，他也没有半句怨言。鱼朝恩、程元振专权的时候，也正是人人猜忌、互不信任的时候，郭子仪手握重兵，驻扎在外，但是，不论什么时候，只要是皇帝的诏书一下，他立即上路，没有半点顾忌和怨恨。郭子仪镇守邠州的时候，有一次他给朝廷上书，举荐了一名州县官，可是朝廷一直没有批复。僚属们知道这件事后，就互相议论说："凭郭令公的功勋和德行，奏请任命一名属吏都不同意，宰相也太不识大体了。郭子仪听到后，便对他们说："自从发生战争以来，镇守各镇的武臣大多凶暴蛮横，凡是有所需求，朝廷常常委曲求全地听从他们，这不是别的什么原因，而是疑虑他们的忠贞。而今对我郭子仪奏请的事，皇上认为不可行搁置下来，这正表示不将我和其他武臣一般看待，而是对我特别亲厚和信任；诸位应该向我致贺才对，又何必心怀怨怼呢！"听了郭子仪这番话，大家都心服口服。

郭子仪一生屡立战功，荣宠备至。当时，郭子仪每年的俸禄二十四万缗，住宅占了长安城亲仁里的四分之一，家人仆役共三千多人，常在一个院垣出入，却不知道各自住在哪里。住宅的四门常年大开，也不设门卫，上至朝廷的王公贵戚，下至市井里做小买卖生意的人，都可以自由出入，没人过问。家中也不分内外，部属、仆人都可直入内室，相互见面也都很随便。仆固怀恩、李怀光、浑瑊等都曾是郭子仪的部下，这些人虽都贵为王公，还是常常受到郭子仪的使唤，他们在郭子仪面前也非常恭顺，郭子仪的家人，也都把他们当作自家人看待。辛云景原来是郭子仪的部将，后来被提升为潭州都督，临行前，向郭子仪辞行，因郭子仪忙于公务，几天都没见到面。有一次，辛云景就直接到内室去找，正碰上郭子仪的夫人王氏和郭子仪的女儿正在梳妆，辛云景赶忙施礼，郭子仪的女儿对他说："你去吧，我给你转告令公。"郭子仪的女儿梳妆完了要洗手，让辛云景去打水。王夫人说："放他去吧。"辛云景这才离开。在封建社会，像郭子仪这样有地位的王公之家上下、主仆之间，内外、男女之间如此随便，是不可思议的。郭子仪的儿子们也反对父亲这样做，郭子仪开始不予理睬，后来他们就跪在郭子仪面前哭诉着说："父亲功业已成，而不自己尊重，无论贵贱，都可以直达卧室，我们认为就是古代贤相伊尹、霍光也不当如此。"郭子仪笑着回答他们说："你们都不想一想，我今天高官厚禄，进无所往，退无所据，假使高墙闭户，不通内外，一旦有人不满，捏造图谋不轨的罪名，而那些贪功害能之徒，又趁机寻事，那么我们郭家就会有灭门之祸，到那时恐怕是后悔莫及啊。现在我坦荡无间，四门洞开，虽有人想诋毁我，也没有地方可以找借口，这就是我要这样做的原因。"儿子们听了之后，感觉他说的非常有道理，于是不再提及这件事。接着他又给大家讲起了一件往事。那是这栋住宅刚开始兴建的时候，一天，郭子仪闲步来到工地，见一个老师傅正在砌墙，郭子仪就走过去对他说："你要把墙砌得结实一点，不要不牢固。"这位老师傅回答说："请放心吧，京城里的住宅我已建了不少了，这几十年来，只见主人更换，而我所砌的墙都在。"这件事对郭子仪的触动很大。从此，他为人处世也就更加小心谨慎。

广德二年 (764 年) 十一月，郭子仪在奉天 (今陕西乾县) 前线指挥唐军击退叛军的进犯后，于十四日自行营入朝，受到隆礼接待：代宗诏命宰相率百官前往开远门外迎接，自己亲临安福门城楼，盛设宴席，等候郭子仪觐见。为了奖赏郭子仪的退敌之功，代宗加封他为关内、河中副元帅兼尚书令。郭子仪上表恳切辞让，代宗答诏不予同意，敕令他速到尚书省衙门处理致事，以射生军骑兵五百名执戟护卫，又令百官前往庆贺。郭子仪仍不受诏，再次上表，坚决辞让说："尚书令之职，太宗皇帝在武德年间曾经担任过，所以此后几朝都不再设置，已成原则。陛下守文继体，应当继续奉行，岂可为了宠任老臣，而败坏国家法度！况且自从兴兵平叛以来，得到过分赏赐的人已经很多，甚至有身兼数职，仍只顾高升而不知羞耻者。臣近来观察这种流弊，思考如何革除其源头。但因逆寇犹存，未敢轻易上奏。现在，叛逆作孽的元凶丑类已基本平定，正是陛下建立法规，审核百官的时候，伏请从老臣开始做起。否则，国家典章乱于上，庶政管理坏于下。天下之政皆乱，国家又如何能够安定无患呢！陛下如果听臣之言，体察臣的诚心请求，那些贪求荣耀和官位的人，也会各自让出他们兼任的官职。这样一来，百官设置合乎原有制度。国家秩序更加文明，天下太平的大业，就能完全恢复了……"

郭子仪再三陈情，上辞让表奏，让代宗也感到很为难。无奈之下，

明哲保身　出世入世汾阳王

代宗亲笔下诏作答："你出将入相，自先朝以来，知难而进，远平叛逆，近理庶政，办事敏捷而不多言语，地位崇贵但行为简朴。别人常对容易的事情感到为难，而你却能把很难的事情很容易地做好。因此，让你职掌六部，为百官之首，征询朝野意见，都以为非常合适。而你一再地上表辞让，态度谦虚，坚持原则，申明治理国家的根本所在。朕只好听从你的谦虚辞让。同时，应该把你的这些言行广为宣扬，编入史册，垂示后代。"随后，代宗派宦官首领鱼朝恩前去传宣答诏，同时赏赐给郭子仪美人卢氏等六人、随从侍女八人，以及相应的车马服饰、帷幕帘帐、床具被褥和珍玩器物等，以示褒奖。是月下旬，郭子

唐代宗李豫画像

仪在旧居中为亡父郭敬之建庙立碑。碑文由大书法家、检校刑部尚书颜真卿撰作并书写。代宗皇帝以隶书赐题碑额"大唐赠太保祁国贞懿公庙碑"。此时的郭子仪已经六十八岁，功绩居天下第一。当时，郭子仪九兄弟中，除郭幼贤已亡故外，其余都立朝为官，正是郭氏家族又一次兴盛显赫的时期。但是，郭子仪深知满盈必损，不敢居功自傲，在恳切辞让尚书令的同时，为亡父建立家庙，借以表明颠沛不忘忠勤孝敬的臣子本分。

由于郭子仪对自己的子女和亲属从不护短，所以他的部属和地方官吏也就能够秉公办事，不徇私情，这也就更加提高了郭子仪的威望。郭晞是郭子仪的第三个儿子，从小就跟着父亲在战场上出生入死，立

了不少战功，至广德二年 (764)，已升为朔方兵马使、检校左散骑常侍。这年九月，仆固怀恩领回纥、吐蕃军十多万进犯邠州，郭子仪命郭晞率兵万人援救节度使白孝德。在击退仆固怀恩之后，郭子仪之子郭晞统兵驻扎于邠州 (今陕西彬县)，在休整期间，纪律涣散，其部下士卒蛮横，危害民众。节度使白孝德碍于郭子仪的声威体面，不敢直言劝阻，深感苦恼。泾州 (今甘肃泾川北) 刺史段秀实秉性耿直，居官清正，向白孝德自请担任都虞侯 (军中执法官)，负责纠察军纪。段秀实上任月余光景，郭晞的部卒十七人白昼闯入市场，强行买酒，并以刀刺伤卖酒老翁，砸坏酿酒器具。这件事很快就有人报告了段秀实，段秀实立即领兵将这十七人抓获斩首，并把十七个人头插在长槊的顶端，竖立在市场的大门口。消息很快传入郭晞军营，士卒们呐喊嘈杂，全部披甲持械，准备去找段秀实闹事。白孝德闻讯，震惊恐惧，急忙召来段秀实说："这下可如何收场？"段秀实坦然回答："没有关系。请让我前去解释。"白孝德欲派几十名士卒随同前往，段秀实只挑选了一名跛脚老兵，为他牵马。

段秀实来到郭晞门口，穿上了铠甲的士兵冲了出来，段秀实笑着往里走，说："杀一个老卒，哪用得着穿铠甲，我是带着我的头来的。"士兵们都很惊奇，段秀实因而对他们说："郭晞常侍对不起你们吗？郭子仪副元帅对不起你们吗？为什么想要作乱败坏郭家呢！"郭晞听到外面有声音，走了出来，段秀实责问说："令尊大人功盖天地，应当想到要善始善终。如今你放纵士卒强暴胡为，他们的行为将会导致变乱，那样必然会牵连到令尊大人。变乱由你造成，那么郭氏一门的功名，还能留下多少？"段秀实还未说完，郭晞连连拜谢说："幸亏你以道义相教，恩情重大，我怎么还敢不从命呢！"回头叱责身旁的士卒："全部脱掉铠甲，各回本队，再敢喧哗吵闹者，立斩不饶！"当晚，段秀实留宿于郭晞军营。郭晞一夜没有脱衣服，并告诫哨兵敲着木梆巡逻，以保护段秀实。第二天一早，郭晞亲送段秀实回白孝德的治所，向白孝德谢不能治军之罪，请求改过的机会。此后很长的一段时间里，邠州再无祸患。

郭子仪历经四朝，功勋盖世，威震四方。代宗称他为"大臣"，而不叫他的名字。德宗尊他为尚父。朝廷内外，除少数妒贤嫉能之徒外，都非常尊敬他，甚至自觉地维护郭公声望。而敌人却非常害怕他，一听说他率领大军开战，常常望风而逃。

作为我国历史上的著名军事家，郭子仪往往能够深谋远虑，纵观全局。在安禄山叛乱之初，就主张进军范阳，覆其巢穴，当吐蕃开始进犯边境之时，又提醒朝廷不可忽视，宜早为之备，当藩镇割据刚现端倪，就建议朝廷撤销新增各镇节度使。由于这些主张和建议在当时都没有被采纳，因而唐军付出了惨痛的代价。他通晓兵法，却不机械地搬用。根据不同情况，有时先发制人，猛冲猛打；有时诱敌尾追，待其疲而歼之；有时迂回敌后，前后夹击；有时据险固守，以观其变；有时分化瓦解，化敌为友。胜不骄，败不馁，总结经验教训，以利再战。因而能够不断取得胜利。他知己知彼，临危不惧，且能以德服人。在多次敌我力量对比悬殊的情况下。他了解对方，又敢于身临险境，因而能够出奇制胜，化险为夷。他治军宽厚，深得人心。朔方将士都以父母视之，愿拼死为之效力。这是他在历次战争中能够以少胜多，以弱胜强的一个重要原因。

郭子仪可谓是适世而为，居功不傲的典范。郭子仪有八个儿子，名郭曜、郭旰、郭晞、郭昢、郭晤、郭暧、郭曙、郭映。其中郭曜、郭晞、郭暧、郭曙都被晋封为国公，而且都是以有才干而出名的。他的七个女婿，在朝廷中也都很有地位。他有孙子几十个，致使他不能全部认识，每到请安的时候，他只是点点头罢了。由于他忠于朝廷，为人坦荡，居功不傲，因此，得以常保功名，长寿而终。他一生历事玄宗、肃宗、代宗、德宗四朝，以一身系国家安危达二十余年，唐朝史臣裴均称他是："权倾天下而朝不忌，功盖一世而上不疑，侈穷人欲而议者不贬。"

汾阳王府，经久不衰

上元三年（676）二月，河中的将士发生变乱，在混乱中，李国贞被杀。当时太原节度使邓景山也为部下所杀，朝廷担心这些乱军与回纥叛军联合起来，而当时朝中的很多将领资历很浅，无法平息这些兵乱，于是，在这个形势十分危急的时刻，朝廷再次起用郭子仪为朔方、河中、北庭、潞、仪、泽、沁等州节度使行营，兼兴平、定国副元帅充本管观察处置使。自此，便有了汾阳郡王郭子仪这个称呼。

其实，郭子仪的祖辈，自隋入唐，世代为官，自然早已在京城中置有宅第。其父郭敬之一代，居于万年县常乐坊。郭子仪屡立战功，功盖朝野，受到朝廷的很多赏赐，在京城内外，拥有多处宅第、园林、庄田、水碓等产业。长安县大通坊内有郭子仪园囿，万年县平康坊有他的私宅，亲仁坊有他的汾阳王府。王府占地面积很大，在府内各院之间往来，可以乘坐车马。屋宇建筑，宽敞华丽，"堂高凭上望，宅广乘车行。"郭氏家族繁盛，人丁兴旺。郭子仪有八子八女，儿子和女婿们都立朝为官，他的孙子辈多达数十人，府内男女僮仆多达3000人，出入往来，许多人都不认识。

郭子仪家族繁盛，但是有关郭子仪的兄弟的记载，只有郭幼明一人。郭幼明拙于武艺，治家理事，爱酒贪杯，性情忠胆，喜欢结交宾客，人缘非常好。后来因为郭子仪战功卓著，郭幼明位至太府卿（从三品）、封爵太原郡开国公（正二品），大历八年（773）去世，后又追

赠太子太傅 (从一品)。郭幼明之子郭昕，继承了家族的尚武传统，从戎守边。唐肃宗末年，郭昕被任命为安西四镇节度留后。后来由于吐蕃攻陷河西、陇右大部地区，西域与长安的交通被切断，他无法和长安的亲人以及朝廷通信，在这样的情况下，他坚持了十五年。在此期间，郭昕与北庭节度使曹令忠统领所部将士，关闭边境，严密防卫，抗击吐蕃。伊州 (今新疆哈密) 刺史袁光庭，拒绝了吐蕃的多次诱降，在孤立无援的情况下，坚守州城达数年之久。最后兵尽粮绝，以身殉国。德宗建中二年 (781) 六月，郭昕与曹令忠派出的使者，绕道漠北回纥部落，历尽艰辛，终于到达长安。中央朝廷这才知道西域地区十余年来的战守情形。后来德宗感念郭昕这么多年来的坚守和忠心，下诏任命郭昕为安西大都护、四镇节度使，赐爵武威郡王；袁光庭和郭昕部下将士全体超升七级，并且在六月十九日，追赠袁光庭为工部尚书。

郭子仪的八个儿子中，次子郭旰于肃宗时战死沙场；长子郭曜、三子郭晞、六子郭暧、儿子郭曙四人，在代、德两朝中，皆以才干出名而显达。郭子仪去世后，郭曜承袭爵位代国公和食封民户。郭曜身躯魁伟，仪表堂堂，历官至太子宾客 (正三品)。郭子仪因长年征镇在外，遂留郭曜在京城供职，奉母治家。郭曜生性恬然，孝悌谨慎，因而郭府上下少长千余口，皆得其所，人无闲言。德宗即位初，罢免郭子仪兵权，同时为其诸子加授官职，郭曜得迁太子少保 (正二品)。几个弟弟争相修筑宅舍园池，盛饰车马服用，纵情欢乐。而郭曜总是简朴自处，不务奢华。他遵照父亲临终遗命，将玄、肃、代、德四帝先后赏赐的名马珍玩等，全部上献朝廷。唐德宗感念郭子仪生前的功劳，于是又下诏将这些赏赐之物赐还给郭府。郭曜将这些赐物分给诸弟，均沾皇恩。郭晞从少年时代起，就长于骑射，后随父亲参加平叛战争和抵御吐蕃的 "防秋"，累立战功。大历七年 (772)，加官至开府仪同三司 (从一品)，地位崇贵。唐德宗称帝后，郭晞为检校 (代理) 工部尚书，判理秘书省事务。贞元十年 (794)，赵国公郭晞卒，追赠兵部尚书。郭暧十三岁时因娶代宗第四女升平公主，拜驸马都尉 (从五品下)。试官殿中监，封爵清源县侯。大历末年，郭暧官至检校左散骑常侍 (从三品)。贞元十六年 (800) 七月，驸马都尉、代国公郭暧卒，享年四十八岁，追赠尚书左仆射。郭曙在唐代宗年间，官至司农卿 (从三品)，封爵太原县。唐德宗建中三年 (782) 冬，舒王李谊任淮西、山南诸道大元帅，以郭曙为检校左庶子，任元帅府都押牙，卒于贞元末年 (804)。

然而，世事难料，郭子仪去世后，朝廷上先后由宰相杨炎、卢杞秉政。这两人都是有名的奸相，他们特别计较个人恩怨，忌妒一些因战功而获得重用的人，而卢杞更是如此。朝廷一时陷入黑暗腐败当中，正是奸臣当道，忠良之臣备受残害。很多贪利之徒，借势滋生事端，甚至利诱私家奴婢告讦主人，谋夺他人的家财和僮仆。长安县令李济、万年县令霍晏都遭奴婢诬告而问罪贬官。建中三年 (782) 正月，先是郭子仪的四女婿少府少监李洞清、八女婿光禄卿王宰被家奴告讦而贬官，接着七女婿赵纵也被奴仆当千以家中隐秘之事告发，下狱问罪，贬为循州 (今广东惠州东) 司马；而当千却被收入内侍省供役。还有无赖之徒，妄造罪名，凌逼郭氏兄弟，企图强买或强夺他们的田宅奴婢。郭氏兄弟极为恐慌，也不敢上奏申诉。在这个时候，朝中为数不多的忠臣宰相张镒，看到这种情况，上疏德宗，引用贞观时太宗皇帝"奴告主皆不受，尽令斩决"的诏旨，请求对功臣子弟予以宽宥。唐德宗知晓其中情由后，感怀功臣，下诏禁止诬构郭氏子弟，将赵氏家奴当场杖杀。张镒遂让郭曙集合府中奴仆数百人，陈示当千尸体，以惩效尤。张镒，原是郭子仪的老上司朔方节度使张齐丘之子，又是郭子仪任关内副元帅时的军府判官。他居官清正，节操高尚，不与卢杞之辈同流合污，所以竭力保护郭氏子弟。

建中四年 (783) 三月，郭曙去世，追赠太子太傅 (从一品)。德宗诏令由郭子仪第六子驸马都尉郭暧承袭代国公爵位；郭曙承袭的食封两千户，依照法式减半，分赐郭子仪第三子赵国公郭晞、第七子右金吾将军祁国公郭曙、第八子太子左谕德郭映和郭暧，每人各二百五十户。不久，又诏令将郭晞兄弟四人所袭食封各减五十户，分赐给郭曙之子郭锋、郭晤之子郭镭，每人各一百户。同年十月初，唐德宗调发泾原镇兵前往关东，征讨抗命的藩镇。当时，由于节度使姚令言率五千名士兵冒雨经过长安时，既未得到朝廷任何赏赐，而且送来犒劳的饭菜粗劣难食。士兵饥疲愤怒，哗然生变，冲入城内大肆抢掠皇家库藏。随后，乱兵冲到大明宫丹凤门外，而神策军竟无一人奉诏前来护宫保驾。德宗仓皇北出大明宫，奔往奉天 (今陕西乾县)。在这个危急的情形之下，郭曙正带着家兵在禁苑北面打猎，惊闻皇驾出城，立刻在路旁拜见唐德宗，加入护驾行列。郭暖及升平公主因事变仓促，不知皇驾出奔，被困在城中。郭晞出城欲避往南山，但是被叛兵拦截，强行抬回城来。泾原乱兵在姚令言策动下，拥立太尉朱泚为主。朱泚随后占据京城反叛朝廷，僭称皇帝，大杀李唐宗室，并发兵围攻奉天。兵变京城，皇驾出奔，朱泚僭越，人心浮躁，忠奸立辨。在这个时候，以往不被重用以及和朝中重臣有怨恨的官员也纷纷投靠朱泚，出任伪职。但是，还是有很多的大臣忠于大唐，当时，忠于李唐的官员，则首推司农卿、原泾原节度使段秀实。朱泚强召段秀实等人商议军事，段秀实对朱泚唾面诟骂，并夺过旁人手中的象牙朝板，砸得朱泚血流满面，最后披叛兵乱刀杀死，壮烈殉国。郭氏兄弟也受到朱泚一伙的引诱逼迫。郭暖以丧服未除且身患疾病为由，拒绝出任伪职。郭晞则伴装暗哑，叛兵持刀威胁，郭晞始终沉默不言。叛兵无计可施，扫兴而去。其后，郭暖夫妇和郭晞潜出长安，投奔奉天 (今陕西乾县)。唐德宗对郭氏兄弟忠诚不贰，争光家门的行为，大加赞赏。兴元元年 (784) 二月，唐德宗驾幸梁州 (今陕西汉中) 避乱，取道骆谷 (今陕西周至西南) 翻越秦岭。郭氏兄弟随从南行，山路崎岖，泥泞难行，郭曙与李升、令狐建、李彦辅、韦清等功臣子弟，人人被甲，牵挟御马，护从而行。同年五月，大将李晟、浑碱等收复京城，朱泚在逃亡路上被部下杀死。七月，唐德宗返回长安，对"奉天定难功臣"进行封赏，郭曙擢升左金吾大将军 (正三品)，郭暖迁官太常卿 (正三品)，郭晞改

任太子宾客 (正三品)。

贞元六年 (790)，有人诬告郭子仪生前宠姬张氏家中藏有宝玉，张氏的兄弟又与郭氏子孙相互告状。唐德宗下令由侍御史卢群审断官司。卢群上奏道："张氏的财物，是尚父在世时分给的，应当归属张氏所有。尚父的子孙不应与其争夺。再说，张氏家中和亲仁坊尚父家中的纠纷，都是他们的家事。郭子仪有大功于国家，臣请求陛下予以特赦免而不过问，让他们反省恩过，自己撤诉。"唐德宗采纳了这一建议。史称卢群博涉经史，明晓为政大体。

此后不久，郭氏再一次荣耀崇贵，郭暖与升平公主所生女儿，在唐德宗时被选为皇孙广陵郡王李纯 (即宪宗) 之妃。贞元十一年 (795)，郭妃生子李恒 (即穆宗)。元和八年 (813)，郭妃被册封为贵妃 (正一品，仅次于皇后)。元和十五年 (820) 正月，穆宗即位，尊其母为皇太后；追赠太后父郭暖为太尉，母为齐邑大长公主；任命太后

郭子仪之墓

兄司农卿郭钊为刑都尚书 (正三品) 兼司农卿，右金吾卫大将军郭纵为检校工部尚书。郭太后又下令在宣阳坊修建奉慈寺，为其母齐国大长公主的亡灵追福。郭太后历位七朝，五居太后之尊，福寿隆贵达四十余年。宣宗大中二年 (848) 六月，郭太后崩，谥号为"懿安"，合葬于宪宗景陵 (今陕西蒲城西北)。

郭子仪的后代享其荫庇，在唐朝政权中，经久不衰。唐宪宗元和九年（814）五月，左金吾卫太将军郭钊上奏："亡祖故尚父子仪，陪葬建陵，欲于坟所种植楸松。"唐宪宗下诏许其栽种。到了唐末僖宗乾符六年（879）十月，京兆府上奏称，尚父郭子仪庙因淋雨倒塌，得知这一情况后，唐僖宗敕令"减赐御膳钱三千贯，雇丁匠修缮，明年仲春，以太牢（牛、羊、猪三牲全备）祭奠"。在中国古代历史上，像郭子仪这样能够享受荣宠尊位的大臣已经是寥寥无几，而后世仍然能够经久不衰的则更属凤毛麟角。

第七章

身系天下 鞠躬尽瘁镇边疆

在平定内乱之后，唐朝内部争斗并没有真正停息下来，而是一波未平一波又起。经历了战乱的唐朝廷已经无力驻守边疆，导致了边防空虚，而此时的吐蕃伺机而起，多次侵略唐朝边境并且向南入侵；以及后来边将叛乱，回纥起兵，这些都使得唐王朝显得岌岌可危。已经是年逾古稀的郭子仪依然奉命保家卫国，他不顾个人安危，深入敌境，多次退敌，终使得朝廷化险为夷。后来，由于他年老力衰，于公元 781 年病逝，年八十三岁。德宗感念其功，谥号『忠武』。

边乱又起，计退吐蕃

大约两千多年前，西北地区的部分羌族不断南徙，与生活在青藏高原上的土著居民逐渐融合，形成吐蕃民族。吐蕃族崛起于青藏高原，公元六世纪的时候，青藏高原上还是部落分立的局面。东有白兰、党项、附国；西和西北有大、小羊同；北有苏毗；南有吐蕃六牦牛部等部。当时的各部落的社会形态，还处于从部落联盟向奴隶制过渡的阶段。

吐蕃是藏族的先民。吐蕃王朝的发祥地，在今西藏山南地区的穷结、泽山一带。这里是湖泊星列，沟渠连通的农牧兼宜地区。所以吐蕃部落的生产最为发达。吐蕃的君王称"赞普"，实行世袭制，辅臣称"大论"、"小论"。到弃宗弄赞 (松赞干布) 的祖、父两代时，其势力已逐渐扩展到拉萨河流域。吐蕃人因从事游牧而擅长骑射，勇敢善战，成年男子都是战士。其风俗崇尚战死，甚至战死者的子孙，也受到本部落成员的尊敬。又其风俗重巫鬼，长期保留着人祭、人殉的习惯。

唐太宗贞观三年 (629)，松赞干布继位为赞普。不久，他就将其统治中心从山南迁至逻些 (拉萨)。这里是拉萨河的下游谷地，气候宜人，物产丰富，有利于农牧业的发展。松赞干布逐步降服了苏毗、羊同等部落，在大臣禄东赞的辅佐下，于唐太宗贞观七年 (633) 正式以

松赞干布和文成公主

逻些为都城，建立吐蕃王朝。赞普与其臣属各部落首领，用传统的盟誓习俗确定领属关系，"一年一小盟，用羊、马、猕猴；三年一大盟，用人、马、牛、驴。"同时，松赞干布还制定了严厉苛刻的法律，建立官制和军制，创立了文字、历法，有关土地、牧畜、升斛的计量制度等，形成以赞普为中心的奴隶主贵族政权。史书记载，吐蕃："西戎之地，吐蕃是强。蚕食邻国，鹰扬汉疆。"建立吐蕃王国后，吐蕃国有数十万军队，实力很强，也正因为如此，渐渐成为威胁大唐王朝的劲敌。然而，吐蕃王朝虽然控制的地区辽阔广大，但他们的生存环境却极为恶劣。青藏高原边缘高山环绕，峡谷深切；内部有辽阔的高原，高耸的山脉，散布的湖泊，宽大的盆地等。其北部地区 (羌塘) 平均海拔五千米左右，空气稀薄，干燥缺水，土壤寒漠，植被稀疏。而气候比较温暖湿润，适宜农牧的地区是在藏南谷地。其畜牧业完全是依靠天时，牧畜秋肥冬瘦，冬春季节常因雪冻等自然灾害，造成大量牲畜死亡。吐蕃王国的社会经济构成是农牧兼营。农作物有青稞、小麦、荞麦、豌豆等；牧畜有牛、马、羊、猪、狗、单峰驼等。与畜牧业相连的手工业有捻毛线、织毡、织布、裁缝皮裘等。青藏高原上蕴藏着丰富的金属矿产资源，吐蕃人能够制造精美的金器、银器和铜器，能用铁制造刀剑和铠甲。

贞观八年 (634)，松赞干布遣使入唐通好。唐朝亦派使者入蕃回访。贞观十四年 (640)，唐太宗应允吐蕃的"和亲"请求，以宗室女文成公主许嫁，标志着唐蕃和好关系的建立。松赞干布在玛布日 (布达拉山) 修建宫殿，供文成公主居住。终松赞干布之世，吐蕃与唐朝保持着和好无争的关系。

唐高宗永徽元年 (650)，松赞干布去世，其孙继位，因当时其孙年幼而由大论 (宰相) 禄东赞专掌国政。从此，唐蕃关系开始恶化。从显庆元年 (656) 起，吐蕃兵锋指向东北，频频攻击吐谷浑汗国。龙朔三年 (663)，吐蕃发兵大破吐谷浑，受唐朝支持的诺曷钵可汗率其残部数千帐，弃国逃到凉州 (今甘肃武威)，吐谷浑汗国灭亡。从此，吐蕃兼有青海草原，直接威胁唐朝的河西、陇右地区。咸亨元年 (670)，吐蕃军向北越过昆仑山，大举进攻西域。同年四月，唐高宗派大将薛仁贵、阿史那道真率军五万人出击，与吐蕃四十万大军激战于青海湖南面的大非川 (今青海共和西南切吉平原)，最后唐军全军覆没吐蕃在西域乘势攻陷唐安西都护府治所龟兹 (今新疆库车)，控制了天山以南广大地区。唐朝军事形势失利，安西四镇并废，在西域的实际控制区退缩至天山以东和以北地区。乾封二年 (667)，生羌十二州为吐蕃所破。至高宗末年，吐蕃以生羌为向导，攻陷其城 (今茂州安戎城)，以兵据之，于是西洱诸蛮皆降于吐蕃。吐蕃尽据羊同、党项及诸羌之地，东接凉、松、茂、蓓等州，南邻天竺，西陷龟兹、疏勒等四镇，北抵突厥，地方万余里，"诸胡之盛，莫与为比。"武则天执政时期，决心改变军事上处于守势的被动局面。长寿元年 (692)，武则天命武威军总管王孝杰领兵出击，大破吐蕃，收复龟兹、于阗等四镇失地，并以三万大军驻

身系天下 鞠躬尽瘁镇边疆

镇守卫，重新确立了对西域地区的统治地位。这一军事优势，此后虽有波动，但基本保持到安禄山叛乱发生前，长达半个多世纪之久。

唐玄宗在位期间 (712—756)，唐王朝国势达到鼎盛，在西域地区对吐蕃的战争也取得了全面胜利，唐朝在西域的统治达到极盛。与此同时，唐军在陇右地区与吐蕃的战争，也在历经多次反复后，取得了全面的胜利。到了唐代宗时期，由于国内战乱不断，使得唐王朝无暇顾及边防，于是，吐蕃便又趁乱而起，大肆入侵唐朝边境地区。在当时的形势下，唐朝最大的外患就是吐蕃。在战乱时期，吐蕃经常入侵骚扰，向北争夺西域，向东进犯剑南，向东北进攻河、湟等地区。时刻威胁着唐朝政权的安定以及边民的安全。

唐玄宗天宝十四载 (755) 安禄山起兵反叛后，唐朝廷内地军备弛废已久，无精锐之师可用，紧急征调河陇和西域的边军东来平叛，这样一来，边防的将士都内调，导致边防力量薄弱。这个时候，吐蕃、党项等部遂乘虚进犯，大肆侵吞唐朝边疆，陇右、河西的大片土地，相继沦落敌方。至德元年 (756)，吐蕃攻陷陇右都州 (今青海乐都)、廓州 (今青海化隆西)、河州 (今甘肃临夏) 的边防据点威戎、神威、定戎、宣威、制胜、天成、金天七军和石堡、百谷、雕窠三城。到了乾元元年 (758)，吐蕃攻陷河源军 (今青海西宁)。唐肃宗上元元年 (760) 吐蕃攻陷廓州。同年十二月，党项进犯美原 (今陕西富平)、同官 (陕西铜川)，大肆抢掠后退走。上元二年 (761) 二月，奴刺 (西羌种落)、党项侵扰宝鸡，火烧大散关 (今陕西宝鸡南)，杀死凤州 (今陕西凤县) 刺史萧拽，然后在全城大肆抢掠，后退去。宝应元年 (762) 正月二十四日，吐蕃使者来朝，唐肃宗敕令郭子仪和宰相萧华、裴遵庆等人在鸿胪寺与之歃血盟誓。然而就在这一年，吐蕃违背盟约，又攻陷唐朝陇右秦 (今甘肃秦安西北)、成 (今甘肃西和西北)、渭 (今甘肃陇西东南) 等州。此时唐朝是多面受敌，党项也趁机在这一年三月和五月，侵扰奉天 (今陕西乾县)、同官、华原 (今陕西铜州市) 等地。广德元年 (763) 七月，吐蕃进入大震关 (今陕西陇县西)，随后攻占兰 (治今甘肃

郭
子
仪

兰州)、河 (治今甘肃临夏)、鄯 (治今青海东都)、洮 (治今甘肃临潭)
等地。随后，河西、陇右均被吐蕃占领。边将向朝廷告急，程元振以
为是边将结党勒索恐吓，都压住不报。由于唐代宗在很长的时间里都
没有得知前线的军情，所以，边军没有得到援军和粮饷。在这样的形
势下，吐蕃更加猖獗，对唐朝进行了疯狂的进攻，并占领很多地区，
严重威胁都城长安。十月，吐蕃自大震关入陇州 (治今陕西陇县)，攻
泾州 (治今陕西泾川西北)，刺史高晖投降吐蕃，并为向导，领吐蕃军
深入内地。十月二日，吐蕃攻陷奉天，进至武功，京师震骇。惊恐不
安的唐代宗这个时候才得知军情，在慌乱之中才想起已经长期闲居在
京城的郭子仪。随后，他任命郭子仪为关内副元帅，出镇咸阳 (今陕西
咸阳东北)，抵抗吐蕃的进攻，以确保长安的安全。

　　然而，这个时候，由于郭子仪长期闲居在家，他的部下大多数已
经四散分离。当他接到任命出镇咸阳时，由于时间紧急，他赴任的时
候只招募了二十人随行。此时，吐蕃率领土谷浑、党项、氐等部落共
二十多万人马，已从司竹园 (今陕西周至东) 渡过渭水，沿终南山 (今
陕西秦岭山脉) 北麓向东，进逼长安。在这危急关头，郭子仪全然不顾
自身安危，镇静谋划，他下令判官王延基入奏，请求增派援军，然而，
由于朝中奸佞当道，宦官弄权，郭子仪又和专权的宦官程元振有矛盾，
于是这些奏本被他扣压不报。而这个时候，吐蕃已经越过便桥 (今陕西
咸阳西南)，进至长安城下。唐代宗惊恐不知所措，在十月七日出城仓
皇逃往陕州。唐代宗一逃，官吏鼠窜，禁军逃散，长安陷于一片混乱
之中。郭子仪得知这个消息之后，急忙由咸阳赶回京城，然而，等他
到达长安时，唐代宗已经出逃。唐代宗刚离开长安，射生将王献忠就
率领四百骑兵叛乱，劫持了奉王李琪等十名亲王西迎吐蕃，当他们走
到长安城西开远门内的时候，遇到了郭子仪。郭子仪得知这种情况后，
非常愤怒地斥责王献忠。王献忠跳下马来，对郭子仪说：“现在皇上
逃走了，国家没有君主。您身为元帅，废立就在您的一句话。”郭子仪
没有立即回答。李琪抢着说：“郭令公为何不说话？”郭子仪思虑了一

身系天下　鞠躬尽瘁镇边疆

会，便以君臣大义责备他，并把他们护送到唐代宗驻地，然后率领三十名骑兵前往商州 (今陕西商州)，收集逃散的禁军。然而，郭子仪此时势单力薄，已经无力和吐蕃对抗。事情已成定局，于是，十月九日，吐蕃进入长安，并扶植邻王李守礼的孙子李承宏为皇帝，然后，将府库和民间的财物洗劫一空，之后退去。这一次的战争，给唐王朝带来了又一次的致命打击。此时朝廷腐败，宦官弄权，使得唐代宗闭目塞听，不了解国内和边疆的形势，最终导致了这样的局面。

　　然而，即使是在这样的情况下，郭子仪仍然忠心耿耿，不顾个人的安危，全力挽救危局，以保大唐江山。随后郭子仪路过蓝田，遇元帅都虞侯藏希让和凤翔节度使高男，得兵近千人。郭子仪担心逃散至商州的士兵为害百姓，于是便派王延昌先至商州安抚和告谕他们。当王延昌到达的时候，很多将士正在抢夺百姓财物，然而，当将士们得知郭子仪到了的时候，高兴得奔走相告，都表示愿意听从郭公命令。于是，在接下来的短短几天时间就招集到四千多人马，军势才逐渐兴盛起来。他激励将士要振奋斗志，收复京城。讲话时郭子仪声泪俱下，众将士深受感动，一致表示，愿听从他的指挥，拼死为国效力。虽然各地支援郭子仪的兵马也先后到达，尽管如此，和吐蕃相比，兵力相差仍然悬殊。郭子仪分析了敌强我弱、敌众我寡的形势后，认为不可强攻，只能智取，于是决定采取声东击西、虚张声势之计。他先派部将段秀实去劝说邠宁 (今陕西彬县) 节度使白孝德，请他出兵助战；再派御林军大将军长孙全绪带领两百轻骑，到蓝田城北面，白天擂鼓呐喊，夜晚燃起火把，牵制吐蕃兵力；又派光禄卿殷仲卿率骑兵在长安城外巡游示威。

　　郭子仪的这一策略果然有效。这一天，吐蕃军见北面和东面的唐军云集而至，不明其中虚实，军心开始浮动。而郭子仪又派人传话给长安城内民众，让他们哄骗吐蕃兵说："郭令公已率大军从商州赶来，兵马多得不计其数。"吐蕃兵信以为真，开始逐渐从长安撤军。禁军将领王甫奉命潜入长安城内，暗中召集了几百名侠义青年，乘夜在大街上击鼓高喊："唐朝大军进城了，快快投降吧!"吐蕃兵不知虚实，大为震惊，连夜撤出了长安，弃城西逃。郭子仪率领唐军不战而胜，顺利收复了长安。此次吐蕃入侵，京城失陷，天下人都将责任归罪于乱政的宦官程元振，谏官也多次参奏他，程元振非常害怕。而郭子仪这次又收复了长安，立下大功，在军中和朝中的威信越来越高。程元振深怕代宗重用郭子仪，所以极力劝代宗在洛阳建都，以达到继续控制朝政的目的。但是，为了国家的利益和朝廷的安稳，郭子仪上书给唐代宗，奏章中说："长安地势险要，前有终南山、华山做屏障，后有泾、渭二水护卫，右连陇蜀 (今甘肃、四川地区)，左接崤、函 (崤山、函谷关)，进可攻，退可守。秦汉两朝占领长安称帝，隋炀帝因弃长安而亡。高祖先入关而后定天下，太宗以后鲜有定都洛阳。平定安史之乱，既是天意，也得益于长安得天独厚的地势条件。至于此次吐蕃入侵，乃是人祸所致。只要皇上把那些没有能力，光吃饭不办事和多余的官员裁

立于西藏大昭寺门前的唐蕃会盟碑

掉，抑制宦官的势力，重用正直的官员，减少赋税和徭役，同情和抚慰那些下层老百姓和无依无靠的人，把选拔贤才、任用能吏的权力委托给宰相，把训练军队和防御侵略的任务交给我，那么国家中兴的业绩就可以很快实现。长安经过几朝的建设，宫殿华丽，市场繁荣，经济发达。再看洛阳，经过几场战火，满目疮痍，宫殿多被烧毁，又地处中原，无险可据，宜攻不宜守，请陛下慎重考虑。"代宗看完奏章，看到眼前的情景，再想到过去，不禁热泪盈眶，随后对左右文武百官说："郭令公尽心于国家，真正是社稷之臣。朕定当返回京师。"于是削了程元振的官爵，在唐代宗广德二年 (764) 十一月，从陕州返回长安。

回到长安后，郭子仪伏地请罪，皇帝将车停下来安慰他说："朕没有及早用卿，所以才到这种地步……"随后，唐代宗赐给郭子仪免死铁券 (免死牌)，并下令在凌烟阁为其画像，以表彰他挽救社稷的特殊功勋。

回纥起兵，镇抚河东

在平息吐蕃的侵略之后，郭子仪被重新起用，又承担起了戍卫边疆的大任。然而，战事是一波未平一波又起。早在安史之乱的时候，唐朝为了早日平息战乱，就曾向回纥借兵助战，然而，这给后来的边防埋下了祸根。

广德二年 (764) 正月，唐代宗刚从陕州回到长安不久，在平定安史之乱中立有大功的仆固怀恩与朝廷的矛盾公开化。代宗自陕州返回长安后，对仆固怀恩拥有重兵，占据河东汾、晋数州之地，势力逐渐强大，感到十分忧虑。仆固怀恩是铁勒部仆骨人，是当时有名的少数民族将领，最初是朔方节度使王忠嗣部下，后来又成为郭子仪的部下。跟随郭子仪破叛将高秀岩于云中，又活捉薛忠义，攻克马邑，与李光弼会师于常山，参加赵郡、沙河、嘉山等大败史思明的战役。他的儿子在作战中战败被俘，后来又逃了回来，他怒斥儿子贪生怕死，把他杀了，将士们非常害怕，无不殊死奋战。随后，他又跟随郭子仪收复河东，攻克潼关。后来，唐肃宗为了借助回纥兵力对付叛军，命他出使回纥，并让他将自己的女儿嫁给回纥登里可汗为妾。他率领回纥兵跟随郭子仪收复两京，功勋卓著。后来郭子仪被夺去兵权，李光弼出镇临淮，他任河南副元帅、朔方节度使，率军收复洛阳，并最终平息了安史之乱。在平定安史之乱中，他全家为国捐躯的就有四十六人。仆固怀恩性情刚烈，桀骜不驯，并且敢于犯上。由于郭子仪为人宽厚，所以仆固怀恩自愿跟随他建功立业。然而，后来郭子仪被罢兵权，李光弼为主帅的时候，治军严肃，仆固怀恩及其部下非常害怕，因此极力设法摆脱李光弼管辖，并且最终导致了邙山兵败。李光弼邙山失利之后，史朝义诱回纥袭唐。代宗因仆固怀恩与回纥可汗是亲家，命他去说服回纥，回纥因此又出兵帮助唐廷打败史朝义，最终平定了安史之乱。

广德元年 (763) 闰正月中旬，出兵助唐的回纥可汗率军取道河东回国，唐代宗诏命仆固怀恩送其出塞。然而，回纥君臣觉得对唐朝有功，于是就恃功以骄。在退兵的途中，回纥军队于沿途搜掠财物，州县供给稍不如意，便行凶杀人，无所顾忌。赵城 (今山西霍县南) 县尉马燧奉陈郑、泽潞节度使李抱玉之命，负责为回纥军队办理供应的一切事情。回纥军过境后，马燧对李抱玉进言说："我与回纥人交谈，了解到一些情况。仆固怀恩恃功骄横，其子仆固玢逞勇轻率。如今又在河北地区树立田承嗣、李宝臣、李怀仙、薛嵩四员镇将，并对外结交回纥，肯定还会有窥视河东、泽潞的意图，应当及早防备他们。"听完马燧的分析，李抱玉觉得非常有道理，于是他们便开始有所准备，并将这一情况告知上司。

这一路上，回纥将领和士兵非常放肆，全然没有将唐朝放在眼里。但是，唐军已经与回纥打过多次交道，对回纥也是有所了解。于是，当回纥军经过太原时，由于回纥可汗是仆固怀恩的女婿，河东节度使辛云京害怕他们合谋袭击军府，所以下令闭城自守，也不犒劳回纥的军队。仆固怀恩送回纥可汗出塞，往来经过，辛云京都闭城不见。仆固怀恩父子自认为功大名高，远过于诸道节度使，但是这次却受到辛

身系天下　鞠躬尽瘁镇边疆

云京如此羞辱，于是心中感觉非常恼怒，便上表代宗具告其事。然而，过了几天依然没有得到朝廷的任何答复。就在这个时候，仆固怀恩所统朔方军数万人驻扎在太原南面的汾州 (今山西汾阳)，于是，他就派他的儿子，也就是御史大夫仆固玚率一万名士兵进驻太原东面的榆次 (今山西榆次)；裨将李光逸等人屯于祁县 (今山西祁县)；李怀光等人屯于晋州 (今山西临汾)；张维岳等人屯于沁州 (今山西沁源)，等待朝廷的命令。

五月初，中使骆奉仙奉命来到太原。辛云京盛情接待，与其深相结纳，陈言仆固怀恩与回纥通谋，反状已经显露。骆奉仙返回京城时，经过仆固怀恩的行营，仆固怀恩当着母亲之面，设宴款待骆奉仙。仆固怀恩的母亲在席间几次责问骆奉仙："你与我儿结为兄弟，现在又与辛云京亲近，这是为什么呢？"酒宴酣畅，仆固怀恩乘兴起舞，骆奉仙以缠头踩物相赠。仆固怀恩也想酬谢，说："来日是端午，我们再开怀痛饮一天。"骆奉仙坚持请求启程，仆固怀恩便将他的马藏匿来。骆奉仙心中越发不安，对左右随从说："早上他母亲责问我。现在又把我的马藏起来，这分明是要杀我呀！"于是，乘夜晚跳墙而逃。仆固怀恩闻讯大惊，立刻追上来将马奉还。八月中旬，骆奉仙回京复命，奏言仆固怀恩图谋反叛。而仆固怀恩也将全部情况上奏代宗，请求将辛云京和骆奉仙斩首。唐代宗为求息事宁人，不追究他们双方的责任，颁诏予以优抚调解。

仆固怀恩一直认为自己是有功之臣。他觉得唐室的恢复，他有很大的功劳，但如今却遭人诬陷，身蒙反叛恶名，而朝廷对他如此冷漠。仆固怀恩越想，怨愤越大，于是上书唐代宗为自己辩解，其中历述自己尽忠报国六大功绩，言词愤激，语气责问。九月下旬，代宗派裴遵庆前往河东，宣谕仆固怀恩，并观察其去留动向。仆固怀恩抱住裴遵庆的脚哭泣诉冤，答应奉召入朝。但仆固怀恩的副将范志诚借来瑱之死，劝说他不可入朝。仆固怀恩于是在第二天再见裴遵庆时，以惧命为由拒绝入朝。裴遵庆只好回朝复命。适逢御史大夫王翊出使回纥，取道河东返回京城。仆固怀恩担心自己先前与回纥可汗往来之事泄露，于是就将王翊扣留在其行营之中。十月初，吐蕃攻占京城，代宗出幸陕州，再次征召仆固怀恩入朝。但他既不奉诏，也不出兵勤王。于是，君臣之间的猜疑嫌怨更深了。此时的仆固怀恩与朝廷的猜疑日益加深，陷入了进退维谷的境地。他公开不受朝廷之命，又暗中结交河东都将李竭诚为内应，派其子仆固玚进兵，图谋袭取太原城。但被河东节度使辛云京事先发觉，立即将李竭诚斩首，登城守备。仆固怀恩就让他的儿子仆固玚领兵攻打太原，被辛云京战败。仆固玚就率兵转而进攻榆次 (今山西榆次)。

正月八日，代宗欲派检校刑部尚书颜真卿前往河东朔方军行营，去宣诏慰问。当代宗还在陕州时，颜真卿曾自请奉诏前去召仆固怀恩入朝，但未得允许。这时，代宗又想让颜真卿去劝谕仆固怀恩入朝。颜真卿回答说："陛下在陕州时，臣前去以忠义之理相责，让他率兵奔赴国难，他还有可来的道理。如今陛下还京回宫，他进不是勤王赴难，退则不愿放弃手中兵权。这时去宣召，他怎么肯来呢？再说声言仆固怀恩反叛的人，只有辛云京、骆奉仙、李抱玉、鱼朝恩四个人而已，其余大臣都说仆固怀恩冤枉。陛下不如以郭子仪取代仆固怀恩，可以不动兵而使他臣服。"就在这个时候，李抱玉的堂弟、汾州别驾李抱真知晓仆固怀恩心有异谋，脱身来到京师。而代宗正为仆固怀恩之事忧虑不安，便召见李抱真问以绥靖之计。李抱真回答说："陛下不必过分忧虑此事。朔方军将士思念郭子仪，如同子弟思念父兄。仆固怀恩欺骗部下说，郭子仪已被鱼朝恩所杀，众将士信以为真，所以才受其利用。陛下如果再让郭子仪去统领朔方军，将士们都会不召而来的。"唐代宗听后，觉得此计可行。

正月二十日，代宗召见郭子仪说："仆固怀恩父子深负朕意。朕听说朔方军将士思念将军如同久旱盼雨一样，你去为朕坐镇安抚河东，汾阳的朔方军肯定不会叛变。"说完之后，唐代宗随即任命郭子仪为关内、河东副元帅，河中节度使。正月月底，唐代宗又任命郭子仪为朔方节度大使。广德二年 (764) 二月，郭子仪到达河中 (今山西永济西南)，河中的云南籍守将成卒贪婪，到处掳掠抢劫，成为当地的一大祸害。郭子仪下令斩杀了十四名罪大恶极的将士，杖责了三十人，河中府马上安定了下来。仆固怀恩的部下，听说郭子仪没有死，并且已领兵到了河中，都相互感叹说："我们跟随仆固怀恩父子做了不义之事，还有何面目再见郭令公!"因此，仆固怀恩部众离心，内部分化。仆固玚围攻榆次十余日，仍未奏效，急派使者前往祁县调兵增援。李光逸把军队全部交给使者。由于士卒都没有吃饭，便行军赶路，心中都非常不满，于是行进速度缓慢。在这种情况下，带队的将领白玉、焦晖同时用弓箭射击掉队士兵，军士责问说："将军为何要射击自己人?"白玉回答说："今天随他人造反，终究不免一死。反正都是一死，射死又有什么关系!"到达榆次后，仆固玚斥责他们来迟了，胡人士兵说："我们骑马，是汉人士兵不肯走快。"仆固玚于是下令殴打汉人士兵。汉人士卒非常怨愤，说节度使偏袒胡人士兵。当夜，焦晖、白玉就带兵袭击仆固玚，并将其杀死。消息传到汾州，仆固怀恩将儿子被杀的事回家告诉母亲，他母亲大怒说："我早就告诉你朝廷待你不薄，叫你不要造反，现在众心已变，还将连累一家和众多将士，如何是好!"仆固怀恩低着头无言对答。他母亲非常恼怒，操了一把刀说："今天我为国家杀了你这个逆贼，拿你的心来向三军将士谢罪。看到这种情景，仆固怀恩慌忙逃了出来，带了三百亲兵，连夜渡过黄河，逃往灵武去了。

朔方行营都虞侯张维岳在沁州听说仆固怀恩弃城北逃，立即赶往汾州行营，安抚将士，稳定局势。之后，他又杀了白玉和焦晖，夺了仆固玚的首级，向郭子仪报功。郭子仪派牙官卢谅，先往汾州，张维岳送给卢谅大批金银珠宝，要他证实仆固玚是他杀死的。于是郭子仪便将仆固玚的首级送往京师，并为张维岳请功。当群臣入朝祝贺时，唐代宗叹息地说："朕的旨意不能使人相信，致使功臣发生变故，朕深感惭愧，有什么值得庆贺的呢?"于是下令用辇车将仆固怀恩的母亲接到长安，优礼相待，厚养生活。一个多月后，仆固怀恩的母亲寿终正寝，代宗又下令依礼安葬，朝中功臣因此而深受感动。

随后，郭子仪来到了汾州，仆固怀恩的部众听说郭令公来了，全部归顺朝廷，他们又喜又悲，喜的是令公终于来了，悲的是他来得太晚了，不少人都流下了眼泪。接着就有人揭发张维岳夺功杀害白玉、焦晖以及卢谅受贿的事。郭子仪听到这个情况后，十分恼怒，马上捉了张维岳和卢谅，审问明白后，将卢谅活活打死，将张维岳斩首示众，军民无不叹服。就这样，郭子仪不费一兵一卒，就抚定河东，从而避免了一次大规模的叛乱。

河东既定，郭子仪从仆固怀恩这件事，想到过去安史之乱时，各道增设节度使镇守要冲，现在安史之乱已平，而各道节度使拥兵自重，耗费钱粮，祸害百姓，建议代宗撤销那些增设的节度使，并从自己兼任的河中节度使开始。代宗看了郭子仪的表章，内心非常赞同，但怕触犯那些拥有重兵的节度使，引起新的事端，一直不敢下令执行。只是根据郭子仪的请求，撤销了河中节度使。郭子仪又请求罢免自己的关内副元帅职务，但是唐代宗没有批准。

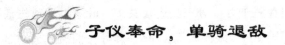

子仪奉命，单骑退敌

仆固怀恩的计划失败后，在母亲的斥责下，仆固怀恩逃走了，而他的儿子仆固玚也被杀，这些让仆固怀恩没有了退路。于是，他更坚定了反唐的决心。仆固怀恩逃到灵武以后，收集散亡士卒，军势复振。

广德二年（764）十月，仆固怀恩招集吐蕃、回纥军共计十万人马，绕过邠州，进逼奉天，面对着来势汹汹的敌军，整个长安又立即陷入慌乱惊恐之中。唐代宗命令郭子仪出镇奉天，并询问破敌方略。郭子仪说："仆固怀恩不会有什么作为。"唐代宗问："为什么？"郭子仪回答说："仆固怀恩刚毅勇敢，但对部下缺少恩信，不得军心，他所统帅的士兵都是我以前的部下，他们怎么能忍心和我刀兵相见呢？所以仆固怀恩不会有什么作为。"

郭子仪抵达奉天后，得知吐蕃逼近邠州 (今陕西彬县)，于是就命儿子郭曜率兵一万人马前去援救，又命右兵马使李国臣领兵作为郭晞后援。不久，仆固怀恩领回纥、吐蕃进至邠宁，邠宁节度使白孝德与郭晞闭城拒守。

当时，为了报仇并且发泄心中的私愤，仆固怀恩率领大军来到奉天，在城外挑战，诸将纷纷请战，郭子仪制止他们说："敌兵深入，其利在于速战，我坚壁以待之，彼必以为我军虚弱，不加戒备，如此即可破敌。如果仓促出战，一旦战事不利，那么我们就会众心离散。有再敢言战者斩！"听到郭子仪的这一番话，无人敢再说话。随后，郭子仪部署部队，加固城墙以待之，果然一路横冲直撞、势如破竹的仆固怀恩的部下看到奉天城外唐军严整的军容和随风飘扬的帅旗上异常醒目的"郭"字，惊慌不已，不战而退。

永泰元年 (765) 九月，仆固怀恩再次勾结回纥、吐蕃、党项、吐谷浑等，引兵三十万，分三路进攻关中。吐蕃自北道进逼奉天，党项自东道进逼同州 (今陕西大荔)，吐谷浑等自西道进逼周至，回纥跟随在吐蕃的后面，仆固怀恩又率部跟随回纥之后。面对来势汹汹的敌军，郭子仪非常镇定，他派行军司马赵复入奏朝廷："敌军多是骑兵，其来如飞，不可轻视。请皇上命令凤翔节度使李抱玉、滑濮节度使李光庭、邠宁节度使白孝德、镇西节度使马璘、河南节度使郝庭玉、淮南节度使李忠臣，各出兵扼守要冲。"唐代宗同意他的建议，但诸道节度使大都没有按时出兵。

吐蕃军十万进至奉天，唐代宗急命郭子仪自河中率兵进屯泾阳 (今陕西泾阳)，又命李忠臣扼守东渭桥 (今西安东北渭河上)，李光进驻军云阳 (今泾阳北)，马璘，郝庭玉屯兵便桥 (今陕西咸阳东南渭河上)，李抱玉镇守凤翔，骆奉仙，李日越屯荏屋，周智光守同州 (今陕西大荔)，杜冕屯坊州 (今陕西黄陵西南)，而唐代宗自率六军，驻扎苑中，下制亲征。鱼朝恩乘机搜刮民间私马，又令城中男子都穿黑衣，充作禁兵，将城门堵死两道，只开一道。整个京城惊恐不安，百姓大批外逃。吐蕃进攻奉天，朔方兵马使浑瑊、讨击使白元光据城坚守，多次击退吐蕃的进攻，又领兵夜袭其营，先后杀死吐蕃军五千余人。这时，

大雨不止，接连下了九天，吐蕃不能前进，四处抢劫，掳掠男女数万人后，退了回去。刚退到郡州，遇到回纥，又返回合兵围攻泾阳。

郭子仪与回纥首领相会的场面

郭子仪在河中接到进驻泾阳的命令时，由于不少将领已率兵奔赴前线，身边只有一万多人。十月，郭子仪刚到泾阳，就被敌军重重包围。面对十倍于己的强敌，郭子仪镇定自若，毫不慌乱。他一面部署诸将四面防守，一面亲率骑兵出没于前后左右侦察敌情。恰在这时，仆固怀恩在行军途中暴病而死，群凶无首，各自为战。率领回纥兵的主将是怀仁可汗的弟弟药葛罗，他为了防止被吐蕃乘机吞并，将兵营从城北转移至城西。郭子仪得知后，心中暗喜。他认为，在平定安史之乱收复两京的战役中，自己曾亲率大军与回纥军并肩作战，在回纥军中有较高的威望，有可能利用回纥与吐蕃的矛盾，说服回纥共同击败吐蕃。于是郭

身系天下　鞠躬尽瘁镇边疆

子仪派自己的得力部将李光瓒前去回纥大营试探，面见回纥军主将药葛罗。药葛罗是怀仁可汗的弟弟，曾与可汗一道跟随郭子仪攻打过安史叛军。他与郭子仪不仅相识，还有过非常友好的交往，他同许多回纥酋长一样，非常敬佩郭子仪。仆固怀恩也知道郭子仪在回纥军中的威望，就欺骗回纥人说郭子仪被鱼朝恩诬陷，已经被杀了，回纥信以为真。李光瓒见到药葛罗后，转达了郭子仪对他的问候，劝他不要与唐军为敌。药葛罗怎么也不相信，他问李光瓒："郭令公果真在此吗？我们可以见见他吗？"李光瓒说郭子仪还健在，于是他们约定先见见郭子仪。回到营地之后，李光瓒如实报告郭子仪。郭子仪立即召集诸将会议，他说："现在敌我众寡悬殊，如果硬拼很难取胜，并且我们过去与回纥有很深的交情，所以现在不如挺身前往，劝说他们，或者可以不战而使他们退兵。不战而屈人之兵，这自然是上策。于是，部将们都同意郭子仪的意见，但是请他带上五百名精锐骑兵随行护卫，郭子仪反对说："这样做，只会增加对方的怀疑，会坏大事。"于是，他就只带了几名随从，跨马挥鞭出营。这个时候，他的第三个儿子郭晞，一把抓住父亲的马缰，跪在地上哭劝说："如今回纥犹如虎狼，父亲是国家的元帅，怎么可以拿着生命去冒险呢？"郭子仪说："现在敌强我弱，如果交战，不但我们父子都会死，而且会使国家陷入危险境地。我现在挺身前往，以诚心去和他们交涉，或许能使他们听从，岂不是四海黎民的洪福！如若回纥不从，我以身殉国，也是问心无愧，死得其所。"郭晞说什么也不赞成，仍苦苦劝阻。郭子仪大怒："滚开！"说着手起一鞭，打掉了郭晞紧攥缰绳的手，扬鞭跃马，驰出西门，朝回纥的军营飞奔而去。

为了避免受到伏击，误了大事，郭子仪让随从们一边走，一边高喊："郭令公来了！郭令公来了！"回纥首领药葛罗，怕唐军用计赶紧叫部下摆阵，自己也搭弓上箭，准备射击。郭子仪见此情形，不慌不忙翻身下马，脱下盔甲，放下刀枪，牵着马继续向回纥军走去。回纥首领仔细辨认，见果真是郭子仪，纷纷下马施礼，上前迎接郭子仪。

药葛罗也放下弓箭，赶紧走上前跪拜迎接。郭子仪扶起药葛罗，与回纥将领一起走进帐内。一阵寒暄过后，郭子仪对药葛罗说："你们为唐朝立过大功，朝廷待你们也不薄，现在为什么要违背盟约，进攻我大唐?仆固怀恩叛君弃母，世人唾骂，能对你们做什么好事?你们跟着他，抛弃前功而结新仇，背离唐王而助叛臣，这是多么愚蠢的举动!"郭子仪的一番话，说得药葛罗非常惭愧，连连说："请郭令公恕罪，我们是上当受骗了。仆固怀恩说唐朝皇帝已经驾崩，郭令公早已去世，中原无主，所以我们才率兵而来。现在皇帝仍坐镇京城，令公又统兵在此，我们哪里还敢再与您为敌呢!"

郭子仪见大事已成，就进一步说："吐蕃背信弃义，乘我大唐内乱，不顾甥舅之亲，吞食我边疆的土地，侵入我京都，他们抢夺的财物无计其数，牛羊马匹，长达数百里，布满了原野。现在吐蕃又想乘机吞并你们，你们何不乘机反戈一击呢?这样，既可以保全你们的军队，又能使我们两国保持友好关系，还能击败吐蕃而获得他们的财物，为你们打算，哪有比这样做更有利的呢? 千万不要失去这么好的机会呀!"

药葛罗听后，立即表示同意说："我们被仆固怀恩骗到这里，实在很对不起令公，现在我愿替令公尽力，攻打吐蕃，将功赎罪。只是仆固怀恩的儿子，是我们可敦 (可汗的妻子) 的兄弟，希望不要杀了他。"郭子仪答应了，随后取酒与回纥诸酋长共饮，药葛罗请郭子仪举杯盟誓，郭子仪举起酒杯，然后将酒浇在地上说："大唐天子万岁!回纥可汗万岁!"等到药葛罗，他也将酒浇在地上说："如令公誓!"诸酋长也都非常高兴地说："出师时有两个巫师说，这次出征很平安，不会与唐军交战，见一大人而还，今日果然如此。"

吐蕃军得知回纥与唐军结盟，感到大事不妙，连夜撤兵西逃。药葛罗率回纥兵追击，郭子仪当即派遣朔方兵马使白元光率骑兵追击吐蕃军，自己亲率大军继其后，唐军和回纥联军追至灵台西原赤山岭 (今甘肃灵台西)，大败吐蕃军，斩首吐蕃士兵五万余人，俘虏上万人，夺

身系天下 鞠躬尽瘁镇边疆

回了被吐蕃抢走的工匠、妇女四百多人，缴获的牛羊驼马，三百里内接连不断。两天之后，唐回联军再破吐蕃于泾州东面，。这个时候，各路受仆固怀恩蛊惑来攻唐的大军随之闻风丧胆，逃之夭夭。药葛罗得到了被吐蕃抢劫的财物，亦收兵回国。郭子仪单骑退兵，从此名震千古，传为佳话。

永泰元年十月十九日，仆固怀恩的部将张体藏等人，前来向郭子仪投降。二十三日，唐代宗下诏停止亲征，京城解除戒严。郭子仪在泾阳上奏说："仆固怀恩的侄子仆固名臣和李建忠等人，都是骁勇之将，如今在回纥军中。为了避免他们逃入外夷，请陛下传令招抚他们。"于是，唐代宗敕令凡仆固怀恩的旧将有功者，都予以赦免罪过，让回纥统帅送归朝廷。二十四日，仆固名臣率其部下一千余名骑卒前来归降。郭子仪又让开府仪同三司慕容休贞写信晓谕党项统帅郑庭、郝德等人。第二天，郑庭、郝德等将领便率部到凤翔向唐军投降。

回纥统帅药葛罗与郭子仪盟誓后，即派石野那等六名酋长入京朝见代宗。十月二十七日，回纥胡禄都督等两百余人又人长安觐见代宗。唐朝廷前后赠送回纥的绢帛达十万余匹，京城府库为之空竭，只好暂时扣减百官俸禄，以满足回纥贵族的需求。

回纥自立国以来，与唐亲善，是为历史上罕见的民族和好关系。同时唐朝与回纥之间的矛盾和摩擦也是非常频繁的，在战场上没有永远的敌人，也没有永远的盟友，战争还是为了利益。在唐代宗大历十年 (775) 以前，回纥经常在唐朝北边大肆抢掠。而且回纥君臣自恃骑兵剽勇，有功于唐，日益骄横，甚至喧宾夺主，滋生事端。

大历七年 (772) 正月二十二日，在长安的回纥使者擅自离开接待他们的鸿胪寺客馆，掳掠民间子女，负责京城治安的官员出面阻止，竟遭他们殴打。随后，回纥骑兵三百余人冲击皇城南面的朱雀门和含光门。当天，皇城各门全部关闭。唐代宗派中使刘清潭前去劝告，回纥人才停止骚扰滋事。七月十四日，回纥使者又擅离鸿胪寺，于含光门街追逐长安县令邵说，强夺其所乘马匹，扬长而去。邵说不敢争辩，避之犹恐不及。大历八年 (773) 七月，唐代宗为结回纥可汗欢心，下令将回纥送来进行绢马互市的马匹全部买下。七月底，回纥使者百余人辞行离京时，用来装载唐朝所给赏赐和互市所得绢帛财物的大车，多达一千余辆。同年八月底，回纥使臣赤心等人，又送来上万匹马请求互市。主管绢马贸易的互市监以回纥马匹太多，奏请唐代宗批准只买进一千匹。郭子仪上奏说："回纥有功于朝廷，应该准其所请，况且国家需要补充军马。臣请捐献一年俸禄，充作买马钱。"唐代宗没有同意他的请求。十一月十七日，唐代宗诏令买进回纥马六千匹。大历十年 (775) 九月十七日，回纥使者在长安东市白昼行凶，用刀刺破一个商贩腹部，最后商贩疼痛至死，愤怒的百姓们将凶犯扭送万年县衙门，关进监狱。回纥酋长赤心闻讯后，驰马冲入监狱，砍伤狱曹，劫走凶犯，而唐代宗竟然也不追究他们的罪责。同年十二月，回纥骑兵一千余人进犯夏州 (今陕西靖边西北白城子)，被唐将梨荣宗在乌水 (夏州西北无定河支流) 打败。在邠州 (今陕西彬县) 的郭子仪得到军情报告，立即派出三千名士兵前往增援，回纥骑兵闻风远遁而去。大历十一年 (776) 二月下旬，唐朝向原朔方军所属的黄河外三受降城、定远城和丰安军增加兵力，防备回纥向南侵扰。大历十三年 (778) 正月二十一日，回纥骑兵进犯太原、榆次 (今山西榆次)、太谷 (今山西太谷) 等地。时任河东节度留后的鲍防没有什么军事才能，但是刚愎自用，其属下押牙官李自良建议应避敌锋锐，坚壁不出，并在敌寇退兵要路上修筑城堡，以待两面夹击。但鲍防却没有采纳这个非常正确的建议。而是命令大将焦伯瑜等人率兵迎敌。正月二十六日，两军相遇于阳曲 (今山西太原北)，唐军失利，阵亡一千多人。回纥军乘势大肆抢掠当地百姓财物。二月三日，代州 (今山西代县) 都督张光晟率兵在羊武符 (今山西原平西北) 击败回纥军，将他们驱逐出境。大历十四年(779)，继位新君德宗诏令鸿胪寺："凡来长安的回纥等蕃族，必须着本国服装，不得仿效汉人。"先前在京的回纥使者还有上千人，而穿汉服与汉人杂居的胡商，又多了一个依靠。唐朝的驿站每天要供给他们

身系天下 鞠躬尽瘁镇边疆

饭食，费用开支很大。这些胡商在京城开商铺做生意，又在京城修建宅第，骄横放纵，而当地的唐朝官员又不敢惹。这样一来，他们就更加放肆，很多胡商改穿汉服，引诱骗娶唐朝女子为妻妾，生儿育女。唐德宗因当年曾受回纥可汗羞辱，心中一直耿耿于怀，所以对回纥蕃族的这些做法予以严惩。建中元年 (780) 夏季，唐朝派中使梁文秀前往回纥可汗牙帐，告知唐代宗驾崩的国丧，登里可汗态度倨傲，接待失礼。依附于回纥的九姓胡人鼓动登里可汗乘唐朝新丧之机，南下抢掠财富，登里可汗利欲熏心，准备举全国兵力南侵。宰相顿莫贺达干是可汗的堂兄。劝阻说："唐朝是大国，没有亏待我们。前年我们南下太原，俘获羊马数万，可称得上是大胜。但是路途遥远，粮食供应困难，等到回国时，已经死伤消耗殆尽。现在又要远征，万一失利，如何回国呢？"但登里可汗不肯听从，于是，顿莫贺达干利用回纥部众不愿南下的情绪，发动政变，杀死登里可汗和九姓胡商两千余人，自立为"合骨咄禄毗伽可汗"，随后派大臣建达干与梁文秀同行入唐，请为唐朝藩臣，垂发不剪，等待诏命。六月二十二日，唐德宗派京兆少尹源休持节，前往回纥牙帐，册封顿莫贺达干为"武义成功可汗"。

事情到了这个时候，回纥和唐朝才算是有了一段时间的相对稳定和和平的关系。然而，这些和平都只是暂时的，一旦唐朝内部发生战乱，形势又将会发生变化。

移镇邠州，忠武垂世

安史之乱后的唐王朝，虽然国势衰疲，但毕竟是庞然帝国，整体国力仍非吐蕃所能匹敌，只是由于内部矛盾纷争而外呈虚弱，处于战略守势，勉力于保境安边。代宗的唐朝和吐蕃的关系，常常和战不定，在双方互遣使臣，频繁盟誓的同时，时常是盟誓墨迹未干，而前线战端又起。关中西北方面陇山和六盘山一线的秋季战事，连年不断，且大多是以吐蕃军处于进攻态势。唐朝方面所以被动挨打者，一方面由于地方藩镇林立与中央离心离德，朝廷难以聚结起强大的财源和兵力，对吐蕃的进犯以重创。另一方面是与农、牧族类的军事制度密切相关。游牧民族军队以骑兵为主，马背转徙，作战机动性尤为显著。一旦唐朝边防有隙可乘，他们便进犯抢掠。及至唐军赶来讨伐，他们又消失得无影无踪了。吐蕃军每次入侵，大肆抄掠金帛财物。掳掠男女人口和牛羊牲畜，对无法带走的房舍民宅和青苗庄稼，则放火焚烧，纵马践踏。这种以战养战的方式，既使其民寡财乏的国力得以补给，又严重削弱了唐朝方面的经济基础和战争潜力。

面对这样的不利形势，朔方军移镇邠宁之后，郭子仪上奏唐代宗说："裴冕在灵武带头辅佐先帝（肃宗），有安定社稷之功。程元振忌妒他的才能和正直，谗言诬陷，贬往荒远之地。伏请陛下把他召回京城，让他重新辅政，定能有所作为。"早在宝应元年（762）九月，右仆射、肃宗山陵使裴冕因不愿依附权阉程元振，被诬构贬为施州 (今湖北恩施) 刺史，后又改移澧州 (今湖南澧县) 刺史。执政宰相元载当初任县尉时，曾得到过裴冕的提携。因而也向代宗推举裴冕。于是，代宗下诏任命裴冕为左仆射同中书门下平章事。然而，这个时候的裴冕已经年老多病，被重新起用后未满一个月便去世了。这对当时的唐朝廷来说，是一个不小的损失。

凉州 (治今甘肃武威) 是河西节度治所、西北军事重镇。广德二年 (764)，仆固怀恩引回纥、吐蕃进犯邠州时，河西节度使杨志烈出兵袭击仆固怀恩后方灵武，仆固怀恩撤军回救。不久，凉州被吐蕃攻陷，杨志烈撤往甘州 (治今甘肃张掖)，为沙陀所杀。郭子仪因西北边防空虚，又奏请朝廷派使者巡视安抚河西，并设置凉州、甘州、肃州、瓦州、沙州等长史，唐代宗准其所请。永泰元年 (765) 闰十月，郭子仪自泾阳进京朝见代宗，只停留了四天，就返回了河中。由于久经战乱，国家征集军粮很不容易，河中军队的粮食经常缺乏。为了减轻国家的负担，郭子仪自己带头耕种了一百亩地，将军和校尉耕种的田地依次递减，于是士兵都不用督促就自动耕种。到了第二年，河中一带到处是绿油油的禾苗、黄澄澄的庄稼，没有一片空地。所收粮食不仅满足了河中驻军的需要，还有不少余粮，既充实了国库，又减轻了百姓的负担。正当郭子仪在河中率领部队屯田自给的时候，不时传来邻近河中的同、华两州节度使周智光飞扬跋扈、目无朝廷、图谋不轨的消息。为了国家的前途命运，郭子仪不能不密切注视着事态的发展。

永泰元年 (765)，吐蕃军数万攻奉天，受阻后撤时，周智光领兵截击，击溃吐蕃军于澄城 (今陕西澄城) 北，追至鄜州 (今陕西富县)。由于周智光与杜冕不和，而当时杜冕屯兵坊州，家在郎州。周智光为泄私怨，杀了郝州刺史张麟，杀死杜冕的宗族家属八十一人，焚烧民房三千余家。回纥、吐蕃撤退后，周智光进京献捷。代宗以周智光有擅自杀人之罪没有封赏，让他走了。周智光回到华州，更加骄横，并开始不听朝廷差遣，代宗让杜冕到山南投张献诚，以躲避周智光。周智光得到消息，派兵于途中截击，没有得逞。周智光又聚集亡命之徒和无赖子弟好几万人，随便他们到处抢劫，以讨他们的欢心。他又擅自扣留关中由水路运往关东的大米二万斛。关东藩镇运往朝廷的进贡物资，也常常被他杀了使者而夺走。各州选送入京应试的学生，因畏惧周智光的残暴，偷偷地经过同州，被周智光知道了，派兵拦截，被杀的很多。陕州监军张志斌，回京奏事，路过华州，周智光留他住在馆舍。张志斌责备他的部下纪律不严，周智光大怒说："仆固怀恩本来不反，就是你们这些人逼的。我也不想反，今天因为你造反了。"随即就下令把他杀了，并将他身上的肉也割下吃了。朝廷还想安抚周智光，晋升他为检校左仆射，派余元仙将任免状送给他。周智光大骂："我有大功于国家，不授予我宰相却授予仆射，而且同州、华州土地太狭小，不足以施展我的才干，如果增加陕、虢、商、郎、坊五州，那还差不多。"紧接着，他又历数大臣过失，并且说："这里离长安只有一百八十里，周智光夜里睡觉都不敢伸腿，恐怕踏破了长安城墙。至于挟天子以令诸侯，只有我周智光有能力做得到。"余元仙吓得两条腿直发抖。

郭子仪见周智光反状已经很明显，多次向朝廷请求讨伐他，唐代宗没有同意。直到大历二年（767）正月初六，代宗才秘密诏令郭子仪讨伐周智光。郭子仪命大将浑瑊，李怀光率军进驻渭水旁，以隔阻同、华两州联系，扩大讨伐声势。周智光部下得知朝廷已命郭子仪率大军前来讨伐，都有离散之心。初八，驻守同州的周智光大将李汉惠率部向郭子仪投降。十一日，朝廷下令贬周智光为澧州刺史。十三日，华州牙将姚怀、李延俊杀死了周智光，将其首级献于朝廷。周智光之乱只用了八天就平定了。周智光叛军归附后，吐蕃再次派骑兵侵扰泾州（今甘肃泾川）。郭子仪奉诏率军西进，从河中移师泾阳，以抵御吐蕃进攻长安。吐蕃听说郭子仪西进，不敢继续南下，转而攻占灵州，郭子仪统帅朔方军主力北上，在灵州大败吐蕃军，斩杀其两万余人，随后带兵返回驻地泾阳。大历三年（768）初，关中局势平定，代宗又令郭

身系天下　鞠躬尽瘁镇边疆

子仪率军回驻河中。

吐蕃军队的连年入侵，使得唐朝廷对京城西北的防御问题更加关注。吐蕃兵战场主要集中在京城西北方向，而西北方的邠宁节度使马璘所率的四镇兵马实力无法与吐蕃军相抗衡，但郭子仪统率的朔方重兵却驻守在河中，远离战场，这样使得边境的驻防出现了疏漏。大历三年（768）八月下旬，吐蕃又出兵十万人进犯灵州。九月初一，唐代宗复令郭子仪率五万大军，从河中进驻奉天，以确保长安的安全。九月上旬，朔方军骑兵将领白元光两次击败吐蕃军数万人的攻势。在这段时间里，郑陈节度使李抱玉派其右军都将临洮（今甘肃临潭）人李晟率兵袭击吐蕃军的后方。李晟说："凭实力作战，五千人是够用的。用智谋取胜，五千人又太多了。"于是，李晟仅率一千名精锐骑兵，西出大震关（今陕西陇县西南），奔袭临汾，攻克吐蕃军的军需基地定秦堡，烧毁堡内囤积的大批物资，俘虏堡将慕容谷种而还。在灵州的吐蕃军闻讯后，立即撤围退兵。九月二十七日，京师解除戒严令。

十月底，郭子仪自奉天入朝。他在京期间，宰相元载召集诸大将商议京西北的防御事宜。由于吐蕃连年进犯，战场主要在京西北方向，马璘所率四镇兵马驻守邠宁，实力无法与吐蕃军相抗，而郭子仪所统朔方重兵驻在河中，深居没有战事的腹心地区。元载建议朔方军移驻邠宁，以马璘之军移镇泾州（今甘肃泾川）；由于泾原边地荒凉残破，军费不足，可以征调内地的租税和远途运输来资助。郭子仪和马璘等人都对此方案表示赞同。十二日，唐代宗下诏改任马璘为泾原节度使；将邠州、宁州（治今甘肃宁县）、庆州（今甘肃庆阳）三州之地划归朔方军，作为驻防区域。大历四年（769）六月，郭子仪带领朔方军精锐主力从河中移防邠宁。其余兵马除留驻河中之外，先前已有部分随路嗣恭进驻灵州。由于士兵们长期驻扎于河中，以此处为家园，许多将士不愿意迁往环境相对艰苦的邠州前线，往往开小差逃回河中。当时马严郑主持河中军府的留后事务，将逃兵全部抓获，并且斩杀带头逃跑的人以示惩戒，军心才得以稳定下来。这年秋天，吐蕃仍然出兵进攻灵州，被朔方留后常谦光击败。吐蕃得知郭子仪移镇邠州，自大历四年至七年，四年多不敢大举进犯。

大历八年 (773) 十月，重整旗鼓的吐蕃再次兵分两路侵扰唐朝。一路以万余人围攻灵州，以牵制郭子仪的朔方军，但很快被唐军击败。另一路十万人为主力，进攻泾、邠等州。郭子仪派朔方兵马使浑瑊步骑兵五千前去迎战，浑瑊登高察看地形，下令占据险要，布下拒马 (一种阻止人马奔突的防御战具)，以防吐蕃骑兵冲击。当时浑瑊才三十来岁，老将史抗、温儒雅等见他年轻，看不起他，不听从命令。当浑瑊命令他们出击时，他们已经喝醉了酒，看到拒马，就说："野外交战，哪里用得着这个!"于是下令撤了。他们让骑兵冲击吐蕃营阵，攻不进去就退了回来。吐蕃军跟在后面乘机追击，唐军因为拒马被撤，无法抵挡，因此大败，士卒死伤十之七八，居民被掳掠几千人。浑瑊等奋力突出重围，才避免了全军覆没的结局。与此同时，马磷在盐仓的战斗中也惨遭败绩。

郭子仪在邠州得知前线战况失利，紧急召集诸将商讨作战方案。他首先说："此次战争的失利，责任在我，而不在各位将军。我们朔方军一向以能征善战闻名天下，如今却被吐蕃打败，但是，我们要知耻而后勇，大家想想用什么计策才能一洗前耻呢?"这个时候，气氛非常紧张，诸将面面相觑，无言以对。浑瑊主动请求再战，表示要戴罪立功，以功赎罪。浑瑊说："败军之将，本来不该再参加计议。但我愿说一下今天的事情，只求惩治我浑瑊的罪，不然，就再派我去。"郭子仪答应并赦免了浑瑊，并重新调整了兵力部署，派浑瑊和盐州 (今陕西定边) 刺史李国臣等率军迂回到吐蕃军背后，伺机发动进攻，吐蕃军闻讯后立即回撤。浑瑊所率大军早已埋伏在吐蕃军所必经的道路两侧，进行伏击。当急速回撤的吐蕃军进入到唐军的埋伏圈里时，浑瑊大喝一声，身先士卒，冲向敌阵，唐军两侧夹击，大败吐蕃军，将吐蕃掠夺的物资等全部追回。而马磷也派兵袭击了吐蕃军的辎重基地潘原 (今甘肃平凉东南)，杀敌数千人。吐蕃军后方告急，只得全线

身系天下　鞠躬尽瘁镇边疆

西退，吐蕃的侵犯又一次被打退。浑瑊后来成为唐德宗时期最有名的将帅之一，为平定朱泚、李怀光叛乱，复兴唐室，抵御吐蕃进犯立下了赫赫战功，官至邠、宁、庆副元帅、检校司徒，兼中书令。郭子仪在战争的实践中，为朝廷培养了一大批人才，有六十多名部属后来位至将相。

大历九年 (774) 二月，郭子仪入朝，代宗在延英殿接见了他，与他谈起了吐蕃强盛，西边不安的事，深为忧虑。郭子仪立即给皇上写了一本奏章，他首先汇报了西北边境的防御情况，然后说："朔方是国家的北门，西面防御吐蕃等部族的侵略，北面抵抗回纥等部族的骚扰，五个要塞相距三千多里。开元、天宝年间有战士十万，战马三万匹，也不过只够抵挡一个角落。自从先帝在灵武即位，朔方的将士都跟着您东征西讨，没有一年安定过。前些时候，又因仆固怀恩叛乱，死伤消耗，损失了三分之一，和天宝时相比，兵力只有十分之一。现在吐蕃已吞并了河州、陇州，联合羌、浑的人马，每年深入到京郊，势力超过我们十倍。在这种情况下，想与吐蕃争夺胜利很不容易。近来，敌人入侵，号称四节度使，各率一万人，每人有好马数匹。而我统领的军队，人数不及敌人的四分之一，马匹不及敌人的百分之二，而且都存在着畏惧心理。"在这种敌强我弱的情况下，怎样才能变劣势为优势，保障边境安全呢？郭子仪认为唐军的劣势，不只是数量不足，还在于对军队选拔不精，训练不好，进退步调不一，军威不振，战线太长，兵力分散。因此，他向皇上建议，从各道兵马中挑选精兵五万，沿西北边境驻防，就一定能取得制胜权。他进一步提出了具体的办法：河南、河北、江淮一带大镇有兵数万，小的也有数千，现在从他们中挑选一批精兵，调入关中，加以整编，严格训练，就能攻必取，守必全。这一计划如果能够实现，不仅能增强西北边境的防御力量，改变被动挨打的局面，还能够削弱各镇的割据势力。这确实是一个具有远见的保障国家安全的计划。四月，郭子仪由京城返回邠州时，再次向代宗谈到西北边防的事，以至涕泪交流。当时由于成德李

宝臣、卢龙李怀仙与淄青李正已、曲南东道梁崇义等各拥强兵，割据抗命，郭子仪挑选精兵的计划无法实行。这时的郭子仪已经七十八岁了，他向代宗陈述自己已经衰老，请求退职回家。代宗答复说："我还需要依靠你，你现在怎么能离开呢？"就这样，近八十岁高龄的郭子仪仍旧驻守在唐朝的边疆，忠诚地保卫着大唐的每一寸国土。

大历十年 (775) 十二月，回纥一千余骑兵进犯夏州 (今陕西靖边)，被唐军守将击败。驻守邠州的郭子仪得到军报后，立即派出三千精骑前往增援，回纥骑兵闻风而逃。大历十二年 (777) 九月，吐蕃军八万从原州 (治今宁夏固原) 北攻破方渠 (今陕西环县)，侵入拔谷。郭子仪命李怀光领兵前往援救，吐蕃退走。十月，吐蕃军又进攻长武城 (今陕西长武西北)，郭子仪派兵抵御，打退了吐蕃。大历十三年 (778) 三月，回纥使者回国途经河中时，留守河中的朔方将士早已对回纥兵的骄横忍无可忍，于是就将回纥使者的辎重财物扣留，双方发生了械斗。作为报复，回纥兵在河中城内大肆抢劫财物。鉴于回纥兵的所作所为，已经严重扰乱了边境百姓的正常生活，郭子仪上奏代宗，请求派邠州刺史浑瑊率兵前往河东方向驻防，与黄河西岸的夏州方向构成犄角之势，以抵御回纥骑兵的侵扰。随后随着唐军不断增加兵力，回纥军见唐军防守严密，无机可乘，才逐渐北撤回国。大历十三年 (778) 秋，吐蕃又三次入侵，都被郭子仪派兵击退。郭子仪镇守邠州已经长达十一年，虽然朔方兵力不及吐蕃的四分之一，吐蕃几乎每年秋季都率兵进犯，既掠夺牲畜财物，又抢收粮食，但每次都被郭子仪击败。关中大多数地区因此免遭蹂躏，京城得以安然无恙。

大历十四年 (779) 五月，唐代宗病逝。代宗在遗诏中交代在国家治丧期间由郭子仪代理朝政，辅佐太子。郭子仪这才奉命回朝。八十三岁高龄的郭子仪，从此结束了他的戎马生涯，在朝廷担任宰相。随后，太子李适即位，是为唐德宗。德宗体恤郭子仪的年事已高，免去了他的一切军事职务，并赐号"尚父"，让他安度晚年。

建中二年 (781) 夏天，郭子仪病危，德宗派舒王李谊持诏书前往汾阳王府慰问。舒王是代宗次子昭靖太子的儿子，德宗将他当作自己的儿子来抚养。舒王排行居诸王之长，凡军国大事，德宗多让其亲历实践，增长才干。郭氏子弟集于家门之外，迎拜舒王。然而，这个时候的郭子仪已经不能起床，只在床上头谢恩。六月十四日，郭子仪逝世，享年八十五岁。德宗非常哀痛地悼念他，五天没有上朝处理政事。下诏命大臣们都去吊唁，丧葬所需都由国库供应，赠太师，陪葬建陵（唐肃宗陵）。入葬的时候，德宗登上安福门，哭着为他送葬，文武百官都跟着流泪。在唐代宗庙制度中原来规定：一品官的坟高一丈八尺，德宗特地下令让郭子仪的坟再增加一丈，以表彰他的功劳。依照朝廷谥法，赐予郭子仪"忠武"谥号，灵位附祭于代宗庙廷，享受国家祭祀。按照唐代谥法制度规定，凡职事官三品以上，散官二品以上，身亡之后才有资格享受朝廷赐予谥号。"忠武"为复字谥。"忠"字的含义包括：危身奉上、危身惠上、让贤尽诚、危身赠国、虑国忘家、盛衰纯固、临患不反、安危不念、廉方公正。"武"字的含义包括：克定祸乱、威强睿德、开土拓疆、率众以顺、折冲御侮。唐代受赐"忠武"谥号者，在郭子仪之前有赠司徒、鄂国公尉迟敬德，其后有赠太尉、西平郡王李晟。

附录

郭子仪生平大事年表

郭子仪生平大事年表

公元 697 年　郭子仪出生华州郑县。

公元 749 年　郭子仪中武举。

公元 753 年　任天德军使兼九原太守。

公元 755 年　安史之乱爆发，郭子仪出任朔方节度使。

公元 756 年　肃宗即位，郭子仪任兵部尚书、灵武长史、同平章事。

公元 757 年　郭子仪收复河东、洛阳，加司徒。

公元 758 年　任中书令。

公元 759 年　被召还京，罢兵马元帅、朔方节度使。

公元 762 年三月　受封汾阳郡王。

公元 763 年　出奇兵，收复长安。

公元 764 年　加太尉，固辞不受；又加尚书令，亦不受。

公元 765 年　单骑退回纥，破吐蕃。

公元 767 年十二月　父坟被盗。

公元 779 年六月　代宗驾崩，德宗即位，尊郭子仪为"尚父"。

公元 781 年三月　病重。

　　　　　六月　病逝，年八十五岁，赠太师，陪葬建陵，谥号"忠武"。